U0720924

粵西府縣舊志叢書

孫長軍　主編

# 乾隆高州府志

## 下

（清）王槩　修　（清）于殿琰　纂

董國華　整理

鳳凰出版社

# 卷之十

## 名宦志

民者，易感而難欺。惟其難欺，所以易感也。荒陬樸拙，不能爲上飾觀聽，而人鄙夷之。或撫摩焉，有深入於肺腑而不可解者，雖非其所身受，而聞風感泣，歷久而愈不忘。高涼地瘠民貧，諸君子歷官兹土後，先子惠之，撫之瘡痍，揚其文物。今雖往矣，而父老留傳遺踪想慕，或不勝太息而悽愴，覺精神之積於人心者，猶時時在覯山鑑水間爾。志名宦。

### 晋

揚方，字公回，會稽人。少通經術，内史諸葛恢雅重之，薦於功曹虞預。預爲延譽於京師，司徒王導辟爲掾，進東安太守，遷司徒參軍。方不樂居京，而求外補，導從之。出守高涼，以詩禮化俗，民安盜息，綽有循聲。所著《五經鉤沉》《吴越春秋》，削繁增闕，世傳誦之。

## 唐

劉昌魯，彭城人，唐末高州刺史。黃巢之寇嶺南也，昌魯率諸蠻乘險拒之，賊不敢入境，民藉以安。會劉隱據粵，魯不從，而自歸於楚。馬殷及隱弟巖攻破高州，昌魯遂遇害。

韋覲，京兆人，舉進士，累官太僕卿。因家人禱醮，爲女巫所訟，論死。宣宗知其冤，誅巫而謫覲潘州。司馬御史李明遠贈以詩云：『北鳥飛不到，南人誰去游？天涯浮瘴水，嶺外向潘州。』蓋惜其播遷之遠，而覲能不鄙彝其民，安輯撫恤，南巖峒落服焉。

## 宋

黃朝鳳，景德初知高州。政先教化，創學興文，多士喁喁向風。居民編竹爲廬，頻罹火患，朝奉令，易竹以瓦，不給者助之，州人德焉。

馬淘，淳熙中知高州。李接寇郡，淘修戰具，勤訓練，申約束，賊聞風遁去，一郡獲安。

張夔，海陽人，政和中令茂名。辨民冤獄，太守疑焉，夔投告身而去，太守悟而留之。夔持己清嚴，秋毫無取，諸司薦南中廉吏，惟夔一人。高宗賜璽書褒美，進通判廉州。

廖顒，淳熙間爲化州守。有柳寇李全嘯聚州境，帥府檄顒，領總管討之。公部武嚴整，賊聞之夜遁，追破之，斬其渠魁，脅從勿問。諸猺悉降，州賴以安。

毛士毅，富川人，自吴川簿攉令石城。李接攻城，毅謂尉曹曰：『吾與若受民社之寄，當以死衛之！』遂與賊力戰，尉死于兵，而士毅亦遇害。事聞孝宗，嘉其忠，贈承事郎。

潘惟賢，茂名人，淳平間爲本縣尹。宋末，死國難，事詳人物傳中。

黄十九，電白人，爲高州巡簡。宋末，死國難，事詳人物傳中。

**元**

游宏道，江西人，至正間化州通判。廉而不苛，勇而有謀。海賊犯合浦，宣司檄四郡，合兵討之。宏道捐己資以購賞，率義兵七百人，海船數千艘，直抵澄邁。時寇食盡且降，宏道請堅壁以俟，而主帥不從，趣令速戰。已而，官兵悉潰，宏道與石龍簿、木蘖飛、廉州同知羅武德、先鋒張友明死之，郡人繪其像，祠于學宫之側。

戴文德，至正間化州路推官。興學化民，政聲洋溢，民思慕焉。

**明**

陶魯，廣西鬱林人，蔭監生。成化間僉事，分巡嶺西道。平定高州等郡山寇，屢立奇功。濬電白渠，展修吴川城，鑿池。仕至廣東布政使署巡撫。

盛萬年，浙江秀水人，萬曆癸未進士，以參政分守嶺西道。剿平倭寇，設立吴川營、限門寨。著《嶺西水陸兵紀》，調廣西右江道，仕至江西按察使。

何盛，大興人，景泰初高州知府。長才足智，廉勁不撓，爲政務絶知交，孤行一意，剗奸洗枉，夙弊爲之一清，豪猾斂迹，孱懦蒙恩。又創書舍于學旁以課士，設排栅于城外以衛民。淫祠、巫覡俗所崇信者，悉禁絶之。政聲隆洽，甲于列郡。

孔鏞，字昭文，長洲人，成化初高州知府。時嶺南大亂，高州尤甚。四郊賊壘相望，積屍盈野。父老恐歸民難信，力請閉城。公不以爲然，于城内給藥物以愈疫，于城外爲義冢以埋屍，開門撫納，來者塞途。劇賊鄧公長擁衆數千，營于茅洞，去城十里而近。公不謀僚屬，屏去兵衛，單騎徑抵其營，示以禍福，許以自新，公長奉巵酒爲壽，公飲之不疑。賊皆感泣，自焚其巢而降焉。于是梁定、侯大六、鄧辛酉諸賊皆聞風欵附。公處之内地，令耕守以備他盜，當時賴之。

歐陽烈，字懋之，泰和人，嘉靖二十五年守高州。咨詢民瘼，釐革夙弊，務在興民休息。創書院、立課程，親爲諸生講解，又拔俊秀于硇洲，令游膠序。約猺獞以祝聖，俾識禮儀，故多士向風而群黎懷德云。

周仕，武進人，嘉靖三十六年知高州。猾吏積書，舞文亂法，仕擇其尤者刑之，而夙蠹一洗。地僻民貧，重以兵燹，屬令有侵漁其下者，仕嚴詞訓誡曰：『毋令鷄犬無寧日也。』聞者悚然。在任一年，囊無寸積。

吴國倫，字明卿，興國人。少有俊才，于書無所不窺，爲文落筆千言立就，而尤長于詩。嘉靖己酉，舉其鄉第一。庚戌成進士，授中舍，尋擢諫垣。與山人謝榛、比部郎李攀龍、王世貞、徐中行、梁有譽、考功郎宗臣結社稱詩，共砥千秋之業，海内宗之，以方鄴中七子。時分宜柄政，慕其才，欲致之，而竟不能也。會楊繼盛以疏斥分宜奸邪，論死，知交親戚悉諱避引去，而公與世貞往哭之，哀且恤其孤。分宜聞而恚恨。竟爲所中，左遷憲幕，浮沉下僚者十有三年。及分宜敗，稍遷至樵郡守，復徙高凉。適島彝侵境，民無固志，公謹斥堠、勤訓練，間出奇兵，擣其營而俘其衆，賊始遁去，郡藉以安。於是捐俸開館，訓迪維勤；文教武功，翕然並舉，士向化而民歸心焉。初公以詩名重海内，至是保障一方，而聞者又咨嗟艷慕，謂『詩不足以盡公』云。

楊逢時，字景渚，荆州人。繇解元、進士，萬曆二十年知高州府。嚴杜私謁，冰操嚼然，亦復和易近民，殷懃造士。政成，擢廣西學憲，報人索賞，毁酒器遺之。士民俱懷念焉。

曹志遇，字二箕，興國人。由進士，萬曆四十年以尚書郎出守高州。丰神岳立，凛不可犯，豪民蠹吏相戒屏迹，鄉閭小民莫有識胥隸者。重建郡學，創筆山書院，立表忠祠，復古南門，纂修府志，皆捐貲爲之。仍設學田，以助貧士膏晷。尋擢羅定兵憲，老幼攀轅塞道，立高山堂祝之。子景參，崇禎辛未進士，歷南吏科給事中。

林宲，字肖考，漳浦人。由舉人，崇禎四年以比部郎出守高州。仁禮存心，寬嚴得體，捐俸。立夜總巡緝城郭，民間無鷄犬驚。改建察院公署上臺，便之覲行。擢雲南憲副，民不能忘。

申用嘉，字念先，吴縣人，文定公仲子也。由舉人，崇禎四年以比部郎遷高凉守。賦性凝静，政崇大體，簡訟省刑，禁賭彌盜，四民樂業。尋以覲行擢貴州憲副，郡人立祠于冼廟之左。

姚繼舜，桐鄉人，崇禎七年知高州府事。政平訟理，講學明倫。嘗令城外四關起造社學，設立社師，捐俸置田以供給之，遠近士民彬彬向化，比之文翁之造蜀云。

鄭三謨，江南人，崇禎十五年知高州府事，政不徇情，屬吏奉公守法，莅任甫三月，四方盜賊屏迹。

惟嫉惡太甚，竟以疏防爲囚徒所刺，闔郡士民哀之。

王名善，洪武初高州通判。賊黨羅于仁劫奪府印，逼脅名善附己。名善駡不絕口，賊怒而執之至霞垌新營，遂遇害。

楊賢，和州人，永樂間高州府推官。治獄務存哀矜。即罰，當其辜，猶反覆鞫訊，惟恐其誤。賊有受囑而扳良民者，民懼，饋千金求免。賢笑曰：『誠賊也，萬金亦不可贖。余已燭汝之冤，自當釋汝，烏用是金爲也。』亟還之，而罪扳者之妄。

鄭之珖，四川人，崇禎十五年任高州府司李。察奸鋤强，申文詳革六弊，屬吏畏威奉法，無敢舞文者。常親至筆山書院，課士論文，入夜不倦。

丁顯，四川人，任高州通判。平易愛民，刑從寬典。每歲捐俸，施給老疾衣米。有差，凡在城之民，貿易無資者，給以貲本；士之貧者，助以燈油之資。

吴春，湖廣人，天順間知化州。持身嚴謹，斷獄廉平。廣西流賊攻城，于城外高山之上竪二樓，俯瞯城中，矢石交下如雨。春募敢死士，以鈎刀火器，奮勇出城，鈎焚其樓，縱兵力戰，大破之。賊悉遁去，民獲安堵。

黄璪，字玉輝，全椒人，第進士，爲御史。抗直負氣，不容于朝，出知化州。制府所下事或不便民，長吏束手瞠視，璪獨持不可，竟請罷之。劇賊胡公威結黨侵擾，璪募驍勇，乘間奮擊，賊遂解散，民得安焉。

張冕，泉州人，第進士，嘉靖間繇參議，謫知化州。爲人慷慨嚴正，一介不取。啓聖祠圮，捐俸修之。西賊入寇，冕請半税充餉，繕城壘，勤訓練，士卒競奮，賊遂遁去。及移廣西分憲，書劍之外無長物。

傅昂，金谿人，嘉靖間任化州。創櫺星門號舍三十間，以育群才；築高嶺垌陂堤百餘丈，以防漲潦。崇祀往哲，則造玉光亭於范公墓；克詰戎兵，則創演武亭于較軍廠。建大門鼓樓，以增形勝；改丁字街坊，以熄火灾。旌彭貴爲良民，而善類起；擒王寶之首惡，而狼賊除。義冢設而澤及于枯骨，養濟院修而惠及於顛連。捐俸助余珪之喪，雪冤釋甯翰之獄。此皆民載口碑，共思尸祝。時陞楚雄府同知，州人遮道卧轍。

畢竟立，貴溪人，嘉靖間知化州。清介嚴明，民以『畢神仙』呼之。劇賊張璉侵境，立率衆親入其巢，擒其首蕭雪峰，賊遂遁去。于是開新塘之闞，築平源之堤，增城濬池，興學造士，懋績甚多，州人至今頌之。

章述，蘭谿人，隆慶間知化州。愷弟廉明，以催科政拙停俸。述嘆曰：『以箕斂之故，虐民博譽，雖死不爲！』民感其仁，不逾月而盡輸之。及左遷而去，士民號泣保留，兩臺爲之動色。

祝簡，衡陽人，萬曆初知化州。持己峻潔，毫無所染。履畝清丈，不憚跋涉，蠲浮糧五百餘石。猾吏夤緣爲奸，簡摘其弊而罪之，衆皆懾服。有富人殺人而夜持一千五百金求免者，簡怒而揮之，竟坐以死，凡豪右知交之請托，一切謝絶云。

張復普，字龍田，銅梁人，崇禎四年以鄉魁宰茂名。清慎卓練，翼民如子。即有疑獄，片言立折之。省刑薄罪，犴狴寂然，造士以誠，遇人衡鑒不爽。甫二載，捐修學宮，百廢漸舉。築南橋，塞新塘水患，尤利濟百姓。每以三事諭民，曰『立好心』『勤教子』『早完賦』。尋以内艱解任，邑之士無不含淚送至百里者。

鄧昇，南城人，繇監生成化三年令電白。時縣治初遷，學校肇建，昇經畫有方，次第興舉。撫殘緝盜，咸有成績，百姓德之。

王許之，高安人，繇進士萬曆元年令電白。倭變之後，縣無完室。許之蘇瘡痍、復流亡，調停綜理，曲盡其心。立蓮頭等水寨，沙河等營堡，增敵樓一十有六。公署倉庫，咸新於灰燼之餘，尤留心于學校，月有課，歲有助。朔望詣學，親爲講解。平積寇四百餘黨，四境晏然。當是時，無許之，幾無電白。到于今受其賜。

張希皋，六安州人，繇進士萬曆六年令電白。有廉潔之守，而能濟以仁；有敏捷之才，而不失于察。緩刑節用，清市恤商，建學宮、濬城塹、嚴鄉約、集流亡，辨誣省訟，而囹圄空；均畝定賦，而奸豪伏。猾胥舞文者必刑，齊民詿誤者必釋。赴召之日，行李蕭然，父老扳轅，泣數行下。

陳王策，字藎臺，莆田人，由舉人萬曆間令電白。以文章飭吏治，勤撫字、勸農桑，造士彌殷，修學繕城，不憚心力。豪右魚肉善類者，凛然繩以三尺。尋擢惠州別駕，攝篆四邑。到處士頌民懷，電人請祀名宦。子臣忠甲辰成進士，司理廣州有聲，咸稱『一門循良』云。

林夢琦，福建晋江進士，萬曆間令電白。清廉寡欲，催科不擾。開浴龍河，建青雲路。每月兩課，士藝傳授如師生。以清廉薦陞南京大理評事，士民建祠祀之。

翟拱辰，江南涇縣人，天啓間令電白。清正愛民，而嚴于吏胥，善摘奸宄，革陋規火耗，濬城濠、造橋梁，未竣而去，行李蕭然，民甚哀之，建祠祀焉。

張謙，洪武初爲化州同知。潔於飭，躬勤於涖政，鋤强扶弱，凡有便于民者，孜孜焉無不殫其心力。

許希周，揭陽人，萬曆四年爲電白教諭。内行修潔，師範端莊，贄見饋遺，一無所取。周諸生之困，急于己私。談藝文、勵行誼，盡日諄諄無倦色。所得俸錢自給之餘，悉以修文廟、庀帳帷、置几席。歸橐如洗，諸生敬而懷之。

張景愚，洪武初令信宜。惠恤小民，若慈母之哺赤子，而廉潔之操皭然不染。客有于塘獲一魚以奉景愚者，遣人放之于江。

姚原立，貴溪人，永樂十二年令信宜。公廉律己，寬厚撫民。鼎新學舍，修築城垣，延多士以興文，招猺民而歸化，政績彰彰可紀。尋以憂去，民思慕之。

李時敏，樂平人，成化間舉人，令信宜。寬厚撫民，廉潔自守，宜民戴之。九年，擢知化州，民苦歲祲，而上責輸者。亟敏曰：『使我以催科稱能也，難乎其爲民矣。』遂疏灾狀于上，民得更生。又九年，量移運同而去，民尸祝之。

廖彀，字式我，萬安舉人，萬曆間爲信宜令。剛挺孤介，百折不回。嚴冐籍，清鹽餉，厥功著焉。

艱歸，補高州海防廳。時海寇李魁奇窺限門，縠悉力禦之，使不敢逞。軍士有怯戰、害及良民者，立置之法。民之孤弱被銜蠹豪悍魚肉者，悉白當道雪之。榷限門關税所餘，不入私橐，自爲令若丞，廉潔不易操。尋以喪致政歸，終福建運同。

陶歆，宣城人，永樂十四年令吴川。勤于蒞政，廉于持己，尤加惠于貧民。先是，民有逃亡山谷者，歆招諭復業，相率而歸者七百八十餘户。免其賦役，俾安于田畝，有德于民甚厚，咸有去後之思。

鄧宣，韶州人，成化五年令吴川。宅慮清淡，用法寬平。當流寇殘破後，公署半淪于灰燼。殫力補葺，百廢具興。在任十一年，挂冠而去，百姓戀戀如嬰兒之失慈母。

周應鰲，江西泰和人，萬曆丙戌進士，以吏部主事謫令吴川。釐革弊政，建雙峰塔于限門，設正疑、江陽兩書院以教士，置田租資諸生膏火。一時士風丕變。方欲改建學宫縣署，適遷南京刑部主事，不果。

朱宏，廣西桂林舉人，崇禎間令吴川，清廉勇決。時海寇李魁奇連年犯限門，宏率兵赴敵，邑賴以免。遷知崖州，士民懷德，立去思亭。

陳綱，潮陽人，由監生成化二年令石城。時當正統、天順流賊，殘破積虚之後，邑里蕭條，田土荒蕪過半。綱廉仁勤慎，奉巡撫韓襄毅公榜，招新民開荒，增置里分，又申請道憲孔公鏞，奏減逃絶蛋户魚課米七百餘石，至今民受其惠。後陞本府通判，尋陞慶遠府同知，民户祝之。

項汝廉，浙江人，萬曆間知石城。課名士、拔軼才，寒酸多被優擢。蒞事精明，片言立折。移署化州，以神君稱。時中貴騷動，民不聊生，汝廉指斥之。雷州聞風來歸者數百家，直指李公。時華特疏薦爲循良第一。

佴夢騮，雲南人，萬曆間知石城。以造士育才爲己任，剔民奸、禁供扳、究圖賴，民無株連輕生之患。時丁糧不均，里户逃竄，騮泒丁以糧，永爲後世便。諸如修學、修志、創橋、改路，德政不一，邑人建祠祀之。

鄭雲煒，永昌人，萬曆間爲石城司訓。以師道自重，而敷教在寬。時廟廡傾圮，煒請修葺，僅得十金，乃捐俸三十餘兩。缺者增之，圮者繕之。名宦、鄉賢二祠狹小，廣其址而重創焉。士心悦服，立碑志之。

倪望，吉安人，明洪武初任石城縣丞。時值草寇竊發，人心未定。望到，廉以律己，仁以惠下，勞來撫綏，各使歸業，民免流離。先是，元末兵燹相繼，學宫鋪舍焚蕩殆盡。望次第修舉，諸廢墜具興。本縣舊無城池，望乃率民築土城，計二百五十丈零石，籍以捍衛。秩滿而去，民咸懷之，請祀名宦。

徐鎰，豐城人，隆慶間任石城縣典史。五年，倭寇攻城，知縣韋俊民皇皇有去志，鎰以死誓，率衆堅壁，以待應援。數日，兵巡李公材間道趨石，全城無恙，鎰之力也。未幾，卒于官，民咸惜之。

國朝

羅麗宸，遼東人，順治十一年知高州府。賦性英敏，吏治廉明，禮重士子，即童孺亦不輕撻。高郡自兵燹後，遇役則傾家殞命，富民多以米詭避，富者倖免，貧者愈貧。公毅然釐剔，以供報册。米數當役使，不得詭避，至今猶食德焉。時有金、盛二客兵駐府，將征雷州，白晝攫於市，拷掠平民，近鄉多被荼毒。賴公嚴明，戢服之，不爲害。惟持論太嚴，與同官意見不合，互訐于上。臺已出文，詳准解職去，百姓攀轅遮道，踰月竟不行。忽一日昧爽，微服單騎至南關。天明，百姓始知爲公也。群叩馬泣留，須臾鱗集塞道，公亦淚下。衆趨府，肩與執盖，擁公升車，以旋府焉。後竟爲人所中，赴省城。一夕，發憤卒。

施珮鳴，江南人，順治十六年任高州司理。寬而有容，政尚清簡。常奉查荒税，所至自備行糧，毫不擾民。時按院首薦，稱爲『司理白眉』。惜天不假年而卒于任，高民哀慕之。

郎熙化，遼東人，順治十六年任高州通判。秉性剛方，執法不撓。凡地方夫役陋規，申文革除。時兵多横暴，誣陷平民。公每審實按律反坐，雖鎮官求解，亦不循情，民以不冤。

魏男，號虞輯，柏鄉人，乙丑進士。康熙三十一年以工部郎出守，廉明而斷。甫下車，興行育才，進多士，論文諄諄不倦，有如師生。合郡舊苦硬，當每值十年大造，多至蕩産，公力行均差法，六邑至今賴之。以因公詿誤，遂解任。

沈弼，字長垣，普安人，由拔貢歷任部郎，康熙三十八年出守高州。加意撫循，興學訓士，除地方供應舊例，建議添防汛以靖盗源，設河頭行埠以便行旅。攝化州，日甦逋户，減税恤猺，州人德之。癸未春，奉調赴省。卒于陽春，士民請祀名宦。

王永烈，號介夫，鑲黄旗籍，康熙五十五年由襄陽同知陞任。精于吏治，聽斷明敏，屬吏肅然，奸民斂迹。卒于官。

黃文煒，號飛赤，新安人，拔貢，教習，雍正五年自韶州府調任。廉明嚴斷，禮士愛民，留心學校。文廟祭器、樂器舊多殘缺，悉爲補置。繼又修理街道，悉捐俸爲之。蒞治數月，頌聲四作，郡人比之黃潁川。後陞兩廣鹽法道，旋擢臬臺。

高龍光，字紫虹，福建長樂人，己亥進士，初任浙台司李，奉裁改令茂名。平易近人，而才力敏捷，理煩治劇，綽然有餘。治獄摘奸，宵小屏息。一切供億雜投，悉革除之。尤善長養士子，凡所識拔，必無終困諸生者。他如修學建署，濟貧恤荒，善政種種。兩臺以卓異薦，擢户曹。去之日，士民建亭立碑，祖送依依，如赤子之戀父母云。

錢以塏，號蔗山，嘉善人，戊辰進士，康熙三十六年二月任茂名。前歲秋歉不給，公即開倉平糶，全活甚衆。遇雷瓊道行文高州緝盜，盜在鄰邑，檄行捕解，地保賄放，誣良塞責，本府正在具文轉解。公憫其事，特爲申請開釋，遠近有神明之頌。至其革操軍、嚴保甲、省猺役、均田米、併村落、去團練，諸大政尤卓卓可紀者。又能于鞅掌勞勩中延接諸生，殷勤誨諭，嘗刻《最樂編》，以訓邑人。後調東莞，百姓扳轅泣送數百里。

陶之俊，黃岡人，由監生任茂名丞。秉性剛毅嚴正，悉力爲民捍灾禦難。己未秋，土寇縱掠鄉落，聞急即領狼猺兵追捕之。至渡淵，遇賊力戰，馬淖淤泥中，遂被害。邑人哀之，建祠以祀。

高遐昌，號棻園，淇縣人，丙辰進士，康熙三十九年自東莞移宰茂名。爲人惇厚强記，讞决精勤。尤勤月課，士優文行者，式廬敬禮之。邑故多盜，立緝奸之法。置功過牌，以月勸懲練保勤怠，每單騎裹糧親往勸勵。治期年，耕嬉飲恬。雖夜户不閉，無慮也。在茂凡六年，兩署信宜，一護郡篆，六屬咸頌其德。乙酉夏，内擢北行，都人士扳轅送百餘里。建三賢祠于南皋書社，合王、錢兩公同祀之。

史隨，號鷗湖，溧陽人，康熙己丑進士，戊戌秋蒞任茂名。愛民重士，甫下車，見邑當差陋例，輪甲出役石米□金，即爲除去。秋毫不染，聽斷庶獄，得情哀矜，不以明察自喜，即被懲者亦爲感服。公餘，則與多士講學論文，獎勉備至。辛丑四月，以内艱解任，先攝篆化州，州人德之。去之日，兩邑士庶遮道數千，送百里外，不忍歸，爲立碑以志思焉。

張琮，字伯玉，鉅野人，進士，康熙三十九年任電白。清介廉明，嚴而不苛，杜私謁，凛冰操，扶弱抑强，賑饑施惠。蒞治十四載，邑人德之。調吴江，電人爲建祠，有遺愛碑。

徐鳴珮，號藴和，山東單縣拔貢，順治十二年知信宜縣。時山寇充斥，居民流散，珮單騎入賊寨，諭以禍福，賊感悟降散，因得招流亡復業，闢萊墾荒。建鳳岡書院，教育子弟，民賴之如怙恃。既去，立碑以紀其德。

羅士毅，號恕齋，江西新建人，順治戊戌進士，康熙元年知信宜縣。寬厚愛民，加意庠序，捐俸改遷學宫，建同春書院以課士。教化大行，盜賊屏息。民思其德，至今猶歲祝之。

李廷樞，號澹村，無錫人，康熙辛未進士，四十一年任信宜。正身率物，約己裕民，凡需用什物，發錢自辦，絲毫不擾。勤宣上諭，至誠惻怛，人自感化。革私徵、省差役、絶請托、杜苞苴，禁胥役下鄉需索。每堡發印簿一本，錢千文，令鄉正酌給胥役飯食，登簿繳驗，役不敢犯。尤樂教育士子，月有考，日有課，隨材造就，無倦容。甫任六月，卒於官，邑中如喪考妣。囊無餘金，士民同助運喪，復立祠設田，請祀名宦。

邱崇文，遼東人，康熙二年任化州。時累遭兵燹，十室九空，城中鞠爲茂草。公至，綜理得宜，供億之費十減五六。尤留心招徠，數年間居民漸集，有殷阜之象焉。文廟城池及諸祠廟傾頽，悉捐修復，州人爲建祠以祀。

黄應乾，浙江上虞貢生，順治八年令吴川。禮士愛民，捐資修塔。十年秋七月，西寇葉標陷城，被執，不屈，死之。

秦松如，無錫人，監生，康熙十九年任吴川。時經遷海後，復遭土寇冼彪盤踞，民悉逃散。松如至，即設法招徠，給牛種以資墾耕，倡邑士重修學宫，延師訓士。旋以虚丁荒糧，民不堪命，力請各憲題豁，吴邑獲免虚賠之累。惜以積逋罣誤而去，未竟所施。民思其德，構祠勒碑祀之。

王訓，濟南人，歲貢，順治十二年任石城。時當兵火之後，城市蕭然。訓多方招徠，哀鴻始集。未幾，總兵粟移鎮本邑，屯兵索賦，增城開濠，動多困疲。訓清慎强項，不避權豪。爲政簡而有體，廉而不苛，民多愛之。二年，卒于官，宦囊不滿半百。

梁之棟，陽曲拔貢，康熙四年令石城。愛民如子，政簡刑清，教化□□，民至無訟，庭可張羅。一時皂役多採樵自食以奉公焉。捐俸建六房樵樓。解組歸，舟惟空載，士民爱戴，立祠祀之。

李琰，高陽舉人，康熙十年任石城。蒞治有體，敷教有方，寬嚴互用，上民懷德而畏威焉。捐俸改建學宫，其子百齡隨任，旋即登進士，咸稱尊師重道之報云。

張兆鳳，號吾坡，浙之分水人也。由拔貢教習，歷官至于高州。爲人寬厚有氣節，治民如治家，坦懷撫諭，懇□人心。蒞任六年，士民久于其化，咸服從，信愛不忍爲欺。開書院，捐膏火，諸生執經問業，瑣瑣若布衣師弟然。去之日，攀轅號泣，六屬奔送者不下萬人，至今父老言及猶思慕焉。

王之正，北直九興人也，以舉人令茂名。茂之胥役素號奸縱，士人夙受其虐，莫敢吐氣。公痛以法繩之，衙蠹一清。蒞事精敏强力而不事搏擊，每聽訟已决，必問其人心服否，倘稍躊躇未答，必反復推詳允浹後已。尤善長養士，類能破一題者，皆與之作師弟語，諄諄懇懇，深入人心，至今懷想焉。論者謂自百年以來令茂名者，以公爲第一云。

## 遷謫

### 唐

劉長卿，詩人也，字文房，河間人，開元進士，爲監察御史，歷淮西觀察。被吴仲儒誣奏，貶潘州南巴尉。會有爲辨之者，除睦州司馬。

柳公權，太和間以翰林學士謫辨州刺史，有功於民。

## 宋

梁燾，字況之，鄆州須城人，舉進士，爲尚書左丞。元豐時，久旱，上書言新法大爲民害。至元祐中，又極言蔡京傾險，貪愎不可用。改知潁昌府，後以司馬光黨黜，知鄂州，貶雷州别駕，化州安置。元符三年，竟卒于此。徽宗立詔許歸葬，録其子孫。

范祖禹、劉安世，同爲諫官。元祐初，同諫禁中覓乳母事。及劉婕妤有寵于上，而章惇用事，乃謂乳母指婕妤，遂安置二人于賀、英州。已而，羅織宣、仁諸臣，悉加貶謫，尤怨二人，必欲置之死地。于是，徙祖禹于化州，尋卒。徙安世于高州，又徙梅州，而陰使人殺之。其人死于途，安世幸免。

蘇軾，字子瞻，宋端明殿學士，以言時政得失，屢遭貶斥，移瓊州昌化軍安置。嘗與幼子過著志隱文，作《孔子弟子列傳》《颶風賦》。徽宗立，以赦徙廉州。時廉州路由石城松陰以達，軾歷其地，見其浩淼晴濤，蒼虬盤結，爰構書院于松陰之下，顔曰『松明』，刻孔子像及兖國、沂國二公像以祀，燃松枝爲火。脱然不爲物累，且平易近人，雖婦人女子亦莫不以爲東坡相公云。元末，院廢，時儒户陳均行移像於家。洪武三年，縣丞倪望迎而祀于文廟，迄今舊址猶存，松陰尚翠。

蘇轍，紹聖四年，貶化州别駕。

龔夬，瀛州人，徽宗時爲殿中侍御史，極論章惇、蔡京罪惡，又乞正元祐，后位號削籍，編管房州，徙化州，以赦得歸。

莫伋，湖州人，紹興間爲國子監正，秦檜惡其張皇善類，謫化州。士多慕而受學焉。

耿著，紹興間謫儋州，移本州，遷博茂村尋王將軍濬舊址居住。以詩禮化俗。

劉安世，紹興間降少府，尋貶新州别駕，英州安置，移本州。

何時，撫州樂安人，寶祐丙辰文天祥榜進士，以朝奉郎謫吴川司户，海上與元劉深酣戰。

**明**

鄒智，字汝愚，合州人也。穎敏絶倫，年十二能屬文。讀書龍泉庵中，焚樹葉以繼晷。思如涌泉，千言立就。第成化二十三年進士，改庶吉士。會星變，上疏極論陰陽之理，願退萬安、劉吉、尹直，而進王恕、王竑、彭韶，且曰：『君子所以不進，小人所以不退者，宦官陰主之也。』疏入，不報。已而，御史湯鼐劾劉吉，吉使魏璋誣鼐妄言朝政，遂併逮公下獄。公身親三木，僅餘殘喘，而神色毅然，無所撓屈。當事者欲置之死，彭韶辭病不判，乃謫石城吏目。衣結履穿，跋涉遠道，幾不能存。及至，而都御史秦紘檄公修書于廣城，遂與陳獻章爲忘年友。未幾卒，年甫二十六。公負奇任氣，孤立無援，其斥奸崇禎，侃侃論列，盖天性也。《獄中寫懷》詩云：『人到白頭終是盡，事垂青史竟誰真？夢中不識身猶繫，又逐春風入紫宸。』《辭朝》云：『盡披肝膽知何日，望見衣冠只此時。但願太平無一事，孤臣萬死復何悲！』忠亮慷慨見于祠者類如此。

程文德，浙江永康人，由翰林編修謫信宜典史。甫下車，即以興起斯文爲己任，遷學宫、建書院，凡四境有關風水者，皆培築之。以經術誘進諸生，爲時宗慕。

沈思孝，字純甫，嘉興人，隆慶戊戌進士，爲刑部主事。萬曆初，江陵相有父喪，朝廷援故事，奪情勉留。思孝與員外郎艾穆上疏曰：『聖主體臣之情，未奪之。臣亦求申其情于君，未嘗爲其所奪。奪之一字，何以教天下哉。陛下天縱聖神，臣工蒸蒸向化。正大臣秉禮守道之時，而顧援萬不獲已之例，天下後世謂之何？』上震怒，兩人皆杖而發戍，穆謫凉〔二〕州，思孝高州。及江陵相卒，思孝始召還，拜尚寶丞，晋太常少卿。

張文明，山西太原人，正德辛未進士。爲御史以言江彬事，貶黿白縣典史，未幾召還，爲山東道御史。

〔二〕『凉』，原闕，據《明史》補。

# 卷之十一

## 選舉志

神龍御風雲，騏驥致千里，而陽鱎之魚、駑劣之乘，或亦吸綸、駕驂焉。選舉之法，可勿慎哉？歷代以來，科目不一。至我朝，因明之舊而損益之。試之以經義，公之以糊名，而奇才異能之士，復設賢良、閎博之科相待焉，斌斌大備矣！其膺是選者，可不思有以應上之求也？志選舉。

### 茂名縣

#### 宋 進士

趙荆，字楚珍。三甲，紹興甲戌張孝祥榜，欽州判官。

李鰲，字元極。五甲，寶祐丙辰文天祥榜。

## 元 進士

楊惟賓，字子善。皇慶間榜。

## 明 進士

黄子平，洪武乙丑丁顯榜，雹白學，山東道御史，有傳。

張貞，雲南安寧州同知。

容善，北流知縣。

周益，字謙甫。廣西武宣知縣。

李祐，歙縣知縣。

顔寶，字惟善，兵科給事中。

伍玉，湖廣雲夢知縣。

吴志盛，撫州府同知。俱永樂甲申曾棨榜。

陳彬，周府長史。

張光，陽朔知縣。

吴宗蔭，宿松知縣。俱永樂丙戌林環榜。

李冠禄，三甲，永樂乙未陳循榜，行人司改授翰林院簡討。

蕭惟昌，景泰甲戌孫賢榜，户部主事。

李學曾，字宗魯，三甲，弘治壬戌康海榜，吏科都給事，有傳。
李邦直，字汝司，三甲，嘉靖癸未姚淶榜，太僕寺少卿。
李一迪，字君哲，二甲，嘉靖乙丑范應期榜，浙江憲副，有傳。

**國朝 進士**

梁聯德，字惇一，二甲，雍正丁未彭啓豊榜，歷任江西興國、宜黄知縣。
黄如栻，乾隆戊辰梁國治榜，國子監監丞。
李應孫，乾隆辛未吴鴻榜。

**宋 舉人**

趙　荆　紹興癸酉，見進士。
李　璁　嘉靖壬子，解元。
李鰲，寶祐壬子，見進士。

**元 舉人**

梁復，皇慶間榜。

**明 舉人**

譚子科，福清教諭。舊載譚子謙。
黄子平。俱洪武甲子，見進士。

劉車蔭。
陳宗文，北流知縣。俱洪武丁卯。
馮禄，刑部郎中，陞大理寺丞。
黎文保，江西布政司經歷。
梁敬忠，訓導。
梁思銘。俱洪武庚午。
梁三遥，洪武癸酉，象州訓導。
黄錫，平樂府訓導。
吴宗蔭，見進士。俱洪武丙子。
姚茂，一作懋，教諭。
柯善，臨海知縣。
程昱，訓導。
陳永昌，見進士。
程寧，北流教諭。俱洪武己卯。
黄懷信，遂溪知縣。
李瑛，交趾知縣。

程繼，寧川知縣。
胡蔭，交趾知縣。
梁鼎。
陳宗盛，興國州學正。俱永樂癸未。
陳彬，見進士。
黄毅，交趾知縣。
何彬，交趾知縣。
張光，見進士。
鄧敞，南縣知縣。俱永樂乙酉。
陳賢。
周福寧，交趾通判。
凌子榮，交趾知縣。
莫賢，交趾主簿。
王政，交趾主簿。俱永樂戊子。
彭文泰，閩縣知縣。
伍清高。

李福壽，宜山縣教諭，順天闈同考官。
李倫，教諭。
曾志，武崗州吏目。俱永樂辛卯。
李冠禄，永樂甲午，見進士，國子監中。
龐本厚，永樂丁酉，潯知府同知。
何汝謙。
李震，陽朔訓導。
伍車福。
陳剛，郡昌訓導。俱永樂庚子。
楊暢，樂平知縣。
楊益。
林翰，柳州府訓導。
馮翌，恭城訓導。俱永樂癸卯。
楊亨，南寧府訓導。
蔡叢，宣化訓導。
周敞，沙縣知縣。俱永樂己酉。

陳演，永樂己酉。
莫涣。
鄭侃，柳城訓導。俱永樂壬子。
蔣英，永樂乙酉，長泰訓導。
薛盛祺，經魁。
鄭俌，灌陽訓導。俱正統辛酉。
梁直，正統甲子，鬱林判官。
蘇賓，宜山縣教諭。
李克由。俱正統丁卯。
楊春，江山教諭。
李俊，交趾知縣。
楊拱，永福訓導。
池潢。俱景泰庚午。
林瓊，崇安訓導。
周書，瓊山訓導。俱景泰丙子。
楊廷用，景泰己酉，莆田訓導。

李富，成化甲午。
周冕，成化丁酉，經魁。
吴鑑，成化庚子，寧國知縣。
梁毓，弘治己酉，龍溪教諭。
李學曾，見進士，弘治戊午，有傳。
李邦直，正德己卯，見進士。
馮仕良，嘉靖壬子。
李泰初，嘉靖庚子。
王世臣，嘉靖癸卯。
李一迪，見進士。
李一桂。俱嘉靖戊午。
梁俸，隆慶庚午，南海教諭。
馮名望，萬曆丙子，兵部司務，有傳。
李元暢，萬曆壬午，有傳。
陳可立，萬曆戊子，政和知縣。
陳明詔，萬曆辛卯。

吴宏源，萬曆乙卯。
卓錫，萬曆甲子。
蔡國紳，沔江知縣。
歐光宸。俱天啓丁卯。

**國朝 舉人**

容如玉，康熙庚子。
屈琚，康熙癸卯。
李馥蘅，康熙己酉。
丁良儲，康熙壬子，渭南知縣。
邱之澄，康熙壬午，經魁，德慶州學正。
黄大鵬，康熙戊子。
余麟傑，康熙甲午，有傳。
周熙仁。
梁聯德，見進士。俱雍正癸卯。
梁雍郎，國子監學正。
周梁垂，東莞教諭。俱雍正壬子。

李荗，乾隆戊午。
黃如栻，乾隆甲子，見進士。
李應孫，見進士。
張士英。
張士拔。俱乾隆丁卯。
馮履芳。
郭益拔。俱乾隆庚午。
李宜隨，亞魁。
張士彦。
周紹緒。
李正。
張瑩。俱乾隆丙子。

**明 貢生**

葛紹，工部司務。
楊珠，湖廣漢川教諭。
黃詔，工部司務。

林挺，交趾知縣。俱洪武間。
梁材，交趾通判。
林暢，詔衛經歷。
何士平，交趾通判。
黄清，同知。
馮哲，藤縣知縣。
林庸，通判。
陳翥，豐城縣丞。
陳士明。俱永樂間。
陳玉蘭，學正。
梁時獻，平海衛經歷。
姜佐，主簿。
陳洪，典史。俱宣德間。
梁茂，教諭。
毛克禮，知縣。
楊悳，交趾縣丞。

鄧文友，訓導。
林蕃，賓州吏目。
封默進，按察照磨。
楊昇，東平吏目。
簡敬，廣西訓導。
梁成，富陽知縣。
梁宗紹，知縣。
陳孟博，經歷。
容孟懿，南寧衛經歷。
歐廣，羽林衛經歷。
李三遜，浦江縣丞。
柯真，宣化知縣。
李祐，新建主簿。
何坤，上饒縣丞。
張鳳，寧化縣丞。
安紀，容縣訓導。

馮健，雷州簡校。
李大化。
梁拱。
馮翰，慈谿知縣。
梁仲，武德衛經歷。
梁綱，知縣。
吴壽，恭城知縣。俱正統間。
李讓，佶倫州目。
黄廉，陽春縣丞。
倪麟，佐州吏目。
程昇，馮州推官。俱景泰間。
劉益，增城典史。
鄧進，漳平主簿。
竇與，驛丞。
李榮，定安訓導。
李中，宣化教諭。俱天順間。

崔隆。
曾宣。
胡珍，歐寧主簿。
陳鑾，興化府簡校。
鍾度，茶陵州目。
龐文。
陳歆，永寧知縣。
安成。
梁亨。
莫泰，永寧縣丞。
蔣缜。
李英。
李珩，龍泉縣丞。
伍車。
楊盛。
楊克修，訓導。

曾奎，鎮安府經歷。
林賢。
曾文，訓導。
何濬。
潘俊，布政司簡校。
歐琥。
張輝。
鄭志，訓導。
謝典。
陳遵，南寧訓導。
李京，南寧經歷。
嚴銘，錦衣衛經歷。
林鳳，延平知事。俱成化間。
陳齡。
梁和，羅城知縣。
林彪。

李琛，寶慶教授。
譚天爵。
歐昱。
潘鉞，縣丞。
吴孔賓。
陳賓，興化府檢校。
陳獻，和州州判。俱正德間。
姚昉。
林贊，荆州知事。
林暢。
胡美。
黄貞祥。
鍾韶，建城教諭。
張晚貴。
李學箕。
張節，贛縣訓導。

陳嗣，簡校。
劉英，向武州判。俱弘治間。
李瑱。
文輝。
易義。
盧鄰。
曹璧，樂安訓導。
陳紹學。
孫彥。
譚倫。
易章。
邱方。
李雲。
吴貞吉。
吴經綸。
蘇俊。

梁文，吉水主簿。
梁豪。
容仁，長泰訓導。
楊節。
張鑑，辰州府經歷。
張孟學，袁州府訓導，有傳。
丁瑞，馬龍州目。
柯復初，興安知縣。
楊宗孟，清溪知縣。
黄廷璋。
陳嘉猷，南海訓導。
周之奇，學正。
邵鑑。
李懋，銅陵主簿。
梁旻，東平州判。
梁俊。

李逢春。
李文綱，永寧經歷。
李明，縣丞。
李用中。
梁琚，選貢。德府左長史，進階四品服俸，有傳。
歐世傑。
馮九思。
吳璉，主簿。
林清，感恩教諭。
潘顯宗。俱正德間。
陸顯。
何經，玉山訓導。
李節，翁源訓導。
馮宸，有傳。
曾大本。
黄鸝。

歐應期，延平推官。
李邦謨。
陳朝元，正和知縣。
何榮，象山知縣，舊志何教。
李邦光，歸化知縣，制行醇直。
江瑛，河源訓導。
崔時敏。
謝景星。
李一勉，大典訓導。
張以賢，萬州訓導。
李邦臣。
吴宗元，安定訓導。
鄭燦，寧國訓導。
方策，鎮江訓導。
黄輔。
胡傑，庚城知縣。

潘仕雲，雲南同知。
馬騤，陳州州判。
李仕昭，瑞金主簿。
李幹，諸暨主簿。
李一侗，靈寶主簿。
馬驥，信豐知縣。
卓立，渚泉縣丞。
歐歌舞，主簿。
李厚垍。
吴中時，汀州訓導。俱嘉靖間。
李一蘭。
劉積珍。
李一昉，新城教諭。出處能凛大節。
梁宇寧，香山教諭。爲諸生時德讓乎人，有山寇過門，不忍犯。
張廷直，司訓寧德。置田濟貧，隱居茂山，建塾興族。
張世勛，雷州訓導。

張廷禮，黄州訓導。
李鎧，淮府教授，有傳。
江龍騰，仁化教諭。
柯元壽。
李逢，邵武通判。
楊首龍。
何惟謨，陽江訓導。
周岳，西安教諭。
柯希尭，莆田訓導。
卓天壽，泰安州判。
李元若，選貢，龍南知縣。
黄鉉，選貢。欽州學正。
柯希成，高要訓導。
張曉，選貢，長汀知縣。
潘端。
張世翰，高要訓導。

卓士仁。

張祥奎。

李之喬，惠州府教授，有傳。

李爲相，選通判，積學宏文，聘修《廣東通志》。

王三華，選貢。

張世維。

吴兆龍，昭平知縣。

黄郁，順德訓導。

張暟。

李夢夏。

蔣邦猷，選貢，辰溪知縣。

陳大新，武進主簿。

王天聰，選貢。

周嘉賓，安義教諭。

李曉暘，崖州訓導。

梁中興，思貢，餘姚訓導。

周嘉貴。
吴從周，泉州訓導。
鄒起謦，選貢，廬州判官。
胡善化，靖安教諭。
胡善繼，恩貢，仁化教諭。
李成楝，永定教諭。
梁傳。
何一鸞，歸善訓導。
梁肇修，普寧訓導。
潘樌，潛山訓導。
潘梧，靈山教諭。
梁肇中，荔浦訓導。
吴偉。
陳善誘。俱萬曆間。
蔡調羹。
林藩，瓊州訓導。

林暢。
李科，徵江府照磨。
林有樑。
林翰。
羅上錦，南雄府教授。俱萬曆間。
李如璿。
梁宏望。
袁一登。
馮明運，瓊州訓導。
歐舜，順德訓導。
張宏遠。
曾榮，高要教諭。
楊盛，程鄉教諭。
吴試。
吴春蕚，泰昌恩貢。
黄中行，天啓恩貢。

楊應聘。
李自適，龍泉主簿。
方起東，英德教諭。
歐天賦，崇禎恩貢。
陳期。
李拔萃。
李似軫，瓊州教諭。
李春灼，雷州司訓。
李本烧，遂溪教諭。
李玉棱，選通判。
曾士毅，臨高教諭。
李挺芳。
周夢旗。
張仲。
賴宏祐，貴溪訓導。
李日宣。

林廷暢。
王允吉。
温孔謨。
羅繡文。
林翰偉。
張國政，南城兵馬司。
陳主謨，恩貢，邵武府通判。
周致仁。
薛明馨，南寧通判。
黄都。
陳吾有。
黎獻。
吴天睿，副榜，永淳教諭。
張振世，恩貢。
李震起。
黄大成，潯州訓導。

## 國朝　貢生

馮源洋，順治十三年准作元年貢。
吴基。
朱闡聖。
周應祥。
蕭鳴球。
吴國龍。
楊愈暢，恩貢，合浦教諭。
黄則湯。
蕭鳴第。
吴顯祖。
蔣延齡。
丁啓英。
李世琦。
劉乘權。
李冲台。

曾士奇。
吴際明。
謝子成。
李際通，恩貢。
陳原良。
陳寵之。
簡欽。
吴球。
李嵩生，三水訓導。
梁時熙。
梁時穆。
張煜。
李高第。
潘銓，昌化訓導。
吴顯庸。
王鳴露。

伍常。
黄瓚爲，遂溪訓導。
江仲軾。
李寅弼，開平訓導。
劉士法，乳源訓導。
劉士芹，陽春訓導，品行端方。
曾之度。
周承問。
劉芳名。
丁嗣校，拔貢。
周燕皇，封川訓導。
李吐華，普寧訓導。
吴煒。
潘衍濬，拔貢。
李培芳，拔貢。有傳。
劉士冕，澄邁教諭。

黄玉琛，拔貢。
潘煒，河源訓導。
何獻素。
陳錫庶。
黄屋。
劉士容。
馮錫章。
梁宣賓，三水訓導。
李翔寵。
鄧價待。
李馥蓀。
陳寵文，恩貢。
賴士標，恩貢。
劉士恒。
陳方，惠州訓導。
馮文傑。

劉公亮。
彭士佳，金谿縣丞。
邱層雲。
張捷。
邱之聰，副榜，新安教諭。
劉談，副榜。感恩教諭，報陞知縣，有傳。
劉士典。
劉芳佩。
凌雲志。
周熙嘉。
梁雍郎，見舉人，有傳。
吴錫，瓊山訓導。
黄金樹，拔貢。
吴銑。
陳予材，副榜，定安教諭。
周宏猷。

鄒源馨。
李鴻。
張問仁，清遠訓導。
邱之泗。
鄧珩玳。
梁宣輅。
李馥荇。
梁毓奇。
吴薦卿。
蘇李秀，拔貢，本姓李，有傳。
楊文仁。
楊作正。
周燕詒。
劉廷芬，東莞訓導。
黎瑞圖，優貢，河源訓導。
陳經，廩貢，韶州司訓。忠厚貽謀，課士有法。

梁煜彰。
曾棠。
李麒珍。
黄如栻，拔貢，見進士。
梁焕震，拔貢。
梁聯發，恩貢。
梁宣典，副榜。
林千棋。
吴士玠。
郭煜緒。
李子振，恩貢。
鄧江濯。
梁聯芳。
賴熥，拔貢。
程廣賢，拔貢。
李正，拔貢，見舉人。

梁育賢，副榜。
楊錫元。
黄玉簡。
李瑄。
黄玉佩。
張朗。
曾裔鎮。
郭煜淇。
劉訢。
劉紹基。
張存正。
梁聯贊。
招昌韶，副榜。
彭瑗。
莫倫。
郭煜璿，恩貢。

歐以堅。
余鳳山。
李宜隨，拔貢，見舉人。
黎辰，拔貢。
張邦鍔。
梁偉功。
馮德嘉。
鄧廷棟。
楊元翰。
黃燕。

**明 武舉**

林如山。

**國朝 武舉**

周邦佐。
梁之俊。
鄧子鐸。

丁天龍，康熙庚子。
車繼亮，康熙癸酉。
車既攻，康熙丙子。
吴標，解元。
陳式操。
彭式彪。俱康熙壬午。
吴君弼，康熙乙酉。
張聯登，康熙戊子。
陳式掄，康熙癸巳。
吴尚賢，康熙甲午。
魏廷琮，康熙丁酉。
伍儒英，雍正己酉。
陳憲，乾隆丙辰。
卓建，乾隆丙辰。
黄勳，乾隆甲子。

## 明　薦辟

楊守信，以通經舉象州知州。

楊寅甫，以德行舉河南理問。

黄震，以儒士舉。

李本煒，保舉兵部主事。

## 明　封贈

李可宗，以子福壽貴，贈宜山教諭，配梁氏贈孺人。

李才，以子學曾貴，封徵士郎、刑科給事中，配陳氏封孺人。

李執中，以子邦直貴，累贈奉政大夫、吏部郎中，配歐氏封宜人。

梁鏞，以子琚貴，贈奉政大夫、德府左長史，配莫氏封宜人。

李學朱，以子一迪貴，贈奉政大夫、南京户部員外郎，配盧氏贈宜人。

## 國朝　封贈

梁雍郎，以子聯德貴，封文林郎、江西興國縣知縣，配伍氏贈孺人，見舉人。

劉士恒，以子談貴，贈修職郎、仁化縣教諭，配吴氏贈孺人，張氏封孺人。見歲貢。

陳元度，以子經貴，贈修職佐郎、韶府訓導，配關氏贈孺人。

黎挺，以子瑞圖貴，贈修職佐郎，河源縣訓導，原配陳氏贈孺人，繼配張氏封孺人。

## 電白縣

### 宋、明 進士

李作，政和戊戌榜。
蔣思問，淳祐庚戌榜。
楊應辰，湖廣經略，二甲。
黄瑢，二甲。
蔣科，三甲，俱寶祐丙辰文天祥榜，有傳。
楊應角，三甲，咸淳甲戌王龍澤榜，北海提舉。
陳永昌，永樂丙戌林環榜，吏科給事中。
崔浩，天順丁丑黎淳榜，吴縣知縣，茂名人。
吴守貞，嘉靖辛丑浣坤榜，貴州布政司參議，有傳。

### 國朝 進士

黎日昇，康熙庚戌宫夢仁榜，累官文選司郎中，告歸，有傳。

### 宋、元、明 舉人

李作，政和丁酉。
楊應辰，淳祐乙酉。俱見進士。

蔣思問，寶祐壬子，見進士。
蔣科，寶祐乙卯，見進士。
楊應觜，景定甲子，高州路教授。
崔文彬，咸淳癸酉，解元。
黃琮，寶祐乙卯，見進士。
楊應角，咸淳癸酉，見進士。
楊惟寶，茂名人。
崔融。俱至正間。
楊良玉，洪武甲子，照磨。
王毅。
馮驥。俱永樂乙酉。
嚴霜，柳州知府。
羽關富。俱永樂癸卯。
張濬，教授，有傳。
盧暢。俱景泰庚午。
魏聰，知縣。

李麥，訓導。俱天順己卯。
陳得。
陳曉成。
梁里生。俱天順壬午。
黃廷奎，成化甲午，羅城知縣。
吴綸，成化癸卯，教諭，有傳。
黃金實，成化丙午，教諭，陞登封知縣。
黎磐，弘治己酉，横州知州，有傳。
任紀，正德己卯，南平知縣。
任良翰，袁州府同知。
鄭宗元，義寧知縣。俱嘉靖辛卯。
吴守貞，嘉靖庚子，見進士。
梁質，嘉靖癸卯。
陳志，由歲貢任廣西思恩訓導。登廣西嘉靖癸卯鄉榜，任江西德安學教諭。
王燦，嘉靖辛酉。
張文耀，萬曆己卯，富陽知縣，有傳。

梁學曾，萬曆丙午，萍鄉知縣。
陳禮，見特用，有傳。
胡珽。俱崇禎庚午。
張樹維，崇禎癸酉。
鄭之柱，崇禎丙子。

**國朝 舉人**

黎日昇，康熙己酉，見進士。
馮大偉，康熙戊午，教諭。
馮泮泗，康熙辛酉，有傳。
黎式儀，康熙庚午，大名知縣，有傳。
李斯犄，康熙戊子。
包宋元，乾隆壬申。
楊愈青，乾隆丙子。

**明 貢生**

林聰，歷陞副使。
蔣賓，知縣。

馮兆，主事。
吴政。
羽富，富川知縣。
張福，縣丞。
馮驍，交趾知縣。
李茂，交趾巡檢。
何霖，交趾理問。
周普，户部主事。
黄克，山西道御史。
周祐。
許庸，會昌知縣。
李端，交趾推官。
李宗元，交趾知縣。
羅焕，交趾知縣。
楊霖，典史。
周輔。

梁舉，典史。
陳浩。
凌佐，交趾主簿。
蘇澤，巡檢。
陳哲。
李惠，嚴州同知。
李廣。
何信。
劉安，南京衛經歷。
李盛，主簿。
楊誠。
黃鍾，陽州照磨。
李青，德化知縣。
陳貞。
林鏞。
金璉。

蕭鳳儀。
全才。
陳經。
勞琰。
劉凱。
許京。
龍澄。
李舒。
全寬。
梁愚。
何源。
梁端，歷陞河南道御史。
黄德堅，天台知縣。
梁勝，巡檢。
黄鑑，雲夢知縣。
蕭澄。

劉靖。
蔡永隆。
黄鍾，寧府典寶。
梁瑜。
陳傑。
詹郁，陽朔知縣。
楊璁。
許聰。
梁玉，順昌知縣。
霍旻。
李傑。
葉瑄。
梁寬。
馮富壽。
楊瑜，鉛山所吏目。
許敬。

梁挺。
容明。
吴琮。
何淵。
陳貴。
陳鎔。
何敬。
梁廷實，邵武府知事。
邵宗文。
王綸，漳州府經歷。
張翰，河池學正。
吴旻，興業知縣。
林鳳，延平府知事。
黄雍。
傅政，邳州訓導。
蔡賓。

杜和，石首主簿。
張俸，武陵主簿。
何墀，吉水主簿。
黄廷瑞，全州訓導。
周恂，南寧檢校。
林越，行都司斷事。
劉綬，開化教諭。
崔仁，德化訓導。
周諫，樂平主簿。
蔡海。
張瑛，臨武訓導。
林明，柳州府經歷。
卓俊。
何宗錫，江西石城知縣。
崔志義，萬年知縣。
陳璡。

蕭愔，思恩知縣。
黎璉，平湖縣丞。
黎鎰。
馮俊。
吴思齊，蘭溪縣丞。
梁邦寧。
崔廷名，涇縣教諭。
王邦祥，訓導。
何宏傑。
張璣，開化教諭。
黄居仁，慈利教諭。
李蕃，灌陽教諭。
蔡新源，陽江訓導。
黄日新，龍溪訓導。
陳志。
邱鈺，定邊知縣。

卓士麟，陽朔教諭。
邱山，寧鄉知縣。
林士奇，瓊山訓導。有傳。
李一鰲，長沙教諭。
黄璋，陽朔教諭。
張元相，馬龍州知州。
梁偉，懷遠知縣。
陳士晟，徽州府教授。
吴學詩，訓導。
黄子禄，瓊州訓導。
黄宗榮。
周士賢，瓊州訓導。
黎應尹，梧州訓導。
梁希曾，晋江訓導。
朱廷瓛。
戴廷用，儋州訓導。

何璉。
吴廷環。
朱廷玉，汀州訓導。
張元揆，永淳知縣。
吴士元。
梁鑒。
杜應祥。
黎維藩，王府教授。
王大謨，益府教授。
王用中。
王應端，横州學正。
吴世禄。
梁直夫，上高教諭。
梁朝紀。
吴中孚，永福訓導。
朱元，襄府教授。

李紹唐。
陳廷用，瓊州府教授。
吴守謙，益陽訓導。
張汝懷，麻城縣丞。
張應麟，清流訓導。
林有夔，邵武府教授。
吴日昌，崖州訓導。
吴日晃，訓導。
吴士化。
吴士瑞，平海衛教授。
張元憲，翁源訓導。
江山，太平府教授。
鄭勉，瑞金訓導。
何惟忠。
王學淵，南寧教諭。
黄觀光，欽州訓導。

林友松，教諭。
吴光詔，選貢。
王縉，饒平訓導。
邱民象，開建教諭。
王風泰，肇慶教授。
羅萬象。
朱振周，桂陽州判。
王三接，臨高訓導。
鄭宗孔。
王養盛，河源訓導。
卓以賢。
吴光訓，儋州學正。
劉元相，儋州訓導。
陳儒俊。
黄顯文。
黄焰。

黎紹高。
吴日昂，瓊州訓導。
魏思周。
何耀龍。
鄭啓祚，韶州府教授。
胡日騰。
吴如海。
周必榮。
蔡春芳。
蔡學文，訓導。
任家正，萬州學正。
崔可大。
張一秀。
黎丁泰。
李長春。
黄憲謨。

黄鳳騰　選貢，甲子北監副榜，平湖縣丞，有傳。
江濯之。
張一愷，選貢，賓州知州。
楊懋烈，順德訓導。
孔儒教，選貢。
鄭之桂，選貢，丙子鄉榜中式。
楊道南。
楊登第。
王曰是。
梁開泰。
邵夢何，拔貢。吉安府通判，有傳。
楊嘉賓。
蔡紀輝。
蔡學周，陽江訓導。
劉承宗。
范紹統。

楊之秀，選貢。
蔡調元。
蔡起麟。
張洪觀。
楊瓊祥。
李天成。
黄豹變。
張紹修。
廖元亨。
黎拱極。
吴爨運，選貢。
崔獻立。
**國朝 貢生**
高儒風。
鄭之彭。
林之球。

張延祥，拔貢。
何奮鵬。
吴縣魁。
楊登甲。
何鍾翰。
王琮，恩貢。
龍麟長。
許進之。
蔡逢泰。
李元達，恩貢。
楊青。
黎迪貞。
李虩。
曾琦。
梅世英。
許邦屏。

馬晉。
楊表勳。
柯有道。
黎時亨。
楊璧祥，拔貢。
許伍常，拔貢。
邵閣。
丁應斗。
邵任佐。
楊來鳳。
楊紹皋。
邵逢中。
馮國玉。
潘丹成。
黃名標。
黃碩望。

邵光寵。
梁成桂，恩貢。
李晟。
蔡廷玉。
李名第，拔貢。
邵掄。
潘善吉，海康訓導。
邵應選。
馮維經，恩貢。
唐登庸。
張信。
楊帝佐。
梁上選。
楊廷璣。
謝存英，拔貢。
何天簡。

梁荷基。
吴值喜。
黄延昭。
謝德行，拔貢。
馬仲輝，恩貢，潮州府教授。
馮維紀，樂會縣訓導。
黎國華。
陸鍾麟，拔貢。
楊守勤。
邵純禮。
黄學舒。
蔡發祥。
梁端。
劉鳳來，恩貢。
楊旁求。
鄧際遇，恩貢。

楊達。
邵天顯，拔貢。
崔君恩。
賴化成。
何四達。
邵天成，廪貢，即用訓導。
崔忻。

**國朝 武進士**

張廷欽，康熙戊戌。
張維魁，雍正癸卯恩科。

**國朝 武舉**

黎文燦，康熙戊子。
張廷欽，康熙丁酉，見進士。
張維魁，雍正癸卯恩科，見進士。
林斌，雍正丙子。
蔡秀，雍正壬子。

邵鷹揚，雍正乙卯。
邵斌材，乾隆丙辰。
邵斯華，乾隆戊午。
謝國寶，乾隆癸酉。
邵應泌，乾隆丙子。

**明 特用**

陳禮，歷官彰德府知府致仕。

**明 薦辟**

崔則高，洪武間，以明經舉，授湖廣按察司僉事。
崔則乾，洪武間，以茂才舉，授福建布政司參議。

**國朝 封贈**

黎迪貞，以子式儀貴，贈文林郎，配李氏贈孺人。

## 信宜縣

**明 進士**

梁成，永樂庚辰胡廣榜，二甲，江西按察司副使。

陳佐，永樂甲辰邢寬榜，三甲，江西道御史。

**國朝　進士**

李宜相，原名宜突，乾隆甲戌莊培因榜，二甲。

**明　舉人**

梁成，見進士。

蔡璘，交趾知縣。

蕭繁，太平府同知。俱洪武庚午。

彭晟，交趾知縣。

黄迪，交趾知縣。俱永樂戊子。

姚成，黄州府教授。

馮翔，交趾知縣。俱永樂辛卯。

梁英，永樂丁酉。

陳佐，見進士，永樂庚子。

梁鼎，永樂癸卯，瑞金教諭。

彭寧，宣德丙午，武崗訓導。

黎顯宗，宣德壬子，太和訓導。

彭璋，正統戊午，瑞金訓導。
梁翬，正統甲子，莆田教諭。

**國朝 舉人**

劉岱，康熙乙酉。
林式君，康熙甲午。
李東述，乾隆戊午。
李宜相，乾隆丁卯順天榜，見進士。
李宜昌，原名宜夜，乾隆庚子。
李宜隨，茂名籍，乾隆丙子。

**明 貢生**

陸永寧，交趾知縣。
李子謙，交趾主簿。
王博，交趾同知。
陳忠。
梁宏。
莊成。

潘懋，通判。
陸逵，邵武檢校。
張本廣，田州知事。
楊文，江南吏目。
曾恕，雲陽典史。
曾貴　博白縣丞。
歐文，河池知縣。
鄧裔，瀏陽知縣。
梁材，荔浦知縣。
胡安，淶水縣丞。
李鳳，賓州吏目。
李貴，興業知縣。
陳耿，慶遠府知事。
甘霖，饒州檢校。
陳曜，富川教諭。
梁素，思恩知事。

張義，臨江府檢校。
梁軥，吏目。
梁富，懷遠知縣。
黄瑀，王府典簿。
周鶚，南安知縣。
駱馴，桃源知縣。
鄧琥，按察司知事。
吕郁，龍巖訓導。
王熊，興國縣丞。
李冀，賓州吏目。
陳嗣，瑞州檢校。
易尚義，潯州訓導。
梁文，儋州吏目。
張宸，北流知縣。
潘宣，漳平訓導。
匡直，平陽主簿。

黄智，王府奉祀。
陳珏，贛榆主簿。
歐鶚，梧州知事。
李讓，瓊州檢校。
彭觀，平樂照磨。
黎兆，連州主簿。
梁錦，歐寧典史。
周驥，龍巖縣丞。
李京，平樂知縣。
梁燦。
陳廷璇，寧都主簿。
梁演，吏目。
劉吉。
王文準，平樂教諭。
王憲。
李實。

李麟祥，户部主事，見薦辟。
周朝用。
梁世俊，柳州府照磨。
張文資，平度州同知。
劉有執，懷集教諭。
黄琥，龍巖教諭。
周璘，寧都訓導。
麥英，陵水訓導。
李鑰，茂名人，北流教諭。
李鉞，茂名人。
李一端，茂名人。初丞浮梁，有安撫景德鎮亂民之功，後左遷楚府紀善，拂衣歸里，以德讓化俗。
何漢臣，澄邁訓導。
李若魯，古田縣丞。
劉有容。
王瞻之，昌化教諭。
張廷舉。

白士豸，茂名人。
梁惟芳，陸川教諭。
周宗尹，恩貢。
王龍符，新城訓導。
鄧儒，昌化訓導。
林毓芳。
李樸，茂名人。
吳日昌。
葉時新，梧州教授。
王光信，岑溪教諭。
吳仕端。
李茂芳，富川教諭。
孫光祚，新安訓導。
梁光曾，乳源訓導。
歐惟芳，山陰訓導。
吳學詩。

潘著。
李進修，崇義訓導。
張斐，選貢。
李從龍，茂名人。
胡瑛，欽州訓導。
張書紳，饒州通判。
覃有科，萬州學正。
陸天衢。
蔣儒。
朱棟。
吴諭，茂名人，南部知縣。
鄺大禮，常州通判。
黄裳。
潘元宰，新安訓導。
周來鳳。
李造。

陳堯佐。
吴兆爵。
朱檪。
歐顒。
李秀魁。
何與參，選貢。
譚當世，副榜。
葉沛，崇禎歲貢，庚辰特賜進士。
陳謨。
蕭天翰。
陳奇抱。
王澤深，恩貢。
丁紹元。
李雲，恩貢。
楊萬年。
吴鳳。

陳劍光。
翟啓元。
戴禹敩。
李璨。

**國朝 貢生**

馬聞從，恩貢。
蔡瑞露。
葉茂藻。
王賓，拔貢。
李之任。
陸高古。
黎見龍。
吕士矜，開建訓導。
李鳳祥。
李樹屏，陵水訓導。
何卓遇，有傳。

温濤。
羅吉士。
吕哲臣。
林聯縉。
翟廓翔。
盧元芳，副榜。
李季臨，新安訓導，有傳。
黄金相。
屈上選。
馮廷壯。
朱鼎梅。
林殿槐。
何天錫。
吕萃，選貢，東安教諭。
黄光宗。
麥秀岐，順德訓導。

梁三季。
曾爾德。
韋京佐，恩貢。
陳高彦。
黄宗懋。
李乾學，有傳。
黄夢求，副榜。
王廷瑞，高明訓導。
李鳳山。
林蒿生。
李乾德，三水訓導，有傳。
吴儼，恩貢。
李東紹，拔貢，合浦教諭。
李名世。
王照，拔貢，河南試用知縣。
林枚佐，博羅訓導，有傳。

李乾統，新寧訓導，十年。生徒恃之若慈母，前後修文廟、建義學，捐俸百餘金。
王廷獎。
李東述，拔貢，見舉人。
謝玉綸，恩貢，合浦教諭。
李宏。
李乾則，花縣訓導。
梁樞。
李元崙，拔貢。
林枚藩。
高名玿。
陳宅璣。
李公瑋。
林枚弼，恩貢。
歐枚選。
林崧，恩貢。
李德嶽。

梁澄，拔貢。
謝玉綵。
林天灝。
林枚尹。
甯殿珮。
李殷，廪貢。
梁模，廪貢。
李東參，廪貢，即用訓導。
李東彦，廪貢，封川教諭。
王堂，廪貢，連州訓導。

**明　武舉**

王偉，崇禎癸酉，陽江守備。

**國朝　武舉**

黎和國，康熙戊午。
唐焕章，乾隆戊午。
陳東陽，乾隆甲子。

周耆邦。

甯殿玢，浙江杭州幫運千總。俱乾隆丁卯。

**明 薦辟**

周瑜，以賢良任光禄寺署正，有傳。

李麟祥，以賢良任户部主事，有傳。

康瑞，以庠生任鴻臚寺署正。

梁任，以吏員任山西蔚州衛經歷。

**明 封贈**

李期然，以子麟祥貴，贈户部主事，配羅氏封太安人，包氏贈安人。

**國朝 封贈**

李叔戩，以子乾統貴，贈新寧訓導，原配陳氏、次配郭氏俱贈孺人。

**化州**

**宋 進士**

余行成，字公性。四甲，江西僉憲。

林斗南，字景星。五甲，桂林路判官。俱景定壬戌梁夢庚榜。

黄旹，咸淳戊辰陳文龍榜，四甲，廣南僉憲。

## 元 進士

張仲明，字闇之。二甲，鬱林路同知。

林子章，字元倬。四甲，南雄路推官。俱至大間榜。

## 明 進士

蔣資，字原深。二甲，由刑部郎中出爲濟寧府知府，有傳。

李璨，字廷圭。三甲，永嘉縣知縣，陞柳州府同知，有傳。俱洪武甲戌張信榜。

梁瑶，二甲，永樂甲申曾棨榜，初任福建寧化知縣，轉湖廣隨州同知，有傳。

陳純，字真常。三甲，永樂丙戌林環榜，山陰縣知縣。

洪豫，永樂乙未陳循榜，山東右參政。

盧璿，字與衡。二甲，永樂辛丑曾鶴齡榜，刑部主事。

余宗器，字用之。三甲，永樂甲辰邢寬榜。

陳珪，嘉靖己丑羅洪先榜，三甲，累官浙江左布政，有傳。

## 宋 舉人

余行成，寶祐戊午解元，見進士。

林斗南，景泰辛酉，見進士，聯捷。

黄旹，咸淳丁卯，見進士。

## 元舉人

張仲明，見進士。
林子章，見進士。俱至大間。
黄和孫，字汝順。
余允，杭州教授。俱至正間。

## 明舉人

陳思賢，洪武丁卯經魁，漳州府教授。靖難死節，有傳。
蔣資，見進士。
陳遜，教諭。
黎阜，教諭。俱洪武丁卯。
李璨，見進士。
龍澄，教諭。
蘇祐，訓導。
梁挺。
彭敦。俱洪武庚午。

陳瓊，訓導。
陳豫，金華府教授。俱洪武癸酉。
吴斌，吉水訓導。
李隆，教諭。俱洪武丙子。
黎獻，教諭。
陳賓，教諭。
李斌，教諭。俱洪武丁卯。
梁瑶，見進士。
陳純，見進士。俱永樂癸卯。
柴森，知縣。
吴席珍，天台知縣。
胡敏，訓導
林莊，同知。
張鏞，知縣。俱永樂乙酉。
陳旴，同知。
梁可。

甯倫，主簿。
陳貞，主簿。
淩樂，桂陽教諭。
池浩，教諭。
陳玉蘭。
羅文昌。
馮雲驥，縣丞。
陳庸。
陳顯，訓導。
李文輝。俱永樂戊子。
陳敦，主簿。
王銘，經歷。
黄瓚，知縣。
李瓊，知縣。
洪豫，乙未進士。
陳英，典史。

黃俊，吏目。
陳懋，典史。俱永樂辛卯。
林崗，交趾典史。
黃蔭，臨桂典史。
李瑄，典史。
楊寧，交趾多驛知縣。
李貴，吏目。
王廣。
陳珩，典史。
林翰，馬平訓導。俱永樂甲午。
施顯，經魁，善射。
陳奎，福建都司經歷。
盧璿，見進士。俱永樂丁酉。
張璇。
余宗器，見進士。
余宗珏。

蔣勉，教諭。
余聰，縣丞。
梁完。俱永樂庚子。
張恂。
張熙載。
羅靖，龍溪縣丞。
胡孜，訓導。
洪鼎，主簿。
簡倫。俱永樂癸卯。
林高，宣德己酉，曲陽教諭。
蔣衍，教諭，宣德任子〔一〕。
陳成，教諭。
黃定，經魁，政和教諭。俱宣德乙卯。
全節，正統辛酉，柳城知縣，有傳。

〔一〕『任子』，當作『壬子』。

黃信，景泰庚午，同知。
蔣滉，由儒士中雒容訓導。
蔣渾，俱景泰癸酉。
李澈，景泰丙子。臨江府通判，廉介有爲。
吳珩，天順壬午。
李奇，成化辛卯，潯州府訓導。
王福，成化甲午，徐聞訓導。
洪烈，成化癸卯，鎮遠府通判。
陳禧，正德丁卯，松江府通判，有傳。
凌士顔，正德庚午，大庾知縣，有傳。
陳珪，見進士。嘉靖乙酉，有傳。
姚岳祥，見進士。隆慶庚午，有傳。
林潮，萬曆癸卯。
黃雲祥，萬曆己酉，經魁。
陳鑑，字子明。萬曆戊午經魁，江夏縣學教諭，有傳。
梁明撝，崇禎庚午。

**國朝 舉人**

李履祥，初任黔江縣知縣，陞定番州知州致仕。

李之辦。俱康熙壬子。

李雲程，康熙辛酉。

**明 貢生**

林居敬，鉛山知縣。

余表，德化縣丞，有傳。

黄嗣。

黄鼎，博白教諭。

林庸，交趾清化通判。

張耀，教諭。

甯元剛，都事。

陳猷，知縣。

洪澤，推官。

吴剛，州判。

黄從删，教授。

梁誠，知縣。
勞興，通判。
蔡賢，通判。
李球，知縣。
李瑜，知縣。
劉聰，縣丞。
施紹宗，經歷。
陳勳，照磨。
程節，知縣。
吴寧，訓導。
程資。
吴洪宇，武定州同知。
楊暢，知縣。
張麟，主簿。
陳紀，扶溝知縣。
董浩。

莫泰，知縣。
陳昂，平江知縣。
李正，訓導。
陳震，知縣。
李熙，通判。
李聰，主簿。
吴機。
李振，柳州經歷。
鍾興。
盧貴，桂林經歷。
池玘，吏目。
謝宇，陸州知縣。
陳表，訓導。
陳善，河池知縣。
黄傑，照磨。
翁戩。

蘇英。
陶淵，經歷。
龐相。
張芳，宣州衛經歷。
盧道，主簿。
吴翰，侯官縣訓導。
李果。
馬容，賀縣訓導。
黄政，冠帶。
龐寵，大興衛經歷。
蔡葵，吏目。
陳中，州判。
陳紹，建安縣丞。
洪衷，壽縣縣丞。
楊宏，上杭教諭。
余鼎，桂林衛經歷。

林脩齊。
陳志道。
吴經，訓導。
陳晟，忠州同知。
李縉。
張寧。
盧俊，澹州府照磨。
柳郁。
韓曜，黄梅縣丞。
盧鉞，都司斷事，陞通判。
董揆。
莫釗。
盧鍾，潮州府簡校。
吴懿，福建石城教諭。
黄泰，嶽州府照磨。
蔣偉。

李芳，經歷。
周鑑，主簿。
佘謙。
曾鉉，桂陽州判。
吴中。
李瑱。
黄綵，縣丞，宣德乙卯經魁。
勞錡，陽朔訓導。
陸顯，玉山訓導。
何鯉，平海衛教授。
李節，晋江縣丞。
甯廉。
李賦，福州府訓導。
王裕。
李常。
李克章。

洪範，梧州府經歷。
薛尚學，教諭。
陳鎰，光澤教諭。
陳旻，經歷。
劉賢，吏目。
薛源，休寧主簿。
蔣脩齡，知縣。
陳文。
梁潤。
洪載。
謝章甫。
李仲春。
余亨，訓導。
何世禄，贛州府訓導。
楊集，光澤教諭。
楊章，永春府教授。

姚守徹，定安教諭。
劉仕通，陸川知縣。
全大倫，梧州府照磨。
余廷讓，古田訓導。
李觀光，陽朔教諭。
陳惟學，定安訓導。
李弼，應天府訓導。
盧世榮。
張鳳岐。
洪守常。
梁希顔。
凌宗冉，善化縣丞。
陳蘭，連城訓導。
凌文緒，新寧訓導。
王尚賢，甌寧教諭。
凌宗尹，太平府訓導。

董邦紀。
黄思明。
李克常。
陳珖，襄陽教諭。
張汝才，灌陽知縣。
陳廷實，訓導。
凌文輝。
張士望。
吴仲魯，惠州府訓導。
吴巨源。
李疇，會同教諭。
吴克儉，靖安訓導。
李祖錫。
張文式，藍山訓導。
黄仕英。
李雍，靈山訓導。

李一棟，貴縣知縣。
李元清，益府教授。平易温厚，壽百歲。
余珪。
勞貞元，浦江教諭。
陳廷訓，永平教諭。
李元賓，蜀府紀善。
薛邦政，高要教諭。
余山，大埔教諭。
余一英，訓導。
凌一夔，沔池訓導。
陳萬言。
王國瑞，選貢。
張棟，台州府通判。
顔諫，昌化訓導。
顔觀光，選貢，楚府教授，有傳。
林懋箴，藤縣知縣。

陳守矩，選貢。
黄守禮，龍川教諭。
李森，瓊州府訓導。
凌山，邵武府訓導。
陳天綱，萬州教諭。
黄應詔，安定教諭
陳廷誥，儋州訓導。
王之臣。
李見龍，澄海訓導。
洪作，惠州府訓導。
黄仕邦，篤行好學。
黄應選。
李常鮮，選貢，天長知縣，有傳。
董丕顯。
楊大忠，政和教諭。
凌懋建，太平通判。

凌祥，南海訓導。
蔣秉初。
楊三省，廣州教授。
黄鍔。
張一鴻，瓊州府教授。
陳銓。
李邦奇，東莞訓導。
吴邦佐，順德教諭。
李上達，陽春訓導。
董大邦，宣化教諭。
李上林。
李惟竞，東安教諭。
李養正，感恩教諭。
黄藩，瓊山訓導。
李光春，仁化教諭。
楊世柱。

黄瓚。
李常暢。
董三榮。
趙獻榮，桂林衛經歷。
凌沖雷，瓊州府訓導。
何尚仁，恩貢，武昌通判。
顏可及，恩貢，蘇州同知。
凌光祚，崖州訓導。
董大建，博羅訓導。
李纘昌，會同教諭。
張義，經歷。
顏可掬。
顏可幾。
陳敦典。
董子奇。
張攝。

黄閣。
譚舜典。
吴匡鼎。
李經國。
黄紹曾。
黄簪。
黄雲觀，羅定州學正。
顔夢桂，明山知縣。
李逢陽，訓導。
梁俊登，容縣訓導。
梁伯殿。
凌桂。
李拔尤，拔貢，國朝寧德縣知縣。
黄象元，東莞訓導。
鄧文照。
楊逢泰。

黄納言，由歲貢中癸酉副榜。
楊璠。
黄祖詠。
凌鳳鳴。
黄如金。
李芝。
李興雨。
余肖宗。
李之傑，副榜。有傳。
董日宣。

**國朝 貢生**

李拔奇，拔貢。
趙丁，恩貢。
李興楫。
梁峻立。
陳濟。

勞謙。
顔守中。
梁峻標。
顔夢榴。
梁峻昇。
黄銓。
周鼎新。
董纘勳。
彭顯祖。
朱人龍，陽江訓導，有傳。
黄雨滋，有傳。
黄芝，訓導。
勞鳳起。
余猶鳳。
陳斯樞。
黄雲。

陳斯概。
董儼舒。
陳琪。
陳斯桂。
陳會江，副榜。
董德光。
陳殿簡。
陳忠簡。
陳三俊，拔貢。
李岸程，拔貢。連山教諭。
張亮采。
吴夢鰲，德慶州訓導。
楊儒泮。
陳敬先，拔貢。英德教諭。
顔德生。
陳斯權。

黄良瑄。
楊躬行。
顏光遇，恩貢。雍正七年，捐貲築吴川三江堤基，總督孔具題准給八品頂帶。
李大韶，長樂訓導。
陳貞吉。
黄金光。
李鮮佳。
楊鳳至。
陳梅傑。
黄萃芳，新寧訓導。
李澤培。
李廷考。
陳錫爵。
李世泰。
劉傅珽。
陳宸詔。

楊儒溥。
黄中立，拔貢。
楊登九。
黄與堅。
洪書範。
黄正泰，拔貢。
李萬英，副榜，普寧教諭。
黄泰彰。
羅纘義。
劉廷柱。
李培旺。
黄錫祺。
梁耀文，恩貢。
廖高元，拔貢。
劉沖天。
吴騶，清遠縣訓導。

李俊泮，廣州府訓導。
凌震。
陳玉文。
李守仁，拔貢。
李常瑞。
楊雲標。
陳仲賢。
董慶璉。
勞顯相。
王魁顯，恩貢。
陳儒堅，拔貢。
姚蓁。
李新天，丙子副榜。
李偀。
吴丙朝。
黄正恒。

陳其賢。

**國朝 武舉**

梁龍光，雍正甲辰。

**明 薦辟**

梁通，以人才薦任雷州府通判，陞治中。

陳津，以通薦任山東陵海知縣。

楊紹文，由生員舉陸川知縣鄉飲大賓。世柱之子。

顔文，可及長孫。以人才舉，宦隱歸農。

**明 封贈**

陳同，以子純貴，贈山陰縣知縣，配□氏贈孺人。

洪漢，以子豫貴，贈刑部主事，配□氏贈孺人。

陳禧，以子珪貴，贈南京户部員外郎，配吴氏封宜人。

**國朝 封贈**

李暹奇，以子履祥貴，贈黔江縣知縣，配□氏贈孺人。

李維揚，以子雲程貴，贈文林郎，配董氏封孺人。

李爲珝，以子樹華貴，封布政司經歷，配董顔氏贈安人。

## 吴川縣

### 宋、明 進士

鞠杲，元祐間榜，有傳。

陳惟中，字子敬。賓祐丙辰文天祥榜。五甲，文昌縣尹，有傳。

吴頤，咸淳乙丑五甲，光禄寺卿。

林泉，三甲，光禄寺署正。

顧正，三甲，光禄寺署正。

鄭鎔，三甲，山西道御史。俱洪武乙丑丁顯榜。

李濬，正統戊辰彭時榜。

蕭惟昌，天順丁丑黎復榜三甲，錦衣衛籍，中順天鄉試，户部主事。

林廷瓛，弘治庚戌錢福榜三甲，永嘉縣知縣，陞蘇州府同知，有傳。

吴鼎泰，字葆中，崇禎戊辰劉若宰榜三甲，歷任兩淮運使，有傳。

### 國朝 進士

林闈階，乾隆丁丑蔡以臺榜。

### 宋 舉人

鞠杲，見進士，熙寧間。

林兼山，湖廣訓導。嘉定壬午，中湖廣解元。
李凌雲，淳祐丙午解元，有傳。
陳惟中，見進士。寶祐乙卯。
吴頤，見進士。景定甲子。
林秀甫，定安教諭。
林仲甫，秦州舉正。俱咸淳丁卯。

## 元 舉人

林顒，延祐戊午。

## 明 舉人

林彔，見進士。
鄭鎔，見進士。
顧正，見進士。
易璘，廣西中式。俱洪武甲子。
林兼濟，靖州學正。
林原宥，興業教諭。
吴孔昭，御史。俱洪武丁卯。

陳璆，洪武庚午，由貢中順天鄉試，任福州府教授。
陳鵬，洪武癸酉，梧州府知府。
吴孔光，雲南蒙白教諭。
孫迪哲，洪武丙子，應天中式，宜山教諭。
陳乾，四川渠縣教諭。
彭完義，通州學正。俱永樂癸未。
陳保，永樂乙酉，交趾長津知縣。
黎暹，永樂戊子，交趾上蘭知縣。
陳英，交趾都和典史。
黄俊，交趾王麻州吏目。
陳懋，交趾屬縣典史。俱永樂辛卯。
陳珩。
楊禧，典安訓導。俱永樂甲午。
林密，永樂丁酉，容縣訓導。
吴埜，永樂癸卯，中雲南鄉試，雩都訓導。
黄敏，貴州訓導。

羅倫，宜山教諭。俱永樂癸卯。
孫宏，宣德壬子，陸川教諭。
陳詔，宣德乙卯，羅城教諭。
李珏，平樂府訓導。
易恒，如皋知縣。
李冕。
林球。俱正統戊午。
陳瑗，正統辛酉，經魁。
易璘，正統甲子，梧州府教授。
凌霞。
李濬，見進士。俱正統丁卯。
陳達，德化教諭。
吴濬，横州學正。
蕭惟昌，見進士。俱景泰庚午。
史孜，浦江訓導。
梁守正，金鄉教諭。俱景泰癸酉。

林廷璋，成化戊子。
李芳，成化辛卯，南京兵馬司指揮。
吴朝玉，成化甲午，歷胄監中式，長沙府通判。
陳暹，容縣教諭。
林廷獻，見進士。俱成化丁酉。
林世榮，成化丙午。
高鴻，弘治壬子，淮安府教授。
陳天驥。
陳纘。俱弘治乙卯。
林顯，正德庚午，臨桂教諭。
陳榮，正德癸酉，瓊州府教授。
林秉全，正德丙子，歷胄監，任建寧府通判。
吴淮，嘉靖壬午。通判。
蕭廷輝，嘉靖乙酉，長沙知縣。
李德貞，嘉靖戊子，天長知縣。
李尚德，福安知縣，嘉靖。

吴廷彦，萬曆乙酉，興化府通判。
吴鼎泰，見進士。
吴鼎元，江西袁州府、廣西太平府推官，陞四川順慶府同知，有傳。俱萬曆己酉。
吴應祥，萬曆乙卯，亞魁，徐聞教諭。
麥倫，嘉興府通判。
吴鼎和。俱天啓辛酉。
龍逢聖，崇禎癸酉。
陳紹顔，經魁。
陳參兩。俱崇禎己卯。
陳聯第，崇禎壬午。

**國朝 舉人**

吴士望，康熙癸卯。
林春澤，康熙乙酉，湖廣黄安縣知縣。
陳景濂，康熙辛卯，有傳。
吴國倫，雍正己酉，經魁。
黄家漢，乾隆戊午。

伍象兩，乾隆辛酉。
麥國樹，乾隆甲子。
林邦珖。
陳尹東。俱乾隆壬申。
陳國成，乾隆癸酉。
林聞階，乾隆丙子，見進士。

**元 貢生**

吴仕元，教諭。
吴貢元，教諭。
吴應詔，教諭。
吴應誥，教諭。

**明 貢生**

陳璆，見舉人。
張胥，容縣知縣。
孫迪哲，見舉人。
吴體文，光禄寺監事。

劉中，交趾諒山府同知。
梁煥，交趾大瀆縣主簿。
李垣，交趾清波縣主簿。
吴鼎，交趾吏目。
林宗興，交趾鎮蠻府檢校。
吴彬。
陳佳期。
陳仕佐。
林譜。
吴鶴，歷胄監，任知事。
林焕興。
蔡純。
李清，廣西檢校。
李本誠，賀縣知縣。
張光倫。
易磷，見舉人。

余誠，臨淮知縣。
李華，常熟知縣。
楊倫。
黄暹，同知。
吴休，經歷。
梁諝，泰寧主簿。
莫讓，陽江典史。
李尹。
吴俊，知縣。
鄭鰲。
黎英。
張儒。
林杰，寶慶府照磨。
孫瓚，柳州府推官。
邱順，藤縣主簿。
陳諶，訓導。

劉廣。
吴璣，馬平知縣。
李宗，經歷。
鄭琦。
林鵬，衛經歷。
黄榮。
林廷珪。
文耀。
伍湖瀾
林廷玉，江西縣丞。
陳紹學，贛州府訓導。
孫彦，句容主簿。
莫正立，吴江主簿。
羅顯用。
陳厚。
李常，瓊州府訓導。

林全忠，訓導。
楊茂，流湘訓導。
李弼，應天訓導。
張鳳岐。
陳濬，懷集訓導。
李名實，融縣訓導。
陳積德。
易學就，樂清訓導。
楊朝會，南康府訓導。
陳萬言。
陳廷實。
張士望。
譚中懷。
李曙。
彭斐，瓊山訓導。
盧麟。

易章。
譚綸，漳浦訓導。
邱芳，寧波經歷。
李凌雲。
吴貞吉。
梁豪。
吴經綸，臨江府訓導。
蘇俊，延平訓導。
伍桂。
孫時舉。
李朝陽，文昌教諭。
易中。
孫良，柳城訓導。
易彦，福寧訓導。
吴廷秀，彌勒州吏目。
梁謨。

林起萃。
林才傑，蒼梧知縣。
黄中，江華訓導。
吴國器，廬陵訓導。
李明，沙縣主簿。
林秉性，吉水主簿。
陳鎰，光澤教諭。
陳朝元，政和知縣。
李瑞，平南訓導。
李魁，寧國經歷。
李世嘉，興安訓導。
陳明德。
陳善藝。
陳時宜。
林灝。
吴志乾，選貢。

甯斐，龍溪教諭。
林憲武。
林彦相，歙縣教諭。
楊景芳，滄州訓導。
李觀光，陽朔教諭。
梁國器，崖州訓導。
林肇昌，岷府教授。
易元吉，訓導。
李志宏。
林伯表，邵武教授。
陳廣業。
陳廷誼。
李惟精，蘭溪訓導。
孫朝用。
梁第魁，漳州府訓導。
史廣記。

李景烈。
李宗烈。
李邦龍，文昌訓導。
黄思温，博白教諭。
林渤。
陳道顯。
李道立。
吴允迪。
李汝諧。
吴巨源。
林惟銘，陽江教諭。
姚守中
林瀞，廉州府訓導。
易有孚。
黄恩重。
黄鼎重，邵武教授。

梁建中。
黄仲仁，文昌訓導。
范瓊，氓府教授。
劉邦奇，遂溪訓導。
吴一迪。
麥璣，廣信府教授。
譚廷佐。
李屹。
甯汝賢，福建訓導。
李鳳翥，合浦訓導。
薛邦政，萬州學正。
曾尚明，平海衛訓導。
林肇泰。
易學就，平樂教授。
潘廷瑞，惠州教授。
林漸階，澄邁教諭。

李彦輔，上饒教諭。
李夢周，常州訓導。
李森，瓊州府訓導。
邱國舉，定安教諭。
楊謙，增城教諭。
韓重仁，延平訓導。
陳守諒，漢陽府訓導。
陳日遷，建安縣丞。
吴廩純，感恩教諭，有傳。
李資乾，羅定學正。
彭克試，韶州府訓導。
李兆龍。
邱如嵩，南海訓導。
林學賢，全州教授。
邱國望，灌陽教諭。
黄績，選貢。

李旻，選貢，太倉州判。
韓悦思，恩貢，太和縣丞。
李仲煌，雷州教授。
李晟，恩貢。
邱從周。
葉鵬，萬州訓導。
崔喬茂。
吴紹鄒。
林懋賞。
林懋績，長樂訓導。
王貂。
陳世胄。
李勖，饒州教授。
李秋標，長沙訓導。
吴崇德，訓導。
陳廷讚，崖州學正。

林有譽，封川教諭，有傳。
楊一英。
林自得，恩貢，海寧主簿。
梁麟祥，恩貢。
吴光裕，潯州教授。
楊潮。
林華棟。
李偉標，惠州教授。
凌尚仁。
麥峻，福安教諭。
吴士甫，恩貢。
林桂鼎，恩貢。
李應陽，東莞訓導。
劉化，南海訓導。

常宗恩，選貢，金華府通判〔一〕。

譚宏基，拔貢。

陳奇偉。

李粹。

吴士霖，澄邁訓導。

易崇周。

林廼焰。

林瓊樹，恩貢。

陳應龍。

吴鼎羹。

林柱國。

林浩茪，恩貢，徐聞訓導。

吴孟褒。

陳宸魁。

〔一〕『判』，原闕，據文意補。

國朝 貢生

吴士望，見舉人。

陳鳴登。

常脩庸。

梁挺秀，拔貢。

梁挺芳，拔貢。

陳春第。

林昌宙。

姚大祥。

李參天。

麥華岐。

林可櫟。

龍正伸。

吴夢伯，恩貢。

彭毓祥。

林震煜。

吴聯魁。
林間挺，捐立義冢。
李孫虬。
陳二生。
關名魁。
梁鼎鰲。
林震乾。
麥秀岐。
李炳倫。
李鳳英。
陳曾啓。
吴仲超，文昌訓導。
吴沖雲，拔貢。
陳璣。
林中松。
李沖漢，海康訓導。

陳文鰲。
吴騰雲。
李于宗。
吴載錫。
陳所藴。
林魁彦。
吴國佐。
吴觀韶，拔貢，徐聞教諭。
林中檜，韶州訓導。
林紫雲。
伍瑞。
陳景濂，乙酉副榜舉人。
楊甘來，澄邁縣教諭，陞雷州府教授。
陳瑾。
古珮景。
李時成。

嚴聰。
麥崇先，順德訓導。
林紫芝，澄邁訓導。
陳首魁。
李亘，龍門訓導，署龍門教諭事，後補選翁源縣訓導。
林苑蘭。
楊志行，新寧訓導。
吴飛雲。
林宜瀛。
周公軾。
陳純脩，拔貢。
吴國倫，見舉人。
楊世英。
吴時芳。
楊嵩，樂會訓導。
覃思遠。

林傑。
陳梓陞。
陳輪。
吴文中，副榜。
陳道源，拔貢。
林傑。
陳梓陞，龍門訓導。
林偉，廪貢，浙江烏程縣縣丞。
林紫雲，廪貢，香山訓導。
吴樹錦，曲江訓導。
陳玉表，合浦訓導。
林世翹。
伍象兩，拔貢，見舉人。
李培，恩貢，大埔教諭。
陳梓棟，會同教諭。
林世泰。

吴元宗。
陳麟詔。
吴若宗。
麥夢龍。
林宏朝，副榜。
吴宸颺，拔貢。
吴霽雲。
林世崧，高明訓導。
麥爲儀。
梁際時。
易若思，副榜。
吴國琰。
黄華信，恩貢。
林國瑞，恩貢。
林世憲。
林玉潤，恩貢。

林叔溪，恩貢。
林大華。
麥國材。
林一華，廩貢，儋州訓導。
林邦璿，拔貢。
黄德屏，拔貢，貴州試用知州，署理安順府同知。
符顯。
楊藩。
黄德厚，廩貢，崖州學正。
吴文蔚。
吴静。

**國朝 武進士**

易中，乾隆己未，駐京提塘官。

**國朝 武舉**

易中，乾隆丙辰，見進士。
吴元方，乾隆辛酉。

易業富，乾隆壬申。

**元 薦辟**

林成甫，由明經舉，授瓊州府教授。

**明 薦辟**

吴友文，由人才授本府訓導。

黄伯諒，由儒士授湖廣南静知縣。

黄宜興，由儒士授湖廣興陽知縣。

林瑶，由文學授行人司司正。

姚守正，由人才授山西主簿。

李俊忠。

**宋 封贈**

吴蒲，以子頤貴，封光禄寺卿，配阮氏封淑人。

**明 封贈**

蕭希聖，以子惟昌貴，封承德郎，配莊氏贈安人。

林焕，以子廷獻貴，贈文林郎，配陳氏封孺人。

吴紹鄒，以子鼎泰貴，贈文林郎，配林氏贈孺人。

**國朝 封贈**

楊甘來，以子志行貴，封文林郎，配李氏贈孺人。

黄通理，以子德厚貴，封修職郎。

李上枝，以子亘貴，封修職佐郎。

## 石城縣

**明 進士**

李澤，永樂丙戌林環榜，授行在、户部主事，陞郎中，轉福建鹽運使，有傳。

楊欽，永樂甲辰邢寬榜，翰林院編修。致養，有傳。

高魁，字斗仲，天啓乙丑余煌榜，觀政吏部文選司，授中書科制誥舍人，有傳。

龍大維，字張卿，崇禎辛未陳于泰榜，初授中書科舍人，陞吏部文選司主事，歷掌門司，轉考功司郎中，陞太僕寺少卿。

**國朝 進士**

黎正，雍正甲辰陳悳華榜，户部員外郎，有傳。

**明 舉人**

張英，洪武壬午。

李澤，見進士。
李俊。俱永樂乙酉。通判。
李儁，銅仁府通判。
龍德輝，嵩明州知州。
李殷禮，交趾美良驛驛丞。
楊昭，交趾陀州判官。
何清，廣信府照磨。
全有志。俱永樂戊子，交趾州判。
勞義，永樂辛卯，知縣。
楊欽，見進士。
陳良。俱永樂甲午。
黄廕，永樂丁酉。
楊廣，永樂庚子，鉛山教諭。
全通，永樂丁卯。
李鳳，永樂壬午。
黄信，景泰庚午，泉州知府。

高魁，見進士，由清遠教諭中式。
龍大維，見進士。俱萬曆壬子。
劉傅鼎，天啓丁卯。
黎民鐸，崇禎癸酉甲戌，乙榜，有傳。
**國朝 舉人**
龐顯，廣西籍，康熙戊子。
黎正，見進士，康熙庚子。
龐正先，雍正丙午。
**明 貢生**
周普，户部郎中。
黄凱珊，國子監學録。
周祐，府同知。
黄充，山西道御史。
許庸，會昌知縣。
梁時獻，平海衛經歷。
李端，交趾諒山推官。

羅焕，交趾知縣。
楊琳。
周輔。
梁舉，典史。
姜任。
蘇澤，交趾多弋巡檢。
陳洪，典史。
李惠，推官。
陳哲。
李廣。
李盛，建縣主簿。
楊成，平樂縣丞。
劉安，羽林衛經歷。
何信。
黄鐘，揚州府照磨。
李清，德化知縣。

陳正，同安知縣。
林鏞。
全璉。
蕭忠，藍山主簿。
全才。
蕭鳳儀。
陳以經，澧州吏目。
勞琰。
劉凱。
梁愛。
許敬。
李珪。
李舒。
全寬，德慶州訓導。
莫愚，邵縣訓導。
何顯。

陳晃。
盧璟，南寧府經歷。
李瑜。
譚文昇。
黎憲，靖江王護衛經歷。
宗敬，倉梧訓導。
莫迂，豐城訓導。
王璿，梧州府訓導。
楊曉，泰陵衛經歷。
王琇，宜黄訓導。
趙欽。
全俊，邵武訓導。
全叙。
勞祖成，加冠帶。
趙英，四川吏目。
李魁，寧國經歷。

勞府麟。
陳敬忠，柳州府訓導。
譚明德，宜春訓導。
莫汝掩。
吴榮。
卓士元，萬載教諭。
勞文魁。
梁逵，瓊州府訓導。
黎克忠，程番經歷。
黎克信。
蕭文衡，温州府知府。
高桓，泰和訓導。
謝希朱。
高維嶽，恩貢。
鄧文傑。
程文保。

李應元，莆田教諭。
吴烈，儋州訓導。
王崇貞。
全三綱，恩貢。
勞學孔，崑山縣丞。
韋德盛，開建教諭。
蕭德貫，曲江訓導。
林筠。
邱宗岱，梧州府推官。
彭以一。
邱宗霍，辰州府通判。
姚象賢。
陳所聞。
鄧本立，訓導。
文成章，平樂知縣。
黎有爲，歸善教諭。

鄒伯賢，左州學正。
林宏，選監，建昌通判。
李桂，恩貢，澄海訓導。
李邦基。
梁有桂，南通州訓導。
全節。
吕應魁，容縣教諭。
鄧嘉績，崖州訓導。
吴慶雲。
文成奇。
袁呈祥，陸川縣。壽百歲。
全若性。
何玉，樂青訓導。
陳鐘振，鎮江知縣。
何常師。
邱民牧，恩貢，桂平縣知縣。

李伯芳，香山訓導。
宋朝震。
李廷棟，鶴慶通判。
黄奇紅，恩貢。
蕭必秀。
李天榮，廉州。
羅萬秀，無錫縣丞。
黄甲登，新會教諭。
李應雲，羅定訓導。
姚聲和。
龍昺。
蕭秉權。
黄豸，恩貢。
邱麟綵，恩貢。

**國朝 貢生**

劉傳美，恩貢。

鍾品奇，有傳。
黄名世。
羅光國。
黄衮昌。
周士旭。
江宗泗。
鍾品宏，恩貢。
劉傅霖。
高式震。
羅維翰。
林翰，三水訓導。
林于翰。
林于雲。
黄衮裳，建安知縣。
陳梓，遂溪訓導。
劉瑞。

蕭作洙，樂昌教諭。
李色奇。
陳楫。
汪玠。
陳浩。
江宗堯，拔貢。
楊懋新。
潘鑑。
盧殿宰，拔貢。
陳邦基。
李紀懋。
江宗洙。
陳自傑。
李應篇。
林遇春，恩貢。
李王材，任安訓導。

黎克濬。
陳望。
陳璵訓。
黄廷賓。
黎克澄。
潘銈。
盧藝選，恩貢。
羅煒。
陳堯鼎。
高攀桂。
陳瑜，恩貢。
戴爾德，恩貢。
文大京，恩貢。
黎道炳，拔貢。
蕭日芳，拔貢。
葉恒榮，拔貢。

林師文，拔貢。
陳堯都。
林翰棻，陸禮縣訓導。
龍元灝。
陳天仁，東安縣訓導。
龐佳先，龍川縣訓導。
全宏彬，新安縣訓導。
龍雲見。
高爾爵。
鄒國坒。
陳敏周。
黄世英。
揭子治。
歐陽絢。
鍾參光。

**國朝 武舉**

曹俊，康熙丁卯，赤金衛守備致仕。

曹克平，乾隆戊午。
鍾清英，乾隆丙子。

**明 薦辟**

龍大綬，以生員舉，授光禄寺署丞。
文明邦，以廩生舉。
王之迪，以生員舉。
邱華珽，以廩生舉，授灌陽縣知縣。

**明 封贈**

楊〔一〕，以子欽貴，贈翰林簡討。
李惠秀，以子澤貴，贈户部員外郎，配彭氏贈安人。
楊霖，以子曉貴，贈泰陵衛經歷，配龐氏贈孺人。
高一望，以子魁貴，贈中書舍人。
龍貞，以子大維貴，贈中書舍人。

〔一〕 此處疑有闕文。

# 卷之十二

## 人物志

扶輿清淑之氣，不鍾於物，必鍾於人。南粵爲寶貨之區，而高涼所産無稱焉，乃所謂鄉先生没而可傳者，僅落落如左，豈川嶽之靈尚儲而有待耶？吾聞粵産古不多見，見必奇傑，於都人士不無厚望云。志人物。

### 鄉賢

#### 漢

李進，字子賢，高興人即今化州。世本農家，進獨明悟，涉獵經史。力耕時，嘗有一鶏，毛羽五彩，倏來忽去，莫知所自，目爲客鶏云。是年稼大熟。進補郡功曹，累遷騎都尉。永和二年，荆蠻叛，進爲武陵太守，帥兵往討，大破之，斬首數百級，餘皆降附。進乃簡選將吏，撫以寬和。在郡九年，梁太后臨朝，下詔增秩二千石，賜錢二十萬。中平間，代賈琮爲交趾刺史，奏請依中州例貢士。後阮琴以茂才仕至司隸校尉。交趾士人得與中州同選，實自進始。其子孫蕃衍，布在交、廣，多仕至大官。高興人遂以客鷄爲祥，比諸陳寶焉。

## 唐

馮盎，字明達，高州良德人。其先融爲羅州刺史，系出北燕。祖寶高凉太守，世守本郡，至盎三世矣。隋仁壽初，盎爲宋康令。潮、成等五州獠叛。盎馳至京師，請討之。帝詔左僕射楊素與論賊形勢，素奇之，曰：『不意海陬中有是人。』帝即詔盎，發江嶺兵擊賊，平之。以功拜漢陽太守，從煬帝伐遼東，遷左武衛大將軍。隋亡，奔還嶺表。番禺、新興悍賊高法澄、冼寶徹等劫殺官吏，盎率兵破之。寶徹兄子智臣復聚衆拒戰，盎進討，兵始合，釋胄大呼曰：『若等識我耶？』賊衆委戈，肉袒而拜，竟擒寶徹、智臣等。遂有番禺、蒼松、朱厓等地。自號總管，或說曰：『隋季崩蕩，海内震騷，唐雖應運，而風教未孚，嶺越一隅，無所繫屬，公克平二十州，拓地數千里，名位未正，請上南越王號。』盎曰：『吾居越五世矣，牧伯惟我一姓。子女、玉帛吾有也，人生富貴如我希矣。常恐忝先業，敢自王哉？』武德五年，始以地降高祖，析爲高、羅、春、白、厓、儋、林、振八州，授盎上柱國、高州總管，封吳國公，拜其子智戴爲春州刺史，智彧爲東合州刺史，盎徙封耿。貞觀初，或告盎叛，太宗召右武衛將軍藺謩討之。魏徵曰：『天下初定，瘡痍未復，大兵之餘，疫厲必作。王者不宜遠動，且盎不當未定時略州縣、摇遠蠻，今四海已平，尚何事反？懷之以德，盎必自來。』帝乃詔常侍韋叔諧諭盎，盎遣子智戴入侍，帝曰：『徵一言，賢於十萬衆。』時蕃兵已出，欲遂有功，屬副將上盎可擊狀，帝不許，罷之。五年，盎來朝，宴賜甚厚。俄而羅、竇諸峒獠叛，盎奉詔率衆二萬，爲諸軍先鋒。賊據險，不可攻。盎持弩語左右曰：『矢盡，勝負可知矣。』發七矢，斃七人，賊退走，盎縱兵乘之，斬首千餘級。帝詔智戴還，慰賜予甚厚，奴婢至萬人。盎善爲治閲簿，最摘奸伏，得民懽心。卒，贈左驍衛大將軍、荆州都督。子智戴勇而有謀，能撫衆，得士死力，酋帥皆樂屬之。智戴入朝，帝勞賜加等，授衛尉少卿。帝聞其善兵，指雲問曰：『下有賊，今可擊乎？』對曰：『雲狀如樹，方辰在金，金利木，柔擊之，勝。』帝奇其對。遷左武衛將軍。卒，贈洪州都督。

## 宋

鞠杲，吴川人。鞠咏之後。元祐初，登進士第。元符二年，入京上書，排章惇等妨賢欺國之罪，辭甚抗直。惇怒，以杲隸黨籍，舉朝咸壯之。

李凌雲，吴川人，生有淑質，穎異能文。及長，厚重寡言，以博學篤行舉於鄉，恬淡不仕，崇祀鄉賢。

蔣科，電白人，少穎敏好學，通《尚書》《周禮》，登寶祐進士，爲瓊州教授。篤志教養，較文以器識爲先。提學驗其才，以『持己廉潔』薦於朝。秩滿，擢儋之宜倫令，撫輯裔峒，教以詩書，於聲利澹如也。嘗謂同年楊應辰必貴而壽，但當堅慎臣節耳。辰後攝雷州，降元，爲廉訪使，果如其言。

陳惟中，字子敬，吴川人，寶祐四年進士，任文昌縣尹。景炎中，端宗遷硇洲，中傳餉艘至井澳，將趨硇洲。元將劉深帥水兵來追，張世傑前鋒稍却，深縱火焚艦，惟中與吴川司户何時方朝食，投箸而起，冒矢石，俱被創，力戰。值天反風，我艘乘上流，亦縱火，深兵始逃。

## 元

黄子壽，信宜人。元末時海寇麥福破郡城，至本邑，大掠，攘印而去。子壽力戰退之，城得不陷。後拜壽爲高凉路同知。至明初，征南將軍兵討麥福，壽應接軍糧，大敗賊黨，奪還原印。洪武二年，以賢能起，後任户部軍儲十五軍副使，卒於官。

羅福，石城人，爲化州路樞密院同僉，素有勇略。順帝十五年，山海賊麥福、黄應賓、潘龍等聚徒割據雷州路。十九年，福領兵擊之，諸賊散走。以保障功陞本州都元帥。元末兵起，嶺表騷然，福乃專制其地。及明興，洪武元年，征南將軍馳檄徇郡縣，福遂以高、雷歸附，時改化州爲化州府，領本縣，隸海北道。

## 明

黄子平，電白人，洪武乙丑進士，任山東、雲南、京畿三道御史。正色立朝，不畏强禦，以激揚著名，時稱『真御史』云。

蔣資，化州人，洪武甲戌進士，官至郎中。成祖繼統，因觸怒，縛資，刑禁絶食三日，不死。謫口外軍。尋又上疏，成祖嘉其忠，召還，出爲濟寧府知府，加參議俸。資廉明簡易，教行惠孚。當入覲，民奏留，滿九載。歸，皆卧轍，不忍去。

李琛，字廷圭，化州人，洪武甲戌進士，知永嘉縣。有理劇才，能燭民隱訟，清役均。戊寅歲歉，富室遏糶者，下令禁之，使貧民立券以貸，俟秋償還，民皆樂從。郡守趙彦文以其法行各縣，全活甚衆。未幾，坐累被收，邑民赴京直冤，得復任，歷柳州通判。

陳思賢，化州申三都塘瀨人，洪武丁卯鄉試第二，授漳州府教授。漳俗文浮於行，賢能使士習丕變。靖難死節，從死六生，事載忠烈。嘉靖中，提學副使邵銑立祠祀之，以六生配焉，爲文記其事曰：『陳公，初通朝籍，僻在海濱，非素受腹心之托，如方、如黄；親膺節鉞之寄，如徐、如鐵也。即心戀舊君，恥事新主，則超然高舉，雲卧巖棲，身名兩全，亦無不可。而任綱常之重，明君臣之倫，率彼六生，同兹一死，甘堂阜之辱者，於公遜忠；採西山之薇者，與公競烈。千載之後，凛凛猶生，志與日月争光，名與天壤不敝矣！』祀鄉賢。

顔觀光，化州東岸人，萬曆間以選貢任番禺訓導，轉廣寧教諭，遷楚府教授。在廣寧捐俸修學宫，還家不治産，辟塾延師，以教鄉之子弟。東岸田千頃，常苦旱澇，乃捐百金，爲疏鑿水道，鄉鄰皆賴之。知州沈水奬其義，以子可及貴，贈如其官。祀鄉賢。

李常鮮，化州人，萬曆間以明經高第，授天長縣知縣，多惠政。及居鄉，以禮自守，詩書教其子孫，不聞外事，鄉里皆稱道之。崇禎末，舉祀鄉賢。

余表，化州人，洪武末爲德化丞，奉職廉慎，撫字有方，役均訟簡，民咸戴之，卒於官。郡守胡器遺祭，以旌其廉。

梁瑶，化州人，永樂間知寧化縣。視民如子，不事苛察，而政修利舉。尋以憂去，民不忍舍。

林廷瓛，字公器，吴川人，受業陳白沙先生，登弘治庚戌進士。初令永嘉，開拓學宫，興起斯文。遷建昌同知，清戎裕餉，以廉明著。未幾，以兩艱去。尋補蘇州，嚴革織造陋規，大甦民困。公生平篤志理學，功名富貴淡如也，誠無愧白沙高弟云。子二，長秉全，孝廉；次秉性，明經。

黄廷圭，電白人，成化甲午舉人，任廣西羅城縣知縣。政平訟理，民有『黄天平』之稱。丁内艱，補福建龍巖縣，撫字有方，多惠政。致仕後，民咸思之，爲立愛民父母碑。居鄉，杜門卻掃，於聲利澹如也，一時鄉邦敬慕，稱『有道先生』。

吴綸，由舉人任廣西武緣縣教諭，迪士以躬行實踐，不事虚文，左遷福建漳浦縣訓導，以内艱歸。諸生送之一程，各贈錢千，綸曰：『吾願學劉寵，人選一錢受之，餘皆不受之。』漳人賢之，祀於名宦，事見《漳浦志》。服闋，補任廣西羅城。有梁祥者，母没不能葬，執券貸銀。及致仕歸，祥鬻女以償，綸嘆曰：『與其離爾骨肉，孰若絀吾財乎？』遂取券焚之。

張濬，電白人，少潁敏誠信，篤於孝友。領景泰庚午鄉薦，銓署南寧宣化教諭。教人以德行爲先，正己率物，不事浮談。尋陞漳州府教授，歷邵武府教授，丁内艱歸，遂不起。里居二十餘年，家徒四壁，晏如也。惟聚徒講學，一時及門者多飭行之士，鄉閭表正焉，卒祀鄉賢。

李學曾，字宗魯，茂名人，弘治壬戌進士。由進賢令擢禮科給事中，謝病歸田，聚徒授《易》，里居十有五年，以薦起晋吏科都給事中。每奏事，吐詞琅琅，朝端悚聽。外官入覲，多夤緣内補，學曾盡指其名刻之，辭嚴義正，聞者皆悚栗，刑部尚書孟鳳自愧不如也。世廟入繼大統，議禮忤旨，遂謝病歸，事見《明史·張璁傳》。里居蔬食菲衣，蕭然自適。後起大理寺少卿，力辭不就。崇祀進賢名宦、本府鄉賢。著有《鶴林遺稿》。

張學孟，字伯高，茂名人，正德明經，任袁州訓導。逆窺宸濠之變，見幾致仕，杜門不入公庭。郡守鄭公炯幕之，每造其廬。太史程公文德謫尉信宜，與作忘形友。

黎磐，電白神電衛人，由舉人任兩浙運判。時逆瑾擅權，勒索重賄，諸監官皆謹事之。磐謂運同羅欽曰：『豺獸之性，飽之無厭。判微，天子吏也，豈能靦顔喪氣，取掃除懽耶？』抗不從瑾，中以禍。後瑾敗，補上思知州，改横州。振起文風，稱爲循吏。

陳禧，字天祐，化州人。正德丁卯薦於鄉，任上猶教諭，造士有方，耳提面命，受業者環於戟門。竹岡督學公賞嘆，以禧故，取録倍額。後遷國學助教，猶士從游不絶，祀上猶名宦。

凌士顔，化州人，正德庚午舉人。初授仙游教諭，以良知之學開示諸生，遷永淳大庾知縣，修社約録，捐俸建義倉，疏陂溉田，民利賴之。

陳珪，字禹城，化州陳禧之子也。少年登進士，歷甌寧、元城、德化知縣，擢刑部主事，剛方明敏。時嚴嵩當權，珪絶不思謁，嚴嫉之，謫青州司理。及嚴敗，起南户部，旋遏歷楚閩江浙，官至布政使，所在有聲。後以忤胡少保宗憲歸。御史郭表其門曰『潘臬清風』，所著有《羅江集》。

李一迪，字君哲，茂名人。學曾從子，登嘉靖乙丑上第。初守彝陵，政聲籍甚，州人祀焉。以失權貴懽，移杭郡丞，視篆力均田法，擢留曹司榷楊關，以廉能著。及僉憲粵西，征羅旁八寨有功，陞金衢副使，約定奩聘禮，民間始無溺女者。終以不能媚權貴而歸。居鄉謹厚，撫孤恤貧，常捐囊代貧宗逋官者。客有貸二萬緡，厄於商，焚券不問，復周之。著有《拙宦存稿》。

吴守貞，電白人，嘉靖辛丑進士，授工部主事，改户部，監兑江西糧事、竣藩大夫。例贐堅卻不受。序遷至郎中。時保定、真定二郡灾，詔蠲民租。定國公以連姻權宰復征庄户，言官論劾，下户曹議蠲，竟蠲民所負。權宰不堪，因摭署司先官事，謫漳州通判，革薪馬、倍征弊，民有青天之頌。半載，陞蜀僉憲，剿鋤羌蠻有功，陞貴州參議。尋丁外艱歸，遂不出。居喪廬墓六年，人稱純孝。林下二十六年，絶迹公門，卒於家。

梁逵，石城人，由歲貢任瓊山司訓。時海忠介爲門下生，逵一見，知非常人，甚器重焉。歸里後，數十年足不一迹官府。壽八十四，卒。後忠介以都御史告致，躬詣其廬祭之。

李之喬，茂名人。少工書法，爲郡守吴公國倫所拔士，尋以明經教授惠州，與楊復所太史稱道學交，居鄉寧静，不事交游，日惟臨池賦詩，至老不倦。應賓席者九。七十三而卒。

馮名望，茂名人，萬曆丙子第三名舉人。初任揭山教諭，遷國子監學録。前後建田創齋，著書訓士，尋擢兵部司務，薦用名將陳璘，後有大功，舉朝稱其知人。

張文耀，電白人，任富陽知縣，清介剛方，不附權勢，撫字有恩。因抗礦杵宦，改判滁州。滁有水患，公竭力治之，堤防周密，以奇績著，後歷昌平判、富川縣，始終如一焉。

高魁，字斗仲，石城人，素有大節。弱冠舉茂才，萬曆壬子鄉薦第七，因石當孔道，夫役頻繁，魁慨然爲通邑，條陳請各屬協助，並建議編丁隨糧，永爲世便，邑人德之。迨署清遠教諭，捐金三百，鼎建學宫，其後舉祀名宦。乙丑成進士，任中書，以屢疏時政忤權閹魏忠賢，遂謝病歸。其詩有云：『年來北闕幾批鱗，願借上方志未伸。抗疏匡衡心欲碎，哀時賈誼淚空頻。』忠愛之情見乎辞矣。

周瑜，信宜人，以賢良薦，初任光禄寺監事，陞署正。常語同官曰：『學莫先於義利之辨，而養其心志。養之既定，則於事到處可爲。』性至孝，自幼失怙，居官，立望雲臺，思親迎母，奉養不至，遂疏乞歸。好周恤，金陵有鍾蕃者，年少家貧，不能自給，撫教若子。後登進士，官至巡按，時瑜已葬，遣官祭於墓所。

吴鼎泰，字葆中，吴川人，崇禎壬戌進士。性孝友，執親喪，哀毁骨立，不御酒脯。初令江陰，定條鞭、公役米、革官户、嚴寄庄，禁馬繩耗羡，捐俸備荒，沙田免餉，移倉於青暘，省遞運之費。邑人德之，後建遺愛祠，祀名宦焉。改調東明，值流寇披猖，有捍禦功。移任浙之龍泉，官至兩淮運使。解組歸里，置祀田，設義學，族黨僉受其賜。卒祀鄉賢。

李麟祥，信宜人，字符聖，號谿仙，由歲貢舉賢良，任户部湖廣清吏司主事，性恢廓明敏，慷慨有大略，詩古文詞，雄視一時，志弗尚也。事嫡母羅以孝聞，幼時被盜，諸物不顧，惟持羅衣被，以死争盜，盜感動捨去。居職日曾以上書言事忤旨，執赴東市，將刑，神色不變。有達官某者異之，論救，得免遭。明末，戚屬流離諸所，救護咸仰而取辦，賴以存活者，不下數千百家，其鄉人悦服。比至王彦方、陳太邱，群盜每相戒不忍入所。居里，年八十二，卒於家。

吴鼎元，吴川人。萬曆己酉與兄鼎泰同舉於鄉，任袁州司理，折獄明允，遷太平。奉詔討河南賊，設策剿撫，渠魁李荆楚授首，諸賊悉平，以功晋順慶府同知。

陳禮，電白人。少失怙，家貧好學，事母至孝，有疾，不違牀側，及没，泣血幾死。領庚午鄉薦，庚辰祭曠典特用，初授刑部主事。時四川失守，官繫獄者咸坐以死，公執法原情，多所宥釋，陞郎中。有七省總督爲遭逆建獄，舉朝結舌，公獨斷之，後據城，旦復，卻謝金不受。及出守彰州，厘剔弊蠹，吏畏民懷。未幾，寇犯城，躬環甲胄，運籌全境，加秩副使。後解組歸，隱居不仕，不履城市十餘年。嘗賦詩見志，有『因人求辟地，教子勿抛書』之句。卒祀鄉賢。

**國朝**

黎日昇，字雲章，電白人，康熙庚戌進士。初任雲南縣，以艱歸，補授建德，有政聲行。取文選司主事，累陞考功司郎中。爲人惇厚樸實，清潔自矢。康熙二十七年告歸，宦囊空匱，絶迹公門，邑人崇祀鄉賢。

李乾德，字式健，號節庵，信宜人，由歲貢任三水司訓。家門孝友而德至性特甚。兩庶弟方幼而孤，與其配黄氏，同心撫教成立，其至誠惻怛，雖悍夫戾卒一見無不感動者，故能薰俗善良，至今懷想。壬辰、癸巳，連歲大饑，繼之以疫，頻年煮粥給藥，全活以萬計。性嗜學，至老不倦。善長養子弟，資給成就者遍族中焉。兩薦鄉試不售，晚舉鄉飲大賓，卒年七十四，闔邑請祀鄉賢。

馮泮泗，電白人，辛酉舉人，任博羅教諭。師範端謹和易，課士以德行爲先。未幾，以親老告終養，諸生欽其孝，立愛日碑。

梁雍郎，字衍邵，號節庵，茂名人，雍正壬子舉人，特授國子監學正。爲人慷慨有大志，少孤，事繼母以孝聞。與同堂兄弟十人友愛無間，俱有時名，人以爲天倫之極盛。性嗜學，至老不倦，於書無所不覽，爲文章雄博俊偉。自諸生時，太守魏公男、鄭公梁皆負當代重望，咸亟稱賞之，後以公車歷游南北，所至有聲。粤之名士如韓橋村、謝耳溪輩，群推爲文學祭酒。其生平建宗構譜，賙孤恤貧，務爲實惠，誠懇周浹，故能感化鄉邦。易簀之日，知與不知，無不流涕焉。會試兩中副車不第，以子聯德貴，封文林郎，闔邑請祀鄉賢。

黎正，字端伯，號建峰，雍正甲辰進士。性孝友，沉潛好學，雖恬静醇謹，而其中介然以氣節自負，歷官户部員外郎。遇事守正，不肯阿順，上官常欲中傷之，遂謝病歸。杜門卻掃，日手一卷，至老孜孜不倦。高郵王象宰督學肇高，重其學行，嘗造廬見焉。年六十，卒於家。

黎式儀，電白人，以舉人知直隸大名縣。革陋規，嚴火耗，不取民間一錢。遇歲饑，煮粥賑濟，所存活以萬計。前後修學宫，創書院，置田養士，皆捐俸爲之。莅任十四年，士民愛戴，崇祀名宦。

## 忠烈

### 宋

潘惟賢，茂名人，淳平間爲本縣尹。元兵抵高州，幼主渡海，至那黎溝，賢奉命守禦。敵勢猖獗，人争降附，公仰天大痛，有從容勸諭之者，公憤然厲聲曰：『忠臣不事二君，我爲宋臣，當爲宋鬼耳！』及被執，憤駡不屈，竟爲所害。

梁楚，電白人，紹興間攝廉州博白縣令。時交趾犯境，楚堅志力守與賊戰，引弓連斃數賊。城陷，爲賊所執，以火焚之，楚駡賊，死不絶口。宋高宗嘉其忠，贈禮部侍郎，崇祀鄉賢。

陳子全，吴川人，惟中兄也，以大學上舍爲廬陵丞。景炎丁丑，聞元兵陷臨安，與主簿吴希奭、尉王夢應起兵勤王，復袁州，元兵敗走。已而湘部諸郡縣相繼陷没，子全中流矢死，希奭力戰，亦死。夢應收殘卒，趨永新，圖後舉，力不能支，亦死。廬陵稱『三忠』，立祠祀之。

黄十九，電白人，爲高州路巡檢。時元兵猖獗，帝昺航海避寇，駐蹕於莊山，元兵來攻，十九奮勇與戰於山下，死之，敕封忠烈侯。

羅郭佐，石城人。先世居沛，祖廷玉以文學仕宋，授石城主簿，因家焉。宋季，郭佐平海寇有功，授朝列大夫、化州路總管，尋轉廣州路總管。督運廣東糧餉給海北軍士，海上遇警，駡賊而死。長子震敦武校尉、化州路把總，隨父死於難。次子奇襲化州路判官，尋授奉政大夫、雷州路同知，奉檄討猺寇，挺身罵賊，遇害而死。奇子元珪救父死之，孫仕顯襲武德將軍、廉州路同知。至正間，督戰船會高、瓊等郡官兵剿海寇，没於石䍐港。一門父子昆弟子孫五人，相繼死節，粵人稱爲『羅五節』云。

張友明，吳川人。至正九年，海寇犯合浦，逼瓊山，宜慰司檄化州路通判游宏道，以友明爲先鋒，同會兵退寇於澄邁之石䍐港。時寇死戰，海南番兵赴水走，寇乘勝四合，諸軍兵皆潰，惟友明力戰死。

張恒，電白人，定泰間爲千户。猺寇電城，勢甚猖獗，諸將有怯志，恒曰：『恒實專戍衛民，忍偷生誤國乎？』遂披甲，躍馬出與戰，劍戟如林，恒獨奮擊殲賊不休，竟以無援死，邑人祀之。帝嘉其忠烈，詔旌表其祠。

陳思賢，化州人，領洪武丁卯鄉薦第二，授漳州教授。漳俗文浮於行，思賢訓以忠孝禮義，士習丕變。每部使至，思賢恭謁畢，必進問聖躬安否。靖難即位，詔至思賢，慟哭，集諸生於明倫堂曰：『明倫之事，正在今日，吾輩所學，何事不可踐其言乎？』與其徒吳性原、陳應宗、吕賢、林鈺、鄒若默、曾廷瑞不出迎詔，即明倫堂設舊君位，哭臨如禮。郡人執送京師，思賢六生皆死，或曰死於道。嘉靖中，提學副使邵鋭立祠祀之，配以六生，爲文記其事。

李澤，石城人，永樂丙戌進士，歷官至運使。重道義，澹於榮利，中年告歸田里，清約猶寒士，杜門著作，不履公庭。詔起進職，力辭不就。景泰七年冬十二月，廣西龍山賊陷城，被執，不屈死，家口並遇害。

張韜，電白人，爲神電衛指揮僉事，守東門。隆慶五年，倭侵電白。將破，守者皆遁，獨韜披胄拒之，倭彼此夾攻，韜呼援不至，撫劍嘆曰：『渠等偷生賣國，韜敢不死！』乃挾戈斬寇，竟遇害，督撫奏聞於朝。

林雄、符瓊，俱茂名人。成化初，流賊四起，林雄與符瓊倡義保障鄉里，謀翼劉太守卒，全郡城從孔太守，破諸賊寨，皆勇奪先鋒。竟以力盡中矢仆，猶拔箭挺身而戰，殁於陣。

邵夢何，電白人，任江西吉安通判，署安福縣事。崇禎十六年，逆賊張獻忠犯安福，直逼縣城，勢不可支。將印交僕逃出，身效死守。及賊登陴，獲何至營，以禮敬之，欲其降服。何曰：『城破矣，吾何存，有死而已。』賊屢温語導之，竟不屈。後以土兵外動，疑何内應，是夜殺於吉福城外。吉安紳衿公請建祠，舉入名宦。順治十六年，本府通學具呈詳，允祟祀鄉賢。

黄鳳騰，電白人，以恩貢中天啓甲子北闈榜，任平湖縣丞，署縣事，清潔有聲。崇禎十六年，運漕入京，遇李自成之難，微行出京，被獲，不屈，死之。

李擅懿，吴川人，秉性孝謹，持己端方。值兵燹，爲賊所執，脅降之，不屈，竟遇害。

## 孝義

### 宋

潘斗輔，茂名人，有奇節。父惟賢爲本縣令，被元兵執至寨。斗輔備金求贖，不受；請以身代，不從，而竟殺其父。斗輔怒持劍馳寨殺賊，或止之，斗輔哭曰：『爲子死孝萬一，借此劍劃賊之腹。庶幾可以報父，不然，願隨父於地下耳。』弟梅窻欲俱往，斗輔止曰：『汝宜存祀，毋俱隕也。』竟赴賊而死，聞者哀焉。

## 元

李可宗，幼時自豫章隨父游粤，父卒於旅邸，哀感行路邊。族姪梅窻居高州，藉以存撫。稍長，事梅窻如父，事窻父如祖，曲盡孝養。比歿，爲建祠置嘗，俾世世祀之，以報德焉。遭元末亂離，躬負父骸，間關險阻，還殯於先塋，隨攜姪震返粤，教養成名。其訓子孫，立家法，雖一時草創，皆有百世之思。自號樂善居士，隱居不仕。卒以子福壽貴，贈宜山縣教諭。

## 明

梁琚，字國器，茂名人，善事繼母。庶弟幼失母，撫教如子，以己業半讓之。由貢歷德府長史，乞假歸省墓，不復之官。家居，不事干謁，澹泊如寒素，鄉評重之。

馮宸，字元樞，茂名人。性至孝友，能得父母懽。家貧，以庠生所得廪餼，悉供甘膬。伯仲有難，身救之。太史程文德稱爲『門下高弟』。由貢選上猶訓導。奔母喪，以毀卒。

陳熹，電白人，瞽十年，事母至孝。母死將葬，熹欲送至礦，人或止之，熹曰：『母實我生，忍以疾而不送乎？』登塗一二里，雙目忽開，人皆異之。

吴世紹，吴川人，事母孝。母病瞽，行哭求醫，時以舌餂翳目，尋復明。一日，樵於隔江，聞母暴病，不暇待舟，乘筏而渡，竟溺焉。其後，子廷彦鄉薦，人謂純孝之報。

李彭年，電白庠生，父一黿被倭傷重，扶匿山中。或言人肉可治，乃割臂肉，調羹以進。父殁，哀毁成疾死，其妻黄氏亦死。其姊適吴者，亦以死節著，俱見《烈女傳》。

吴中綸，茂名人，孝事父母。存殁不遺，及二人下世，撫二幼弟中時、中述，教養彌篤。後司訓汀州述食餼邑庠，子六人俱補博士弟子員。嘉靖壬子，提學張公希舉以孝友，旌之。

吴禀純，吴川人，明經，任感恩教諭，賦性端厚。時大疫，其祖父母均卧床褥，骨肉中亦有畏避去者，純夫婦獨留，嘗藥浣衣。既而病者相繼不起，數人喪葬，隻身任之，竟不及其身。值歲饑，覓升斗，必分伯仲，鄉評推重焉。

余節，化州人，正統辛酉舉人，授古田縣，再調知柳城。殯母，時賊蘇公諫得其棺，節赴賊，抱棺泣，賊爲感動，且以金帛贈之，不受。設鴨塘一頃，以贍家塾。

梁璋，化州人，任益府典儀。少孤，撫育弟妹成立。道拾遺金，索主還之。屢助米賑饑，捐地建義倉，出穀四百石貯焉。壽八十六卒。

余顯，化州學生，少孤，事繼祖母，以孝聞。父柩未殯，流賊至，欲燬之，跪泣翼蔽，賊爲感動，乃免。有黄德者，貸其銀三十兩不能償，送女爲妾，顯焚券而還其女。

李之傑，字才湛，化州人，崇禎壬午副榜。輕財重義，出粟賑饑。時遭擾亂，鄉都士女被掠，傑身入賊寨，願立券以銀贖，全而歸者無數。後乃傾貲以償，至於破家，疏食終身，晏如也。祀鄉賢。

陳以類，吴川庠生，早失怙恃，事繼母純孝。母疾篤，彷徨無措，赴父墓前號泣竟日，願以身代。至夕，夢中忽若父告之曰：『母疾得魚羹可救。』達旦，入海遍求，弗得，望天痛哭，忽有白鷗啣魚飛墮於前，持歸爲羹，母疾果愈。母病，思鮮蠔，時盛寒，解衣入水，取盈筐歸奉，母病復愈。士大夫賦詩美之，李都諫學曾爲作序，郡守陳公宏載擬薦於朝，因謝，事不果。

李鎧，茂名貢生，歸化令邦光之子，太僕卿邦直姪也。家業赫奕，而恬淡退讓，自守如寒素。父有庶子二人，以鎧嫡長，多予之產倍其弟，鎧堅不肯受，絲粒必與弟均，友愛甚篤。歷任教職，所至捐俸修學，深得士心，擢署縣事，有惠政焉。歸里杜門，雅好義舉，捐資建立寶光塔、發祥寺，太史鄧宗齡作記勒石。

勞于王，石城人，學曾之子也。其父爲海寇所擄，于王年十五，痛哭挺身赴賊營爲質，易父以歸，後竟遇害。

**國朝**

黄道行，茂名人，事親常有愉色，孺慕不懈。其父卒於官，行嘗跣步扶櫬數百里，哀感路人。更能與兄弟共財，歲饑有升斗必分給。平生不取非義，終身足未嘗至公庭，鄉評重之。年五十七而卒。

梁時熙，茂名人，嚴氣正性，砥行勵學，事父母以孝聞。母早卒。當西兵入寇，時輿父避難，跣足追隨者逾百里，兩事繼母，各得其懽心。修橋樑，修道路，助婚喪，人謂其能結善緣。時熙曰：『吾父樂善好施，用此以順適親意耳。』每日必以所行之事敬述於父，年逾六十，未嘗一日稍間也。

林瑶植，吴川庠生。少孤，遭亂，奉母避寇化州。間關險阻，曲盡孝養。母卒，絶粒數日，哀毁骨立。適風雨夜作，屋茅盡捲，零雨及棺，乃解衣以覆，衛寒成疾。病亟，顧棺未掩，抱恨飲泣以逝。太史周鳳來題其墓。

劉高捷，茂名人，性孝友。親病，衣不解帶，喪祭盡禮。生平誠慤敦厚，不識人世詐險，遠近翕然善之。郡守羅麗宸延飲鄉賓。年六十三而卒。

鍾品奇，石城貢生，博學，善屬文。事親孝，出告反面，禮節維謹。鄉人沐其德化，士林重之。

黄瓚爲，茂名人，歲貢，潯州訓導，大成之孫。自少以至孝篤友重於鄉里。嗜學，至老不倦，任遂溪訓導。師生親如父子，不計修儀，遂士愛之。

朱人龍，字子翥，化州人，以歲貢授陽江訓導。生平輕財，重信義。有廣西李姓者，挾貲五百兩，自梅菉還，爲賊所尾。李懼，詣龍，寄其銀而去，非素知也。迨李七年不來，訪知已物故矣。原封齊還其子，州人至今猶傳其事。

李乾學，字式强，號毅甫，信宜歲貢。性孝友，豁達有大節。伯父無後，捐己産爲立繼嗣。族子有疾疫者，其家人棄之弗顧，爲舁至舍中，躬親調治，俾存活焉。事長兄終身如孩提，雖白首，兄嘗呼其小名。同心撫養庶弟，一時友愛之樂，至今人艷述之。生平嚴於課子，出貲獎勵後學，資給宗族，孜孜不倦。士大夫每奉以爲法。至於輕物恤物，務爲實惠，不事虚名，所救濟類多陰德云。所著有《家居世守録》二卷。

楊一貫，化州人。與弟一敬友愛無間，皓首同居，年俱九十卒。

李爲瑀，字映亭，化州歲貢，翰林院孔目。居家孝友，能調停骨肉，三世同居無詬誶。其訓子姪，定家規，禮度悉仿古人，可爲世法。生平喜讀書，足不窺園，購藏古今書籍數萬卷，每名士至，相與商確，竟日不倦。年六十卒，議舉鄉賢。

陳憲教，吴川庠生，孝友端方。年踰四十，不間定省。嘗館於外，有以時果饋者，必先上父母。越日介返，然後敢食。兄憲輝至館，必衣冠迎之。居喪三年，不御酒肉，不入内室。家雖懸罄，洒如也。

楊俊，吴川廩生。性清介，賦詩弄琴，超然物外。親歿，撫育二弟。雖成立，後偶染恙，撫摩備至。二弟學業不進，輒歸哭於親之几筵。未三十，遭鼓盆，不復娶，鰥居没世焉。

黎挺，字仲璉，茂名庠生。性至孝，早失怙恃，與幼兄形影相依，友愛獨摯。每遇父母諱日，哀慕涕泣。時遭世亂流離，卒能艱苦自立，保家成名。其生平建祠置産，賙孤恤貧，皆有至誠惻怛，流貫其中，故能信乎閭里，孝德貽謀。其後子瑞圖以優行薦起，秉驛河源。至性，感喻師生，親如父子。迨請養歸侍繼母，諸名士競爲詩歌，歸美先德，咸以爲食挺之報云。以子貴，贈訓導。吴藩伯謙志爲作墓銘。

李麒珍，字魯珊，茂名歲貢。少失恃，事繼母，曲得其歡。弟雖異出，能以至性感喻，歸於友愛。爲人勤儉質樸，而樂於施與，族黨有急難者，必多方賙之，人咸稱爲長者。享年八十餘卒。

黄隆，字郢庵，茂名進士，國子丞如栻之父也。少聰敏好學，邑令王公原一見即器之。後以縣中科役煩重，憫父暮年受累，出身代勞，周旋官吏間，不終應試。而詩書之味，以勖諸子孫，至老孜孜不倦也。生平恬淡寡欲，雖處聲利之藪，而毫無染指。郡守王公永烈署篆廉州，以隆習於吏治，邀至幕下。途次暮夜，有以五百金請事者，隆堅卻不受，其義不苟得如此。至其儉積所餘，雅喜施與，雖人累負之不計也。今其子孫科名蔚起，論者以爲積德之報云。

## 文苑

### 明

楊欽，石城人。少穎慧，勤於誦習，孝以事親。弱冠補諸生，領永樂甲午鄉試第二，三上公車不第。益博採群書，無不研究精髓。甲辰登進士，改翰林庶吉士，尋授職編修。間讀風樹之語，惻然動念，遂致官歸養，日以定省爲事。結社於謝鞋山巔，文史自娱，緼袍素食，晏如也。暇則引諸儒生，徜徉園沼，相與講説經義。海濱斯文，隱然以興起爲己任，所著作多散失，世傳有《歸山咏》《適志咏》，亦其一臠云。

李元暢，字惟實，號雲泉，茂名人，一迪公次子也。夢蘇文忠降於庭而生，少負異才。萬曆壬午舉於鄉。生平不問家産，慷慨有大志。於孝行尤篤，偕其配梁，奉繼母如所生。善詩、古文、詞，與同時姚岳祥、陳鑑齊名，所著有《前後北征》《吹劍集》行世，其名篇如《限門》《函谷》《筆山》諸賦，風格直追魏晋以上，久爲海内所俎豆，誠曠代名流也。

姚岳祥，字宇定，化州人。少聰慧，讀書五行俱下，工詩、古文、詞，下筆數千言立就。登萬曆丁丑進士，改庶吉士，時張居正秉政，聞制不守，以抗疏謫戍。居正命吏守獄門，訪者書名以報，岳祥昂然直入，弗顧也。既而嘆曰：『奸邪當國，尚可行吾志耶？』遂以病歸。

陳鑑，字子明，化州人，萬曆戊午經魁。聰明絶代，博極群書，下筆數千言，横溢豪邁，酷類大蘇，其嬉笑怒駡，皆成文章，處亦非長公不能，所著有《天南酒樓詩集》。爲人拓落有奇氣，遨游天下，與諸名士交。至順治間，年八十餘，尤展成、毛西河、徐而庵輩，群推尊之，稱爲『嶺南陳子明先生』，得先生一言，引以爲重。晚就江夏教諭，卒於官。

林有譽，號匪溢，吴川人。髫年失怙，母脱簪珥課，學未幾，母殁，哀慕不忘。萬曆末，歲薦，初授湖廣靖州司訓。適州官以酷烈激變，諸生競噪，幾毁聖宫。公以大義叱，諸生乃罷去。厥後悔禍，繪像以祝焉。直指疏薦，轉鄖陽衛經歷，薄其官，辭歸，與子弟講學賦詩自娱。有《宧途》《倦飛》二集。家居二十餘年，長吏罕識其面。郡守黄公朝英慕其學行，嘗造廬焉。

黎民驛，石城人，崇禎癸酉舉人。素有大志，潛心力學。甲戌聯捷，因奉裁。恬淡家居，杜絶干謁，日以著書、垂訓爲事，有《易經旨意》及《汶塘詩集》二編傳世。壽八十有六。

國朝

李季臨，字淵濟，號静庵，信宜人，新安司訓。幼聰慧，七歲能詩，長益豐於學，善詩、古文、詞，有聲吴越間。性高簡，不與俗偶，而孝友樂易，人咸敬而愛之。其輕財恤物，出之性生，三族諸親待而舉火者數十户。有所與，輒傾囊不計也。所著有《雲岫山房文集》十卷行世。

林其翰，吴川廩生。天資卓犖，雅有胸襟，爲文直追古人，不囿於風氣，嶺表聲稱藉藉。所著有《南海文瀾》十卷，藏於家。

李培芳，號柏峰，茂名人。少負文名，以選拔肄業成均翁大司，成叔元爲時宗工，深加賞識，爲之延譽有聲。都下王公源時與同學，自嘆弗如。及令茂名，屢邀不肯一謁，躬造其廬見焉。

余麟傑，茂名人，康熙甲午舉人。幼聰警多藝，能善草書，爲文揮洒宕逸。自諸生時即爲太守魏公男、鄭公梁所賞識。太史仇滄柱先生至粤，一見刮目，嘆爲嶺表奇才。少宗伯吴荆山先生評其文云：『滿胸熱血，安得余公共與傾倒也！』未仕，卒。

陳景濂，號東海，吴川人，辛卯舉人。苦志好學，工文章，與同時余麟傑齊名，太守魏公男、鄭公梁深所賞識。

黄雨滋，化州人，歲貢生。博學善屬文，書法酷摩鍾、王手意，每凝思運筆，密咏酣吟，雖急禍猝投，漠然不覺，諸名士群所推重，目爲『書癖』。

梁宣賓，字衍蒲，以歲貢任三水司。訶性孝友，好學工文，研精理窟，別有深造。與弟雍郎俱以文章行誼著於鄉里，聲價重一時。其恬淡高趣，蕭然物外，發爲詩歌，雅有晋人風味。司鐸曰：『不受陋規一錢，惟以古道訓諸生，拂衣歸里，山水自娱，於聲利泊如也。』所著有《易通》《極通》二書，藏於家。

林牧佐，信宜人，性恬淡，不嗜聲利。工詩詞，卓犖瀟洒，有青蓮手意。司訓博羅，時與車禺山、曹萬爲、何嵒村諸名士唱和，群所推許，所著有《羅浮薄宦草》。

蘇李秀，本姓李，字俊升，號敬軒，茂名人。幼家貧，刻苦自勵於學，於書無所不窺，攬其大旨，以匯於性靈。爲人不事修飾，而自然實踐。舌耕所得，絲粒必歸父母。與二弟均産，孝友大節炳然。一郡儒宗惠紅豆先生督學時，亟賞其文，以爲高凉曠代之才。顧文宗尤所推重，嘆謂『嶺表多士，無出其右者』。後以選拔應廷試，果魁一省。歸里後，聚徒講授，一時名士多出其門，學者稱爲霞滄先生。其弟歲貢俟，亦有學行。

楊元瑛，字玉華，吴川人，郡廪生。少有大志，動以聖賢自命，讀書務體認心性，眼前實踐，不屑爲科舉之學。所批點諸經，類多心解。爲文古奥，直追吏部，意弗尚也。受業高郵王蒙宰，每嘆爲『讀書真種子』，常以陳白沙一流人期之。齎志而殁，士論惜焉。

劉談，茂名辛卯副榜。少穎悟，卓犖有大志。爲文風馳泉涌，經史紛綸。晚益刊落精研理窟，確有心解，所著有《元關偶啓》《菽帛家言》諸書行世。司鐸仁化感恩，起衰式靡，排擯俗學，以窮理格物教諸生。秩滿，報遷知縣，未任而卒。

## 隱德

### 宋

梁義夫，舊電白下保寧鄉人。有卓行，博通經史，在庠負時名，當路以偉器期之。值元興，屏迹山間。臨殁，命其子書『宋梁義夫之墓』。

**明**

李福祺，茂名人。幼篤孝友，淡於名利，值鼎革初，隱居不仕。嘗親至浦江，學禮於義門鄭氏，居鄭之養老堂三年，則其要領而歸，著爲家法。聯族同居，充庭無間。壽八十餘卒。

林士奇，電白人，任瓊山司訓。正身率物，性恬淡，官非□□不久，拂袖東歸，閉門養晦，築室東園，與官公守貞范公德榮作『八仙會』，自號『古窑逸叟』，數十年不履城市。

李期然，號麗元，信宜人，庠生。天資純樸，口吃吃不能言。少喪母，父繼娶，未逾月而父没，奉繼母如所生，臨終泣血三年，邑人以孝稱。平生喜和康節詩，安貧樂道。易簀時，惟以『張公九世不分居』爲囑，當事表其阡曰『高士墓』，至今子孫一門雍睦。以長子麟祥貴，贈户部主事。

陳明謨，信宜人，庠生。家貧好學，捉襟露肘，不肯干人，人亦不敢干以私。每歲試，督學以薪米周之。

陳其政，石之逸叟也。爲人恬淡樂道，輕財好施。年八十八，親見五代。明翰林萬荆重其學行，有詩贈云：『八旬高老敲棋玩，五代元孫步膝游。』及捐館，預知其期，賦詩以辭。

袁呈祥，石之名士，歷任豐城、陸川。所至爲民俎豆。與政同庚往弔，日祝：『願留世十年。』有詩曰：『閻王若問同年事，留與世間訓後人。』後呈祥果遲十年而卒。

高式震，石城貢生。爲人醇厚而操持耿介，財色不苟，沉潛好學，博通經史。平生不事干謁，日以訓課子孫爲事。四方游其門者，類多成材。一時名士景仰丰采，咸以爲有程正公風，著有詩文六集傳世。壽九十有奇。

國朝

梁瑗，字元玉，茂名人。性孝友恬静，樂善好施，補郡庠生。適明季多故，遂不樂仕。進歲乙酉，郡守吕公之節辟舉賢良，辭不就，家居授徒。訓子孫，一以敦倫勵行爲先。喜述往事得失，回環諷論，聽者感泣。有盜入其鄉，亦與之從容慰諭，群不逞之徒竦然避去。享年九十四卒。

周承權，茂名人。恬淡嗜學，隸籍電白縣庠。爲諸生時，循次當貢，捷足者越次得之。人勸其自明，承權怡然曰：『干禄乃聖門所禁，與之辨、與之争也。争而得之，甚於干矣。』遂不應科舉試。窮極古今，閉户探討，所著有《歷代帝王世紀》二卷，《五經蠡測》十卷，《讀史偶得》十卷，《輿圖要略》二卷，《博博議》一卷，《環竹居文集》十卷，藏家。

鄒綱明，茂名人。性嗜學，博問强記。時遭兵燹之餘，諸籍散失，邑令遍求遺志，士夫家無存者。後得綱腹笥口授，隻字無忘，今之文獻可徵，皆綱力也。邑令楊旌其閭曰『文獻』，號之曰『覺時』，將薦之仕，綱堅辭不赴。家居，闢義塾，以教邑之子弟，捐貲建石陂二所，鄉里田疇賴其灌蔭，至今德之。享年九十有餘。太史李象元爲作傳。

董晨興，化州人。學宗老莊，静修於州之霞塘山。官勘荒田，慕其德，送田八頃，辭不受。長於詩，有《霞塘山人存稿》。年七十六而卒。

吴之璋，吴川增生。義以正己，禮以範族。嗜學，至老不倦，邑人宗焉。

李九鼎，吴川庠生。幼失怙，事母至孝。崇禎末爲諸生，敦睦族黨，輕財好施，生平慷慨尚義，言行足以服人。康熙十八年，海寇犯城，結義勇，保護鄉井，所全甚多。邑令屢加旌獎。年十八餘卒。

陳邦基，石城貢生。持己温恭，接人誠實，一介不取，不履公門者數十年，人稱長者云。

## 列女

### 隋

冼氏者，高涼太守馮寶之妻也。其家世爲南越首領，轄部落十餘萬户。冼氏幼而賢明，曉兵略，善撫循，諸蠻皆服其信義。兄挺恃强，侵掠旁郡，冼氏每諫止之，於是海南儋州歸附者千餘峒。羅州刺史馮融聞其賢，爲子寶娶焉。寶雖世爲州牧，而令多不行。冼氏誡約親屬，犯法一無所宥，寶始得行其政。侯景反，高州刺史李遷仕遣使召寶，寶欲往，冼氏止之，曰：『刺史被召援臺，乃稱疾。聚衆而後召君者，欲質君而併其衆耳。願勿往，以觀其變。』既而，遷士果反，遣士卒杜平虜逼南康，陳霸先使周文育擊之。冼氏謂寶曰：『平虜與官兵相拒，勢未得還，遷士在州，無能爲也。宜遣使，卑詞厚禮，云身未敢出，欲遣婦參，彼必喜而無備。妾將千餘人，步擔雜物，倡言輸賦，得至栅下，賊必可圖。』寶從之。遷仕果不設備，襲擊，大破之。遷仕走寧都，文育亦擊走。平虜，冼氏與霸先會於贑石，還謂寶曰：『陳都督非常人也，厚貲給之。』及寶卒，嶺表大亂，冼氏懷集百越，數州晏然。陳永定二年，其子僕年九歲，遣師、諸首領入朝拜。陽春郡守、後廣州刺史歐陽紇謀反，召僕至高安，誘以爲亂。僕遣使歸告，冼氏曰：『吾矢忠貞，豈敢負國。』遂發兵拒之，紇遂潰散。僕以冼氏功，封信都侯，轉石龍太守，詔使持節，册冼氏爲石龍郡太夫人，賜繡幰鹵簿，如刺史之儀。至德中，僕卒。陳亡，嶺南未有所附，共奉冼氏爲主，號爲『聖母』。隋高祖遣總管韋洸安撫嶺外，陳將徐璒以南康拒守。洸至嶺下，逡巡不敢進。初，冼氏以扶南犀杖獻陳主，至是，晋王廣遣陳主，遺冼氏書，諭以亡國，令其歸化，併以犀杖爲信。冼氏見杖，驗知陳亡，集首領慟哭，遣其孫暄帥衆迎洸，嶺南遂定。未幾，番禺人王仲宣反，首領皆應之，圍洸於廣州，連兵屯衡嶺。冼氏遣孫暄帥師救洸。暄與逆黨陳佛智善，遲留不進。冼氏大怒，下暄於獄，又遣孫盎討佛智，斬之。進兵與鹿願軍會，共攻仲宣。冼氏披甲乘馬，領彀騎，巡撫諸州，蒼梧等處守領陳坦等皆謁見歸附。高祖異之，拜盎爲高州刺史，仍赦暄，拜羅州刺史，追贈寶高州總管、譙國公，册冼氏譙國夫人，開幕府，置官屬，給印章，便宜行事，降璽書勞慰。皇后以首飾宴服一襲賜之。冼氏並盛於金篋，歲陳之庭，以示子孫，曰：『余歷事三代，不敢二心，賜物具存，皆忠孝之報也，汝輩宜盡赤心。』時番州總管趙訥貪虐，諸俚叛之。冼氏上封事，論安撫之宜，并言訥罪狀。帝置訥於法，而委冼氏招慰叛亡。遂親載詔書，自稱使者，歷十餘州，述上德意，諭諸俚獠，所至皆服。高祖嘉之，賜臨振縣湯沐，邑一千五百户，贈僕爲崖州總管、平原郡公。仁壽初，卒，賻物一千段，謚之曰『誠敬夫人』。

## 明

周書妻某氏，高州人。書領景泰丙子鄉薦，授瓊山訓導。挈氏舟行，次西江，遇寇，書潛匿他所，氏以爲死矣，抱其幼子沉於水。氏失其姓，郡志不載，而見於吴匏庵詩中。今採入，以昭勁節，詩云：『西江水深浪如屋，有婦船頭仰天哭。哭聲繞江江水平，玉顔一擲鴻毛輕。想當汪汪雙眼淚，衹見良人不見水。抱兒語兒兒勿啼，妾身不是河伯妻。倉皇鱼腹期同葬，不道良人故無恙。良人無恙去作官，妾身雖死心則安。願身莫化爲精衛，願夫善射如后羿。願身化爲金僕姑，一時射殺萑苻徒。』

歐氏，茂名歐惠女，庠生吴瑛妻。年二十四而寡，家徒四壁，矢志守死，訓育遺孤。雖童稚，不容入户。嘉靖十八年，詔旌。子璉由歲貢任漳平縣縣丞。

歐氏，茂名贈君李執中妻，少知書。執中卒，氏年二十四，家貧，尚有七柩未葬，氏苦節撫孤，旦夕哭泣柩前，經營窀穸，備極勞瘁。其教子嚴而有方，務勤苦、淡泊以堅定志氣，旦夕開陳大義，諭以『守家法、學古人』。其後三子皆成名，雖貴爲卿尹，猶不少假辭色。以子邦直貴，贈中吏部郎，氏封太宜人，卒贈太淑人。明世宗遣官諭祭。

王氏，茂名選貢生王三華女，郡庠黄啓新妻，年二十五而寡，哀毁啼血，幾絶者數，既而自勉曰：『獨不可留一日之身以竟吾夫子未竟之業乎？』於是育四子成人，俱爲名士，府縣皆旌其門。

吴氏，茂名周于義妻，年二十而寡，養姑育子，勵操自堅，鄉黨稱之。

梁氏，電白人，訓導梁希增女。年十七適廪生吴士舉。未幾，士舉死，無子。痛哭誓殉，不食六日。

其姑諭之曰：『新婦在，吾爲兒立後，則無子而有子矣。』乃勉聽命育孤焉。同邑林氏，庠生何廷縉之妻；楊氏，庠生劉承忠之妻；王氏，梁貴之妻，夫死時林年二十六，楊年二十二，王年十九，皆貧，無子，至死不變，皆稱苦節。

王氏，名世貞，電白王祖孫女，年十六未字。正德十二年，猺賊流劫，貞被執，欲污之，呼天大慟，以頭觸地，流血被面，不從。衆皆泣下。至晚，渡江投水而死。次日，父母得屍，顔色如生。至今雨夜，漁人猶聞哀聲。

賴氏，年十八適電白人楊禄，生男，甫一歲而禄死。湯氏，年十九適黄堂文，三年而文卒，子方週歲，皆恤孤奉姑，石心匪轉，白首無玷。

鄭氏，電白人，訓導鄭勉次女，年十九歸朱紹周。旬日而紹周往翁任省親，溺死。訃聞，屢自縊。母姑救解甚力，乃自立靈於房，日夜號泣曰：『君死易，我死難，何不速取以共歸地下？』一夕，潛着嫁時衣，以線索自縊，婢覺救而甦。及扶櫬歸朝，烏庄地多虎狼，氏請往，母不忍，與之俱。氏懼禍及母，痛哭隨歸。母姑互房愈謹。尋聞翁晋秩，抵家日，待翁歸，少盡婦禮耳。乃以綵衣謁，繼以孝服，涕泗注地，幾絶。見者皆爲之感泣。及紹周將葬，决期與共，父母善慰之，不聽，竟自縊死。詔旌其門曰『貞烈』。

潘氏，電白潘杲女，本衛指揮董廷玉妻。玉轉潯梧參將，潘請留侍姑，姑念玉未子，强之。行至英德，廷玉病卒。氏抱屍痛哭三日，始得棺殮。數自縊赴水，皆爲侍婢力持。經旬水漿不入口，還至藤江，趁諸婢困瘁，自縊舟中，潯守王貞吉上其事，嘉靖丁未，本郡守歐陽烈奏旌其門。

蔡氏，電白人，楊國柱妻。于歸兩月，夫亡。日夜哭不絶聲，自縊者數，皆母救而甦。乃陽爲不死，密製殮服，及殳母歸，防者稍懈，竟縊而死。

李氏，電白人，教授李一鰲女，吴士儀妻。年甫十九，儀病，屬令善事後人。氏哭曰：『此身誓不歷二庭，君如不測，以死殉耳。』儀卒，氏即閉户自縊，家人覺之，升屋下救復甦，不食不言三日。齧舌，血流滿面而死，知府吴國倫以詩吊之：『黄鵠雙飛振北林，嶋鴆相失昼陰森。一時雨暗崩城淚，千古霜寒匪石心。宰木似能交繐帳，重泉猶自合簪簪。生芻想像人如玉，問俗停車感慨深。』

李氏，電白神電衛指揮李信之女，適本衛舍人董祐。三載，祐卒，無子。氏年甫十九，事祖姑郭氏、馬氏至孝。一日姑謂之曰：『汝年少無子，當勉别圖。』氏堅不從，後有求婚者，二姑强之，竟不可奪。至於白首，清操皭然。嘉靖初，旌表。

黄氏，電白庠生李彭年妻，以彭年痛父，哀燬成疾死，乃曰：『爾爲父死，我爲夫亡。』遂縊而殉之。

楊氏，電白耆老楊元善女，年十九適黄堂文。三年，文卒，遺一子，甫週歲。氏堅心撫守，誓無他心。時鄉儕有富者，託求改適。氏斷髮毀面示之，自是持守愈堅，永謝華飾。家素貧，惟勤紡績，瞻養度日。翁姑殁，典鬻裙布以厚殮之，始終無間言。卒受旌表。

王氏，電白梁貫妻，年十七適貫。兩載，夫死無子。痛哭伏屍上，不得收殮，翁伯親逼，乃得蓋棺。卧棺下數日，水漿不入口，手擊胸膺，高腫青黑成疾。朝夕尋縊，幸嫂婢謹守，獲全。至葬，自砌雙冢，誓與同穴。父母憐其年幼，欲奪氏志。斷髮峻拒。家業盡凋，勵志益堅，孝事舅姑，撫育嗣子，年六十八卒。受旌表。

任氏，電白人，萬州學正任家正女，生員之妻。夫卒，氏年二十四，苦節撫孤，一子作霖甫四齡。氏性端敏，訓子義方，有軻陵二母之風。作霖遵其母訓，以孝聞，早登乙酉鄉榜。辛卯年，大兵入城，年已五旬，伏劍而死，蓋節而烈者也。

陳氏，電白參將范德榮次妻。明隆慶六年，倭寇破城，舉家逃避。氏獨懷刀，抱幼子藏夾牆中，倭破牆逼之，出即引刀自刎，死。

王氏，信宜正千户杜元勛妻。年二十一而夫歿，志潔操堅，矢死靡他。按院張旌其門云：『砥礪四十年冰霜，宇宙中無雙節婦。撑持千萬載綱紀，天地間第一完人。』

丁氏，信宜百户宗應武妻。年二十，生男萬松，甫數月，夫死，姑欲嫁之，丁以死誓。萬松長，襲職。未幾，亦死。與遺孫相依爲命，以全節終。

王氏，信宜麥惠妻，年十九而寡。男仲堅生方六月，姑憐其少，命之他適。氏泣曰：『生爲麥家婦，死爲麥家鬼，敢二心耶！』嘉靖二十七年，提學蔡公扁以『貞節』。

洪氏，化州余曰宏妻，參政洪豫女。年二十二而寡，無子。舅姑已耄。值歲歉，遣嫁，斷指自誓，壽逾九十。

盧氏，化州人，通判鉞之妹。年十四遇賊被擄，賊有戲言，觸石流血，絶食三日，賊乃舍之。適生員張寧，三十二寡居，八十二乃卒。

陳氏，化州顏宗瑋妻。年二十三夫死，無子，苦節不貳。家貧，以紡績供舅姑，終年九十八。

陳氏，化州黄思儉妻，方伯陳珪妹也。年二十一，思儉卒於外，氏哭之慟，血點自空而下，乃招魂而葬。堅貞守節，百折不回，年九十五而終。嘉靖間，院道獎之。

李氏，化州廩生楊一元妻，廩生世桂之母。年二十二夫亡，姑老，桂方二歲。家貧如洗，人勸其他適，不許。以紡績供姑，僅飽薯莨。姑病，一夜十起。姑歿，欲鬻子以葬，族人憐而賻之。巡按馬公給扁獎焉。

陳氏，化州生員陳經女。年十八歸董大猷，二年夫亡，遺孤僅三月。繼姑欲嫁之，燃髮以誓卒。育子昌期成立，後補州庠。氏年七十，提學陳、巡按馬給扁獎之。

楊氏，化州生員李希凱妻。年二十二夫死，家貧徹骨，誓不嫁，養姑育子，年六十餘終。知州陸觀德獎之。

李氏，化州李本經女，適廩生黄廷相。年二十五夫故，無子，守節。家有六喪，皆氏竭力埋葬。壽八十二。

吴氏，吴川麥靖妻，吴英之女。適靖，生一子，甫七月，靖卒。時吴年十九，甘貧守節，竭力課子爲邑庠生。年八十餘而終。

陳氏，吴川林憲邦妻，年十八適憲。憲卒，陳氏年二十二，一子亦殤。撫姪學易爲嗣，游邑庠，娶李氏。至二十八歲，學易又夭。陳與李復以易弟學書，子仰高爲學易嗣。年老而志益堅，學使蔡公書『貞節之門』以旌。嘉靖、萬曆間，巡按陳公、蔡公先後旌表。

李氏，吳川林彦幹妻，玉愛即其女也。隆慶二年，流賊劫掠。林氏一家三十餘口俱被擄，獨李氏及女不從，駡賊不去，李氏死於家，玉愛死於市。事聞郡太守吳公國倫，判牘云：『李氏、玉愛首倡大義。因駡賊而捐身，繼則全正，隨同母而遇難。吳川一裔土耳，民俗頗不甚淳。彦幹一匹夫耳，儀型豈必盡善。今李氏爲夫，義不受辱，玉愛爲母，義不偷生。禍起一時，鋼如百鍊，抗聲駡賊，心已烈於丈夫。駢首構凶，性不移於天植。血濺海洋之岸，可使蠱賊膽寒，屍分家廟之前，無愧先人面目。一門雙節，五嶺稀聞。相應遵照，亟爲轉達表揚，以慰英魂，以挽頹俗。』時臺省監司以『貞烈』表其門，分守道云：『玉愛誓不從賊，駡不絶口，被殺。其足可刖，其首可斷，其身不可辱，正氣完節，真可以風世教。』

邱長姊，吳川邱東漢女，許聘林三松。未嫁，而三松死，長姊即往守制，曰：『生縱不得與同室，死寧不得與同穴乎。』母兄勸諭，即自經，力救而免。煢煢孑立，年五十餘而卒。

陳氏，庠林懋植妻。海寇突至，氏與翁、姑俱被執，賊欲殺姑，氏求代死，且曰：『釋姑先歸，則贖金至矣。』乃縱其姑，而縛翁婦。及贖至，氏度賊將釋翁而留己，乃剪髮付蒼頭曰：『持此以示吾夫。』遂沉于水，時年二十五。

麥氏，吳川教授麥璣女。年十七適廩生林慎，十九而寡，遺一子，甫三月。家無擔石，翁姑勸其他適，氏斷髮毀顔，以死自誓，名其子曰『全節』，以見志。後遭寇變，冒火以救夫棺，入河以援姑溺，全身免難，若有神護。崇禎間，建坊旌表，壽九十二而終。

陳氏，吴川庠生林穎秀妻，訓導陳廷誥孫女。年十七歸穎。三載，穎亡，傭績以事翁姑。一日颶風大作，城舍俱頹，氏伏夫櫬號泣，片瓦不颺，一念之誠，能回風伯之暴。教子天俊入太學。崇禎四年，旌表。

邱氏，吴川林永秀妻。年二十一而孀居，遺孩甫及期，痛哭幾絶，欲從地下。姑以撫孤强之起。既而姑病，氏斷髮以禱。時海寇焚掠，里人盡竄。氏念夫未葬，守死不忍離。幸火未至而賊遁，不及於難。人以爲節孝所感。教子廼炤游泮。崇禎六年，建坊。

李氏，吴川庠生林懋建妻，訓導李夢周女，早年夫死無子，哀毁不食，自經者數，婢覺救甦。因繪夫像，朝夕敬奉，哭不絶聲，守志六十餘載。崇禎十二年，御史旌其門，曰『貞節流芳』。壽九十二而終。

黄氏，遂溪人，石城全祐妻。祐卒，氏年二十，育子甫踰月。氏矢志不渝，甘貧操作，事翁教子，越五十年如一日。提學章公拯奏聞，旌表。士大夫各爲詩文贈之，太僕少卿李公邦直爲作傳。

李氏，石城貢生應雲之女，廪生龍昇之妻。氏歸昇未幾，值冦亂，昇遇害於合江。氏慟哭，欲以身殉。丁亥，氏爲亂兵所執至合江，逼其渡河，氏忿而言曰：『吾夫昔遭難於此，吾寧殉夫，豈甘受辱耶？』遂抱其穉子投水而死。

陳氏，石城黄瑀妻，二十七而寡，養姑育子，清操勵節，宗黨稱之。

國朝

黄氏，茂名余麟正妻，茂名明經黄裳之女。裳以天啓元年恩貢，爲湖廣道州州判。順治庚寅，遭李明忠之變，氏爲亂兵所擄，並執其二子。欲污氏，氏以死誓，願乞一刀。賊欲示威於子，以脅其母，乃殺其仲子阿林，且曰：『若不從，以是爲例。』氏堅拒之。賊又奪其幼子阿四殺之。氏駡不絶口，遂遇害。周村坡，其死所也。

邱氏，茂名生員周士吉之妻，夫誤中萆蔴子毒而卒。氏年二十二，慟哭呼天，投繯而死。

曾氏，茂名貢生曾賁女，廪生陳藹韶妻也。年二十七，夫故。氏矢志自誓，辛苦持家，教孤成立。子觀德獲補郡庠，歷孀居三十年，人無異議。

劉氏，茂名潘良學妻。年二十六，學爲逆弟所殺，氏聞大痛，絶久乃甦。後以逆竄，氏剪髮誓雪夫仇。備歷艱苦，始獲逆正法，即焚香告夫靈，引刀自刎。婢覺，力救免。乃勉撫姪爲嗣，拮据葬夫，孀居三十餘年。乾隆十年建坊，旌表。始逆以殺兄故，撥其分租盡供孀嫂。後因其婦李氏捱貧苦節，歷久不移，劉氏憐之，還租四十石，俾終養焉。

白氏，茂名蔣某妻。夫陰爲盜，凡所得，氏不一染。屢勸夫不改，泣對其夫曰：『汝如此，我與汝永訣矣！』乃衣其上下服，密縫不露寸膚，赴水而死。其夫卒爲所化。

宫花，茂名舊家李氏青衣也，失其姓，以貌奇醜，無夫。其主故貧，蚤世主母更適，花痛哭不能留，乃爲主撫孤。主所遺三喪，先後營葬，日襁孤抵主親舊。孤就外傅，衣履極整潔，已則百結懸鶉。孤雖幼，花執婢禮甚恭。或孤不率教，即垂泣，勉孤續先世書香。親舊見之，優禮命坐，輒悚謝不敢。及孤稍長，文藝粗通，花爲結姻士族，竟終其身爲無夫之貞焉。卒，年九十餘。按：宫花，奴婢，似不宜立傳。然天理人心，無分貴賤，迹其一念愚誠，始終貫徹，可以教忠，可以教孝，惡得以奴婢而黜之進人稱字。《春秋》有然。

張氏，茂名學生張友參女，李成震之妻。夫故，氏年二十八，子楣甫數歲。苦節撫孤，教養成名，孀居三十餘年，始終如一。

吴氏，茂名貢生士玠女，適監生郭白清，年二十五夫故。氏慟哭誓殉，親戚勸諭百端，志終不易，竟以夫死之次日，從容自盡，闔邑哀之，議請旌表。

吴氏，茂名庠生邦選女，業儒曾楷之妻。年二十六夫故，長子宏準始四歲，次子時喆遺腹未生。氏矢志撫孤，嚴於訓課，二子俱列庠序。守節三十餘年，人無異議。

李氏，茂名增生紹泌女，儒士陳裔韶之妻。年二十四夫故，止生一子陳珂。氏矢志不渝，事舅姑，克盡誠敬，撫孤成立，嚴於訓課。子孫列庠序，人以爲節孝之報。乾隆五年建坊，旌表。

梁氏，茂名人國子監學正梁雍郎之女，儒士劉純妻也。年二十一夫故。無子，止遺一女。氏慟哭自誓，苦節不移，孝事翁姑，屏絶華飾，動循禮法，撫姪亢遠爲子，教養成名。孀居三十餘年，乾隆十七年建坊，旌表。

梁氏，茂名庠生聯鷁之女，庠生張貽曾妻也，年二十五夫故，傍無伯叔。氏苦志自誓，拮据撫孤，事繼祖姑以孝聞，守節二十餘年，人無異議。教子浩，補郡庠。

何氏，茂名何登元女，關太華妻。年二十二夫故，氏苦志自誓，撫孤成立，娶媳得孫，繼而子媳夭亡。氏復拮据養孫，艱苦萬狀，現年六十有餘。

劉氏，茂名廩生劉士振女，庠生楊天能妻，年二十八夫故。慟哭誓殉，不食者累日，翁姑以幼子在抱，責以大義，忍死撫孤，貞操自勵。教子芝秀，得列膠庠，當夫死未穸時，氏旦夕撫棺，號痛夢中，若有神人指以葬所，得吉地焉。現年六十有九。

李氏，茂名庠生李南英女，庠生張清瑞妻也，年二十夫故。子河洛僅周歲，氏守節撫孤，事繼姑以孝聞。諸姪幼失怙恃，咸賴教養成立，勤儉持家，義方訓子，歷孀居三十餘年，始終如一。乾隆十七年旌表。

黎氏，電白舉人黎式儀女，楊君植妻也，年二十七夫故。氏矢志孀守，孝事舅姑，撫孤長大，方娶而逝。氏念夫無後，勉育繼孫，苦持門户。雍正十一年旌表。

黄氏，電白梁現麟妻。年二十四夫故，無子，家徒四壁。氏誓志不移，勤女工以自養。雍正十二年，旌表。

李氏，電白邵秉孝妻，庠生邵琳母，年二十四夫故。時琳甫在襁褓，氏堅志孀守，雖艱苦備嘗，而始終不渝其操。乾隆十三年旌表。

張氏，庠生問政女，庠生黄能生妻也。早失所天，深明大義，力持家政，雅喜施與，教子符憲，歲薦，後復先故，撫訓諸孫八人，皆得成立。孫勳獲登賢書，享壽百歲。允爲康熙朝人瑞，合例建坊。

王氏，信宜李占魁妻，年二十二而寡，砥礪冰霜，歷禍亂不少變，以全節終。

潘氏，信宜庠生康濟輔妻。少有志操，年二十五夫死，遺腹生一子。潘誓不改嫁，孝事翁姑。崇禎間，巡按廉其狀以聞。會鼎革，未行旌表，卒年八十六。

吴氏，信宜廩生李上蘭妻，甘貧教子。順治七年，山寇陷城，偕夫與子避亂，中途遇賊，以刃脅之，氏駡賊不已，携兩女赴水死。

黄氏，信宜王肇命妻。祖澤清叛，夫妻逃匿山林，遇賊，索銀不遂，欲刃命，氏以手衛命，盜斷氏手，猶不去，賊感其義，衛之歸。

潘氏，信宜庠生李鵬祥繼室，年十九嫁祥，二十祥歿，越三月，遺腹生子伯降。勵蘖茹荼，清操没齒，人無異議，年七十三而終。

周氏，信宜王學旦妻。年二十五夫歿。子時顯甫五歲，氏矢志靡他，與幼叔相依倚，叔長，爲擇配。後叔夫妻繼亡，子女婚嫁俱氏經理。

竇氏，信宜匡餘年妻。夫遭重賊，押追待斃。氏賣身取銀救夫，獲脱。買主促登舟，氏扶夫同至河畔，買酒肉膳夫，解身上錢數百付之。欣然就舟，方解纜，遽自投水中極深處。買主懼禍及，發舟不顧，氏漂流十餘里不死，復與夫同歸。後買主李達廉知，感其義，以券包銀數兩還之。

韋氏，信宜生員王永衡妻。年二十歸王，數載，衡以奇才屢困塌屋，力學致瘵。韋侍湯藥，兩年如一日，比劇憂恐，困瘁無生人意。衡父庠生鏸覺之，恐遂致殘。乃慰且責之曰：『兒縱不自愛，且無慮重困而夫耶?』韋聞之，乃稍復進食。居無何，衡卒。家人方奔走治喪。韋遽入室，以練經於所終處卒。後三日，與衡同殮，面色猶如生。諸姒檢其室，見其經畫身後事，井井有條。乃知韋之死，固非決之一時者矣。郡邑士大夫及以事游於信者，競爲詩歌。輓之成集，邑令劉向藜序而刻之，爲請旌。

黄氏，信宜廩生李乾清繼妻。幼通文史，年二十六夫亡，矢節不貳。孝養老翁，撫子東程爲諸生，又教前妻子鳳元，亦附學。卒年六十餘，奏聞旌表。

張氏，信宜生員周聖伯妻。年二十而聖伯卒，子耆邦僅十閲月，矢節自誓。事翁姑以孝聞，與叔姒白首同居，閨門雍睦。義方訓子，克有成立，後登丁卯鄉薦。今年五十餘。

鄧氏，信宜庠生朝輔女。年十八，嫁有日矣，其仇某忽造謗語相加，氏忿甚，因剖腹自明。令哀其烈，欲爲請旌，格於例，不果。

周氏，信宜楊有騰妻。年十八夫故，無子。室如懸罄，甘貧苦節，育子承祧，紡績以養其姑，二十餘年如一日。及姑卒，每食必祝。鄉有無賴欲侮之，氏以死自誓，其人感愧而去。現年六十有餘。

陳氏，信宜陳經策之女，國學生甯文盛妻也。年二十六夫故，矢志撫孤，事老姑以孝聞，娣姒雍睦。義方教子，子殿佩、殿瓚、殿瑄，俱列庠序。出繼子殿玢領丁卯鄉薦。歷孀居四十年，人無異議。

廖氏，信宜監生陳正道妻。年二十三夫故。廖無所出，妾温氏生一子子綸，甫二歲。同心矢節，鞠育至授室。子復亡，遺孫一歲，氏與媳梁氏孀居保抱，始終不渝。一門貞節，廖氏現年五十二，温氏現年五十。

成氏，信宜成家𤩽女，許字吴家，未娶而夫故。氏聞訃欲奔喪，其父不許。氏痛哭求自盡，父曰：『兒欲全節耶？但不再聘可矣。』氏時年甫十六歲，遂寂守孤幃，精白無玷，孀居六十餘年而卒。

黄氏，信宜人，適歐氏。年十七夫故，守節。家貧拮据，事老翁每食必精粲。翁謂之曰：『貧窶如此，何以得飯？』潛伺於厨，見氏所食粥水耳，翁大泣。氏慰之曰：『年少固不需飯，無足悲也。』翁資婦養，至九十餘始卒，氏今年已六十矣。

陳氏，信宜張三妻，年十八夫故。單生一子，矢節撫孤，娶媳李氏。子復夭亡，無孫。姑媳煢煢，聞者莫不淚涕。苦節四十餘年，始終不渝。

楊氏，信宜陸履宏妻，年二十四夫死，守節。李氏，何圖光妻，年二十四夫死，守節。張氏，譚敏繼妻，年二十二夫死，守節。歐氏，生員陸英妻，年二十二夫死，守節。鄧氏，周選傑妻，年二十四夫死，守節，撫姪貢生周孔爲嗣。周氏，陳文道妻，年二十七夫死，守節，教子子猷食餼。陳氏，邱希義妻，年二十五夫故，無子，捱貧苦節，俱歷冰霜數十年。合例得與旌表。

楊氏，化州人。受聘於李桂嵩，未嫁而嵩死，氏聞訃，投繯僻室，家人覺而救之。復絶食數日，不死。母諭之再，謂必歸李氏守節乃可苟活。母不能違其志，於是望門奔喪，躃踴成禮就棺前。撫伯氏子裳爲嗣，教養成名，卒受旌表。

董氏，化州庠生黄士昌妻。年二十七夫故。時當兵燹，遍地瘡痍，母子煢煢相依門庭，再造經營數十年。教其子金城、次子宙，皆列膠庠。卒年七十二。

吴氏，化州庠生楊翹鳳妻。年二十四，翹以苦學賫志歿，氏勺漿不入口，諸姑伯姊曲解百端，意不悟，乃投藐孤珽斯於懷曰：『而殉逝者良善，顧呱呱何依，楊氏其爲餒鬼矣。』氏忍淚受兒，自眸及齔，不離膝下，長遣就傅，夜必篝火繅車，親爲課讀。珽斯早得補弟子員，以繼父志。孀居四十五年卒。

黄氏，化州庠生陳高棟妻，年二十六夫亡，欲殉不得，以有遺腹也。越兩月，次子嵩生。氏奉翁姑，曲盡孝養，教子最嚴，屢試高等，長子昂食餼於庠。乾隆三年，建坊旌表。

李氏，化州庠生楊敏行妻，年二十六夫亡，茹蘗矢志，完節無虧。事姑葬祭盡禮。年八十六，子忠輔、忠丞相繼早亡，氏撫孤孫八人，列庠序者四。乾隆四年，建坊旌表。

李氏，化州謝珙妻，年二十六，生孩三月，珙即見背。事老姑，喪祭盡禮。子武士，既列黌序，尋卒，氏又撫其孫成立。爲謝氏辛勤者四世，現年九十四歲，繞膝一十七人。人以爲節孝之報。

余氏，化州例監李洽仁繼室，年十九適洽仁，兩月即失所天。氏善事其姑，撫前室子，不啻己出，備極艱辛。無何，子媳皆亡。氏忍死教養兩孫，卒得成立。

黄氏，化州董風瀛妻。未娶而夫歿，氏咬指滴血以誓，一生不改，父母從其志，歸董。立繼以守。家貧，紡績以供堂上膳，不悔也。不見人者數十年。

王氏，化州温思禮妻，夫亡，年二十三，力貧奉姑。人有勸以他適者，氏斷髮誓死以謝。自是，無敢言者。姑病篤，衣不解帶，及喪殯，未嘗以孤孀廢禮。

羅氏，化州麗大成妻。年二十二夫亡，忍死撫子。幸得孫，曰：『麗氏其無憂矣。』未幾，相繼以亡，氏將與媳婦姚氏齊殉夜臺，老姑以西山日薄，願少留以待。孀居三世，慘集一門，見者酸鼻。乾隆六年旌表。

周氏，化州庠生勞光弼妻，年十七歸弼。弼歿，氏年二十六，願死殉。家人持之不少疏，徐諭以母在子存，乃止。自是，食貧守志，勤課其子，俾膺歲薦。當事以『天壽完節』旌之。

李氏，化州勞方珂妻，年二十歸珂，僅五載，生一子，夫死。家貧如洗，氏奉耄姑，養葬罔不如禮，以節孝聞。

黃氏，化州顏爲鑌妻，年十八歸鑌。甫四載，夫亡，誓志柏舟，事繼姑以孝聞。子又早逝，與媳張氏撫其孫禹標，白首無玷，乾隆十一年旌表。

馬氏，化州張士瑶妻。夫歿，守節，食貧自甘，惟冀其子成立。子復以中道殂，氏率其媳侯氏，同勵清操，鄉里以『雙節』舉。

傅氏，化州李際灝妻。年二十二夫亡，氏觸棺同逝，家人救護甚力，得不死，絶食三日，一痛而絶。

黃氏女，受聘於董青選，未婚而青選死，年方二十二，僻踴奔喪。養子相盛以繼其嗣，冰霜刻厲，終身無悔，卒年五十。

李氏，化州尤顯貴妻，秉性貞烈。鄰有惡少乘其夫出，突入其室狎之，氏疾聲力拒，得免。里人共訴於官，惡少逸去，氏以不得泄忿，遂自縊。數日，其人潛歸，以疾暴死於路，其陰報不爽如此。當事上其事，旌之。

陳氏，化州李廷綬妻，年二十八夫死，守節。陳氏，庠生楊慣行妻，年二十九夫死，守節。楊氏，陳繼先妻，年二十九夫死，守節。何氏，義官李尚志妻，年二十六夫死，守節。黄氏，監生李鳳書妻，年二十夫死，守節。朱氏，顔爲鑑妻，年二十四夫死，無子，嗣姪，守節。李氏，黄君顯妻，年二十二夫死，守節。陳氏，庠生馮紹洙妻，年二十夫死，守節，教子宗顯成名。李氏，庠生黄屏藩妻，年二十七夫死，守節。黄氏，中達妻，年二十七夫死，守節。黄氏，楊卓彬妻，年二十七夫死，守節。陳氏，戴士穎妻，年十九夫死，無子，嗣姪，守節。李氏，彭鴻瀚妻，年二十四夫死，守節。李氏，黄大行妻，年二十三夫死，守節。李氏，何永俊妻，年二十二夫死，守節。俱歷冰霜數十年，人無異議，合例得與旌表。

譚四姊，吴川芷芓人，增生譚璁女，年十七，未字。順治五年，閻兵搶掠，四姊被擄，極口罵賊，賊因剜其股而殺之。

舒氏，吴川吴萃奇妻，年二十三。順治五年爲閻兵所執，不從，見殺。

錢氏，吴川吴亮朝妻，順治十二年西寇犯境，被執，寧死不辱，寇遂殺之。

李氏，吴川林其菁妻，康熙十九年海寇掠梅菉，氏年二十一，被執，不從，爲賊所殺。

吴氏，吴川李廷班妻，生子培甫二十餘日，喪夫。矢志苦節，事孀姑及祖姑俱以孝聞，存殁盡禮。撫孤成立，後爲大埔教諭。雍正九年旌表。

黎氏，吴川林翰英妻，年二十二生子子正。甫期夫亡。撫子成立，娶譚氏，生子世隆。數月，子正亦歿。時譚年二十四，姑憐其少，勸之他適，愀然曰：『姑孀守二十餘年，今夫又不幸，老姑誰養，稚子誰育耶？願繼姑志。』遂與姑共甘苦。紡績以給，環堵蕭然，晏如也。世隆年近六旬，而譚尚康强。兩世苦節，邑人憐之。

張氏，吴川庠生楊炳然妻，年二十八夫亡，痛哭，喪一目，毁容。矢志孝事二姑。姑歿，與翁柩經營合葬，盡禮。邑被寇踞三年，田荒税逋，合族皆逃。獨撫四孤成立，又相繼而歿。遺孫二人，方在乳哺，亦氏撫育婚娶，年八十二而卒。

黄氏，吴川吴聖祝妻，邑庠吴裔超母，年十九適祝。越二年，祝被兵死。時超方期，氏事翁姑及祖姑盡孝，翁姑歿。無期功之親可依，窮年紡績，撫子成立。年八十二。

張氏，吴川李亦白妻。白幼避寇南寧府，娶氏，生子紹芳。年二十五而寡，衣食莫繼。父母欲奪其志，氏不從。撫子成立，寄身營伍。雍正三年，廣西提督韓良普以『勁節幽芳』表其門。六年，携子歸吴，得還故土。

李氏，吴川廩生林玉潤、附生玉澤之母。年二十七夫故，守節。端莊淑慎，孝事寡姑，歷久不倦。喪葬盡禮，撫教二子，克有成立，乾隆貳年建坊，旌表。

王氏，名三姊，吴川王業生之女。自幼言笑不苟，孝事父母，許聘李潤暢爲妻。將嫁而暢卒，氏聞訃，一痛幾絶，水漿不入口者七日。誓欲奔喪守節，雖扼於父母，而素衣蔬食飲泣，三年不輟。後父母轉受邱聘，女見時窮勢迫，遂於雍正十三年八月二十八夜焚香告祖，潛赴江水，端坐而死。詰朝，父母搜其衣帶，有『願歸葬李家』遺囑。李家憐氏冰心，迎棺合葬，以氏故，擇服姪李卓茂爲之嗣。士大夫爭爲詩文吊之。乾隆十一年旌表。

陳氏，吴川李樹秀聘妻，茂名林表猷女。未嫁而秀卒，氏痛哭，自誓歸李家守節，足不窺户，孝事翁姑，喪葬盡禮。備嘗艱苦者二十餘年，乾隆十一年旌表。

李氏，吴川陳其珩妻。年二十夫故，誓不欲生，念翁姑老、子幼，勉强支持，力紡績以供甘旨。凡遇翁姑疾病，衣不解帶。比殁，鬻簪珥營喪葬，曲盡心力。教子嚴而有方，循循規矩，鄉里咸取法焉。乾隆八年旌表。

黄氏，吴川易朝翰妻。年二十夫故無子，矢志孀居，撫姪爲嗣，孝事翁姑，喪葬盡禮，勤儉端莊，人無閒言。乾隆十年旌表。

利氏，石城歐芳瑞妻，庠生紹熹之母，年二十四而寡。熹方五歲，氏矢志不渝，事姑撫子。有勸他適者，氏輒抱孤而泣，勸者爲之感，自是無復有敢言者。熹稍長，勉之就學。家貧甚，熹欲棄儒貿易，氏責之曰：『吾慣淡薄，不願汝以厚養也。』熹由是不棄業，卒成庠生。壽七十七。

黄氏，石城陳佳韻妻。幼機警，以禮律身。夫抵廉，命氏旋石。舟遇海寇，將逼氏，氏抱幼子囑婢曰：『吾累世書香，死不可辱，汝善視此子，以報吾夫，吾無憾矣。』婢方勸解，瞬息間已赴水而死矣。越數日，屍逐潮上，迴旋不去，廉人異之。其長子求得之，顔色如生。

彭氏，石城人司鐸彭殿國女，庠生李仲之妻。仲卒，氏年二十四。矢志撫孤，教子成名，事繼姑以孝聞，歷苦節二十八載。乾隆元年建坊，旌表。

伍氏，石城攀甲女，庠生李桓郁妻。郁卒，氏年二十四，遺腹一子，苦節自誓。事舅姑竭誠盡禮，婦而兼子職，撫孤成立，人無閒言，乾隆元年建坊，旌表。

曹氏，石城庠生陳堯思妻，庠生曹佳之女。夫卒，氏年二十五，甘貧苦節，事繼姑以孝聞，所遺兩棺皆氏竭力營葬。孀居三十六年，内外咸無異議，乾隆十年建坊，旌表。

莫氏，石城黄雲肇妻，庠生莫嘉會女。肇卒，年二十一，遺腹一子，辛勤鞠育，矢死匪他。事孀姑竭盡心力。苦節四十一年，始終不渝，乾隆十年建坊。

陳氏，石城蕭石芝妻，庠生陳鼎言女，適芝未週，夫歿，無子。氏守死不渝，撫姪爲嗣。家貧，以紡績事孀姑，孝養備至。乾隆十二年建坊，旌表。

黄氏，石城庠生黄佳職女，庠生吴捷春妻。捷故，氏年二十二，守貞不貳，事孀姑孝敬不倦，撫孤子，教誨成名，孫亦繼業。孀居三十四載，乾隆十七年旌表。

## 仙釋

潘茂名，晋永嘉中入山，遇道士弈棋，立觀。久之，道士曰：『子亦識此否？』對曰：『入猶蛇竇，出似雁行。』道士可其説曰：『子項骨貫生門，命輪齊日月，腦血未減，心影不偏，修煉則可輕舉。』授以黄精不死之方，遂於東山煉丹而上昇。後千有餘年，知府孔鏞來守高凉，有人謁於馬前，自稱潘茂名，丰采整秀不凡。公命之還而心異之，其人曰：『於筆架山相候。』公下車，延之而不得。其後因勸農至筆架山，忽有以手招公者，則向日來謁之人也。因創潘仙亭於筆架山椒，其亭遺迹至今尚存。孔公詩曰：『共説丹砂可駐顔，仙翁何不久人間？石船薛合年年在，丹竈雲封日日閒。亭宇已成新歲月，乾坤猶自舊江山。我來欲問長生訣，遼鶴何時海上還？』

羅辯，化州人，遇仙女劉三妹授以服雲母方，遂於白牛潭煉雲母。服之得仙，騎白牛入來安山天池，化爲龍，因稱爲龍王山。白牛潭今有石堆五六磉，是其煉丹處也。化州古名羅州、辯州，實取其姓名云。

許毛，一云毛方，係電白堡人。自幼至老，兩頰如丹。水旱將至，歲時豐歉，預以告人，無不徵驗。一旦，仙去。

吹角老兵者，不知何許人，亦不詳其姓氏，不畜妻子，以吹角候夜生。宋紹興間，忽一日題詩於電白堡之譙樓而去，詩云：『畫角吹來歲月深，譙樓無古亦無今。不如歸我龍山去，松柏青青何處尋。』

王賓臣，瓊州府瓊山縣學生員也。康熙十九年應貢赴考，候文宗於高凉。夏秋之交，久苦亢旱，人心如焚。賓臣自稱得祈雨秘訣，邑人請禱，七月十二日建壇於觀山寺。是日，西郊微雨，獨不及城，賓臣以爲：『風過多腥，此妖氛，非所以應我也，得毋與事，諸公未必先期齋戒乎。』或戲之曰：『技窮耳，何歸咎於他人爲？』賓臣取杯水以片紙畫符投之，曰：『能飲此則果否齋戒，立辨。』卒無敢飲者，當事憾焉。賓臣遂屏入，於二十三日自詣寶光塔第三層，步罡密咒，語住僧曰：『今日必雨，且雷從南來，吾固無恙；若從北來，吾無死所矣。』言未竟，黑雲冉冉起自西北，雷聲雨勢併集，俄頃而塔中烟出，賓臣仰卧以僵，人疑其爲雷擊死，然絶無雷擊痕也。是年，督学道陳肇昌臨高考校，闻之，遣官致祭，還額頁以慰之。三十七年，旱，復行祈雨之事。有叙述賓臣始末者，知縣錢以塏慨然曰：『爲吾民而殞其身，身雖没，其魂魄應留於此也。』因拜於賓臣死所，爲文以祭之。隨大雨四日。嗣後凡祈雨，必請禱也。按，此係方技附載於仙釋後。

## 附録

高力士，馮盎之曾孫也，討擊使李千里以爲閹兒進之。則天賜高延福爲假子，遂冒其姓。元宗時，貴寵用事，屢加右監門，衛大將軍而忠謹自守，不招權勢，帝以是益親之。太子瑛之死也，李林甫實構之，欲立壽王瑁，上躊躇未决，力士進曰：『但推長而立，則無可議矣。』遂立忠王嶼爲太子。帝晚益倦勤，欲以國事盡付宰相與邊將而已，但爲樂。力士時進讜言，帝曰：『汝勿言，吾當思之。』其母麥氏在潘州，力士迎歸而不相識，母曰：『兒胸前有七黑子，在否？』又出金環曰：『此兒幼所服也。』遂相持而哭，帝封麥氏爲越國夫人。力士後從帝幸蜀，進齊國公。及還京，爲李輔國所構，流巫州。其地多薺而不食，力士感而咏曰：『兩京秤斛賣，五谿無人採。夷夏雖不同，氣味終不改。』會赦，歸見二帝遺詔，痛泣嘔血而卒，陪葬泰陵。

楊思勖，羅州石城人也，爲宦官。有膂力，善戰。初，從元宗誅韋氏，後討林邑、隴州，及征獠蠻，所至有功，屢加驃騎大將軍，封虢國公。

# 卷之十三

## 藝文志

夫六經尚矣，《離騷》作而文辭之士興。雖質之聖人，離合參半，而瑰奇偉麗，往往出於其間，不可廢也。高雖遠隸南服，唐宋以來，文人輩出，自明迄今稱盛焉。而泉幽壑邃，雅逸之士宦游是邦，尤歌咏不能置。兹輯其有關郡事者若干首，以備諷覽，亦古太師採風之遺意也與。志藝文。

### 序記上 各體附

**隋文帝賜譙國夫人詔**

朕撫育蒼生，情均父母，欲率土清淨，兆庶安樂，而王仲宣等輒相聚結，擾亂彼民，所以遣往誅翦，爲百姓除害。夫人情在奉國，深識正理，遂令孫盎斬獲佛智，竟滅群賊，皆有大功。今賜夫人物五千段。

喧不進之愆，誠合罪責，以夫人立此誠效，故特原。夫人宜訓導子孫，敦崇禮教，遵奉朝化，以副朕心。

## 明世宗諭祭太僕卿提督邊關屯田馬政李邦直母歐太淑人文

維嘉靖十七年，歲次庚戌，九月初一朔辛未，皇帝遣廣東布政司右參政嚴時泰致祭於故誥封太淑人歐氏，曰：『維爾賦性慈良，持身淑慎。蚤閑内則，歸於名門。躬履儉勤，堅持苦節。克端母範，教子成名。蔚有才猷，歷官顯達。宜應繁祉祿養，遽違爰推恤恩。特賜爾祭，爾靈不昧，尚其歆承。』

## 高州府儒學記　大學士　邱濬　瓊山人

高凉郡學興於公私力屈之時，可書也。天下之事，動之有機，用之有要，爲之有其方，則不難於有成。十數年來，海以北地爲峒猺所侵掠，民什喪其七八，官府岌岌然。居民上凡事一切粗具，上之人亦不甚拘以文法，按以故事。至於學校一事，尤以爲不急之務，視之蔑如也。廣東按察副使闕里孔公韶文，獨慨然太息，以謂民物凋敝甚矣，必欲復承平之舊觀，非振作士氣，固結人心不可得已。必欲作士氣、結人心，惟鼓之以其機，提之以其要，行之必效之力，然後庶幾焉。學校者，申明教化之所行，理義之所出也，所謂動之之機，用之之要，爲之而的，有可效之方，其不在兹乎？始公以名進士出知邊縣，擢知高州府事，以撫綏得宜，控制有方，爲當道者論薦起貳憲臺，奉璽書，專理高雷二郡兵務，然其心尤惓惓於高。顧惟士氣疲爾，人心涣散，所以鼓而舞之，萃而聚之，非學非廟，厥道何由？所以申明教化，使民知所趨向；講明義理，使民知所感發，無有先於教學之事者。於是乎節縮費用，量度事宜，取用於財屈之餘，役力於民鮮之時。其所施爲措置，蓋視他郡，尤難焉者。凡學制所當大〔二〕，大成殿、明倫堂、從祀之廡、分教之齋，其規制一復承平之舊，而又有加焉。知高州府事豫章胡侯琳、知茂名縣事瓊山曾君英以書來，求予記其成。昔魯僖公修泮宮，《春秋》不書，説者謂常事爾。春秋之世，雖曰征伐盟會，歲無虚月，然當是時，禍不及民，是以學校之蓋未嘗廢，雖不書可也。若夫今日高涼之景，自夫有司不戒於其初，遂馴至於田里蕭條，民無蓋藏。凡所以養生喪死之具，一切蕩盡，尚何有於教與學哉？於此之時，有能以餘力及於教學之修，可例以爲常而不書哉。孔公此舉，可謂得其機要，而必有可效之方。詩曰：『既作泮宮，淮夷攸服。』蓋理明則人心固，人心固則士氣作。士氣服則彼蠢然冥頑者，亦將惕然感動，憣然歸順矣。運其機、舉其要、行其方，而必效者，孰有過於此哉？

## 重修高州府儒學碑記

左春坊　黄儒炳　順德人

國家鑄一代之才，以冀一代之運。南北育以成均，郡邑範以校庠，惟是培六德、修六行、惇五倫、暢五經者，獨秀於鄉貢，俊於國，坐收養士之效。第生才者與天，萃才者與地，成才者與人，弗克成之。欲求真才輩出，堪爲世用者，未之嘗聞。高涼爲嶺西首郡，庠前挹三峰，後環百雉，左列翠屏，右連丹幕，靈氣英英，襲人眉睫間。自昔科第蟬聯上者，躋木天、排鎖闥、典銓曹、陟孤卿，次不失爲藩臬，即牧冠蓋舄奕相望，中原邇來賢書落落若晨星然，非才獨遜於昔，運獨闕於今也。學宮漸頹，華風漸詘，

〔二〕『大』，疑爲衍文。

斯文泰運有待而興。

憲使曹公，囊守茲郡，以興起斯文爲己任。業已建書院，定月課，程其藝義，而醒以指南，士應運而占孝廉之籍者，前後繼踵。及詣學宫，目睇手畫，捐俸鳩工。時方經始役，未及竣，遂奉璽書，晋岳牧，移鎮羅陽，屬其權於嗣守王公。公以范陽鉅儒，潛印聖脉，志在作人，望黌却輦，歷階必趨，見圮者未修，修者未就，輒集衆諭之曰：『殿安先師，以鵠多士，聚明倫，以一衮趨，不極壯麗，何以示觀？』乃徵材六城，庀匠群堡，督以屬員，計力授餼。首建聖殿，較舊址稍出四十餘武。引秀迎陽，兼擅其勝。畫梁巢雲，雕甍閃耀，榱題翼張，碧甃鱗次，數仞以内，富美萃焉。右爲啓聖宫，名宦、鄉賢翼之。殿後爲明倫堂，深廣稱是。殿前敞爲露臺，兩廡相錯，煥然棋布。次爲大成門，外爲櫺星門，半泓璧沼，澄澄可鑑。最外爲黌門，左右魏坊，翹而峭立。高凉科第，以次臚列，令後進仰鏡前轍，企迹後塵，意念深矣。公循覽色喜，穆然深思，謂學以儲才，閣以尊經，從來久遠。今峨峨郡庠，獨不能借飛閣爲尊經地，自是千秋缺事。於是構崇基、築峻壁、參丹梯、植危欄，牖延日月，窗宿斗牛，四面玲瓏，佳氣葱鬱，額之曰『尊經』。拾級而登，多士雲從，爰指其額而訓之云：『經之一字，于天爲常序，於人爲常性，於聖爲常道，於學爲常法。奉之命曰「真儒」，畔之命曰「異端」。多士三復茲義，則經籍真髓不在蠹簡，而在寸靈。五經可暢，五倫可惇，六德可培，六行可修，處爲名彦，出爲名世，未有不自尊經中來者。』多士僉曰：『唯唯，謹聞命。』

時當落成，公得藉手以報憲使曹公。其諸學博方虚片石以鐫不朽，率曹公門下士李爲相、馮鏘等，遡珠江、歷羊城，肅介紹，徵余言志之。余聞高凉勝概，振古如茲，科第隆替，今昔懸殊。説者歸之於數。嗟嗟！運無興衰，惟士是因；士無良楛，惟上是栽；教無異同，惟學是式。今郡庠屹峙，漢陽曹公經始，范陽王公總其綱，閩海陳公、曾公，雍州路公翼其成。余聞而神往焉，有刮磨之思。况多士廁宫牆，氣象異則耳目新，耳目新則心志悚，心志悚則俗尚更。道德文章，互相砥礪，高凉後進必有矜姱修而樹鴻駿之列者，請余言爲左券云。

## 漢前將軍關壯繆侯廟記　郡守　曹志遇

關公之祠遍天下，而吾楚最著。高凉之廟，不知所繇始。聞向山寇將犯郭門，若有攝其魂而祛之者，諸人士歸德於公，稍飾廟貌而病逼狹，又垂數十載矣。萬曆甲寅，子來守土，適聞公有新命顯號，乃集材鳩工，命經歷沈邦玉董其役，自臘月經始，乙卯春仲告成。堂高爽而宇軒昂。前構三門，中塑公像，傍列裨將及公之乘馬在焉。因卜吉具牲，詣公之靈而爲之記曰：

公自黔首起應募，掃黄巾若敗葉，馘良梟德若承蜩，縛禁若繫鼠，覆七軍若淹螘，其跳盪摧拉之雄，夫人能狀之？間關萬死，迹故主於錐莫立之地。抗漢賊、扶漢燼於一綫未盡之息。其孤忠亮節，夫人而能言之？公之威靈著於遠邇。恤大灾、捍大患，與祀典脗合，夫人而能頌之仰之。獨公神之，所以久而且大者，弗盡知也。今夫高凉，荒嶠之外，馬援所未至，諸葛所未入，自洗母開基，垂于祀耳。而公英風超邁，父老若睹若聞者，何赫赫然。予觀之山川之靈，不百年而盡。陵谷之移，滄桑之變，蓋非精誠所凝結也，傳不云乎？至誠無息，不息則久。以麥城之役，公穆然就冥，其後爲開皇，一顯於玉泉之刹；爲崇寧，再顯於蚩尤之戰。至明帝定鼎金陵，建鷄鳴山十殿，而未及公。遂蒙公朝謁，自陳功伐，應有廟食。聖祖恍然悟，因命創祠祀公，表棹楔以英靈。其累朝以來，若以一身化億兆身而應天下，天下以億兆心爲一心以趨公。其恤捍之靈，與供奉之虔略不爽。蓋上而后王君公，下而紅女嬰孺，近而都掖，遠而魋結侏儒之鄉，無不心儀公者。公之所以久而大則誠也，亡論其雄武，即所謂孤忠亮節，皆誠爲之也。誠可以貫金石、後三光、始終萬物，而又何疑焉？予忝兹明信，以薦馨薌，公其噱我乎？予何敢隕越以保此疆埸，姑陳臆説，誠其大云耳。公官至前將軍，謚壯繆。而漢壽亭侯之封，操意也，公所不屑，故今廟額削而不書云。

## 敕封高涼郡夫人冼氏廟記　失名

夫人者，高涼冼氏女也，世爲南越首領，部落十餘萬家。夫人幼賢明，多籌略。在母家，撫循部衆，能行軍用師，壓服諸越。每勸親族爲善，由是信義結於本鄉。越人之俗，好相攻擊。夫人兄南涼州刺史，恃其富强，侵掠旁郡，嶺表苦之。夫人多所規諫，由是止息。海南歸附者千餘家。梁大同初，羅州刺史馮融聞夫人有志行，爲其子高涼太守寶聘焉。馮氏雖世爲方伯，非其上人，號令不行。至是，夫人約束本宗，使從民禮，參决詞訟，雖親戚無所縱捨，馮氏始得行其政。

高州刺史李遷仕遣使召寶，寶欲往，夫人止之曰：『刺史被召援台，乃稱有疾。鑄兵聚衆而後召君，此必欲質君以併君之兵也。願且無往，以觀其變。』數日，遷仕果反。遣上帥杜平魯逼南康。陳霸先使周文育擊之。夫人謂寶曰：『平魯今與官軍相距，勢不得還，遷仕在州，無能爲也。君若自往，必有戰鬭，宜遣使卑辭厚禮告之曰：「身未敢出，欲遣婦參。」彼必喜而無備我。將千餘人，步擔雜物，倡言輸賧，得至栅下，破之必矣。』寶從之。遷仕果不設備，夫人襲擊，大破之。遷仕走保寧，文育亦擊走，平魯據其城。夫人與霸先會於灨石，還謂寶曰：『陳都督，非常人也，甚得衆心，必能平賊，厚資給之。』

及寶卒，嶺表大亂，夫人懷集百越，數州晏然。陳永定二年，其子僕年九歲，遣帥諸首領入朝，拜陽春郡守。後廣州刺史歐陽紇謀反，僕至南海，誘與爲亂。僕遣使告夫人曰：『我忠貞兩世，今不能惜汝而負國也。』遂與兵拒境，帥諸酋長迎章昭遠，自外逼之，紇敗。僕以夫人功封信都侯，遷石龍太守，遣使持節，敕命冼氏爲石龍太夫人，賜繡幰油幢，給駟馬安車鼓吹一部，麾節鹵簿如刺史之儀。至德中，僕卒後，陳國亡，嶺南未有所附，數郡奉太夫人爲主。隋開皇八年，高祖遣總管韋洸安撫嶺南，陳將徐登以南康拒守。洸至嶺下，逡巡不敢進。初，夫人以南越犀杖獻陳主，至是晋王廣遣陳主遺夫人書，喻以國亡，令其歸化，并以犀杖及兵符爲信。夫人見杖，驗知陳亡，集首領數千，盡日慟哭。遣其孫暄，率衆迎洸至廣州。嶺南悉定。表暄爲儀同三司，敕夫人宋康郡夫人。

番禺人王仲宣反，首領皆應之，圍洸於州城，進兵屯衡嶺，夫人遣孫暄帥師救洸。暄與逆賊陳佛智素相友善，遲留不進，夫人知之大怒，遣使執暄，繫於州獄。又遣盎出討佛智，戰克，斬之。進兵至南海，與鹿願軍共破仲宣。夫人親披甲，乘介馬，張錦繖，領彀騎，衛詔使裴矩，循撫諸州，嶺表遂定。高祖嘉之，拜盎爲高州刺史，仍赦出暄，拜羅州刺史，追贈寶廣州總管、譙國公，敕夫人爲譙國夫人。開幕府、置官屬、給印章，聽便宜行事，降敕獎諭。皇后以首飾及晏服一襲賜之，夫人盡盛以金篋，並梁、陳賜物，各藏一庫。每歲時大會，陳於庭，以示子孫曰：『爾等宜盡赤心向天子。我事三代王，惟用一好心，今賜物俱存，此忠孝之報也，願汝等思念之。』

時番州總管趙訥貪虐，諸俚亡叛。夫人遣長史張融上封事，論安撫之宜，並言訥罪狀，不可以招懷遠人。上遣推訥，得其贓賄，竟置於法，仍詔招諭亡叛。夫人親載詔書，稱使者，歷十餘州，宣述上意。諭諸狸獠，所至皆降。高祖嘉之，賜臨振縣湯沭邑千五百户，賜僕爲崖州總管、平原郡公。仁壽初，卒，賜物五千段，謚誠敬夫人。祀曰：『於惟夫人，閒氣之英。有土有衆，惟忠惟貞。籊畫帷幄，慷慨將兵。削平僭亂，策勛梁陳。開府宣諭，功褒隋廷。尊君奉職，三代一心。宜其榮謚，照耀丹青。惟天降異，厥靈孔殷。斡旋威福，護國安民。顯顯神應，祀典孔明。遇兹仲冬，誕節牲醴。告誠爰祈爰報，闔境是歆。繡幰肅駕，赫然居歆！』

## 建六社學總記　知府　姚繼舜　桐鄉人

今之社學即古之鄉塾黨庠，以習幼儀、端士訓。譬則工之有肆，行之有路，而射之有的也。移風化俗，古先王率由斯軌，竊慨今不漸古，壯不克初，豈降材爾殊而性多變哉？教不先，率不謹，童而壞之，後益僨驕，不可馭矣。

今天子加意作人，首頒《孝經》《小學》，下禮官，命天下郡縣廣置社學，以師儒董之意甚篤摯，郡縣著爲令。高涼俗猶近古，風亦自開。余日與僚屬紳士，講解聖訓之餘，因與茂名令尹君尋社學遺址。東郭舊有東高小學地，因其故，鼎取其新。門、堂各三間，後一耳房，特築射圃亭，以右翼之。南高社在舊南門，今久廢。有舊守歐陽祠，就壞，春秋祀懸一像。茅屋數椽，已不蔽風雨。構復之，門一座，堂三間，享公。以後地起磚樓三間，傍卧房一間，右建門樓，顔其門曰『南高社學』。西興社學，地在西岸，每低窪受水，僉議天妃宫右有鰲石焉，堪卜鑑江亭在其首層，累而高之，亭復舊物，因斷鰲足以爲基，竪鑑江亭。後堂三間房，一間可望彼岸，可仰高山，庶幾可絶塵市也。北社無可改，傍三元宫右官地，清出建門三間，堂三間，題曰『北游社學』，蓋取游藝終焉。適過梅菉市，商民雜處，師徒執筆就試，鄉耆請立社以廣之。余稍捐助，好義者争輸，不日落成，而規模宏遠矣。先是文昌像無安頓，築樓居之，門、堂、樓各數間，則同文社所由興也。三橋驛舍，上臺所駐節，地界電邑，民居亦稠。邑令周君曰：『是不可無社。』捐俸共襄，厥成門、堂、室各三間，題曰『橋門社學』。庶幾冠帶濟濟，時寓目焉。因是，廣集儒童，擇老成馴謹者，初試之課，再試之文，音必清亮，字必端楷，講必貫串。令有家室者居之，給劄以巾履相謁見，議將以曠地墾税社給數金，俾糊其口。郡子弟之秀者，急與其進，貧者不取其脩，而時時程其勤惰。文行稱者送學臺，一體收録，否則易之。子弟習其中，自灑掃應對，要歸於明新至善；即力行孝弟，直入於美大聖神。勿以高遠躐之，懼其荒於志也；勿以近小狃之，懼其束於見也。昔許衡七歲時，一日問於師曰：『讀書欲何爲？』師曰：『應科舉第耳。』衡曰：『如斯而已乎？』范文正公做秀才時，便以天下爲己任，讀書固不在科第，事業亦不在科第日也。諸子遵而行之，守而勿失。蒙養聖功，不分兩截；赤子大人，合爲一體。庶常存天地之性，以不負君師之教，守土者與有榮施。則是役也，豈以爲觀而已哉？不敏無文，聊記其創建修復方位若此。同事學博楊君位、曾曰唯、許維藩、李思傑著各有箴。至其造成後學，興起斯文，則以俟君子。

## 筆山書院記　御史　區大倫　高明人

高州府曹公，甲寅春下車，即課諸生文藝，爲之品騭，殷殷不倦。乃謀於寮佐、縣令曰：『百工居肆以成其事，士耑帖括，必資類聚，乃能薰陶德性，論難經義，則書院之設，有司所不能辭也。問南嶽書院舊址，業爲菜家圃矣。伐木於山，鳩埴於陶，命縣丞陸應春、典史錢宏績督諸工匠，于五月十五日告成。堂五楹，高一丈九尺六寸，闊六丈，中爲問奇堂，兩傍列書舍。前爲門，門對三峰，因署其額曰『筆山書院』云。公淹貫典墳，雅工詞賦，登泰岱，陟二華，度峁崍九折，足迹所至，輒有留題。乃一麾兹土，不旋踵而敷化流惠。復構別業，集諸生講誦其中，月三試而品瑕瑜。暇則偕參佐，昐筆山雲物，相看不厭，其視古人峴首之游、河朔之飲，差勝耳。諸生景仰尼山，操觚擅技，亦知爲山始於一簣耶？學譬登高，業先知本。諸生務求其本，則胸藏萬仞，勝峙千秋，致雨興雲，濡溉六合，此曹公取義書院，以勖諸生意也。不然，矜氤氲之吐，娱枝葉之華，筆札相高，意態相尚。單詞偶合，則凌厲四方；片言可録，遂傲睨千古。豈才不贍哉！本不立也，自德性啓辨於鵝湖，至善開宗於白鹿，良知倡於四明，格物訓於白沙。雖藏真於洞壑，實棲心於聖統。諸生遠宗孔孟，近師曹公，婆娑文峰，優游道岫；氣吞雲夢，筆掃崑崙。入承明之廬，奏長楊之賦，乘時奮發，曹公其大有造於斯矣。往文翁化蜀，令名歸焉。曹公先守蜀郡，德化當不在文翁下。至此首以興賢育才爲務，則滯一方者，殆若不及矣。諸生可不圖自修自證哉，筆山且藉以生色矣。

## 重修筆山書院記

司理　鄭之珖　四川人

山水自然之奇秀，與文章自然之奇秀，一而已。山水之體骨，形勢不一，求其暢適人情而止；文章之體骨，形勢不一，求其恰肖題神而止。兩者理相因，而機亦相助。高涼之有筆山書院也，以山得名也。山涌三峰，頂瘦足肥，似指缺其二。肩聳於項者，然奇姿不媚肉眼。吾但見三人箕踞，意不可一世，而群山望之而走焉。乃時在几案，間又若吾兔穎毛錐，所枕籍物。當日命名之意，應取諸此。環無處不見此山，大都横側無情，拂袖而去，不若此院之揖山於其堂，而狎處不厭也。蒼靄觸面而冷翠撲眉，文人之口舌心脾，每欲呼山，撫背相與雄辯高談，而山亦能變其色，相以敵之。霽如喜，雨如語。朝霧晚霞，如醉如舞；疾風怒霆，如夢如癡。而夜月孤明，則静坐淵思，如禪如老。蓋勝友奇書吾院中，兩資其美，兔穎毛錐枕籍云乎哉。噫！此固天地自然之文章，鬼斧神工之所不得與，而不意此院有之，居是院者得之，爲載筆論文之一助，吾敬寶之而不敢褻也。夫文犀珠貝非寶，而文章忠孝爲寶。守兹土者，既不以彼易此，而多士蔚起，又皆能磨礪激發，以底於忠孝節義之途。則是院也，將與天下共寶之，又豈嶺海之間所得私而有哉？萬曆乙卯年，創於太守曹公志遇。曹公，楚人也。後之荒廢復修已不一。而予與諸子論文於今日，則又將有禾黍之憂也，故捐俸稍葺之。所增者，門内空闊氣泄，充之以牆，而豁其門，並堂後餘地夢花居數椽而已。

## 重修城隍廟記

郡守　孔鏞

高州府重修城隍廟成，郡守韓公請記於予。予惟我朝酌古準今爲治，内自畿地，外至天下郡邑，莫不立廟以祀城隍之神。凡吏始至，必先謁神，然後之任視事。所以重事神，治民之道也。高州府僻在庾嶺之西，濱海依山，與西廣接壤。天順間，西寇犯境，士喪其業，農失其耕，吏不供祀，廟宇傾圮。迨至成化丙戌，予假守斯郡，每嘆民力疲竭，不能一新廟宇，仰體聖朝崇重祀典之意。竊常禱曰：『神與郡之長吏，相爲表裏。吏不修職，神必陰譴，以昭聰明正直之德。夫民何辜，罹此流孽之禍。希神默相，易危爲安，庶馨之薦無隳，吏有厚幸。蓋自守土以至分憲，凡流孽竊發，必禱於神，則流孽授首。雨暘愆期，必禱於神，則雨暘時若以至。軍民之疫厲，凡禱於神者，隨叩隨應，捷如影響也。韓守偕僚屬士民，感神之休，一旦詣予曰：『茲值歲時豐和，疫厲不作，盜賊屏息，皆神之賜。今廟宇傾圮，不撤而新之可乎？』予允之。乃合庶謀，各捐俸，市材僦工，建廟宇、增拜亭，高敞宏麗，煥然一新，視舊規如有加焉！誠有以奠神位、妥威靈、聳瞻視，而於事神治民之道，庶幾克盡矣。經始於成化乙未冬十月，告成於次歲春三月也。韓，浙之餘姚人，由進士、太僕丞任今官學，有師法，故爲政知所先務云。

## 題高州府題名碑記

知府　李廷璋　豐城人

高州，古高凉郡，負山邊海，轄一州五縣，民彝雜處，於廣最爲難治。宋元以前，官制不一。迨明額設清軍同知一員，管糧、捕盜通判二員，理刑推官一員，總之則知府也。郡皆有題名記，高州獨無。嘉靖辛丑，麗山李子以刑部郎出守是郡。越明年，我會長前峰戴子，以禮科給事中謫遷本府同知，繼而同寅通判迎旭宋子、豹厓朱子，推官素庵陳子，皆相繼請，乃相與捐俸，募石碑，李子記之。

李子曰：『記，記名也。有監之道也。《書》曰：「人無水監，當於民監。」《傳》曰：「水能見人之妍醜而已，民監則其得失可知。」是記，固我後人之民監也。』高州自明設官以來，後先相望，已非一人，其中豈盡皆循良廉公者乎？亦豈盡無一毫可議者乎？然人品不同，法必備書。民監在前，得失自見，記固不止於名而已矣。或曰：『記名不記行，於監奚有？』李子曰：『名者實之賓，前者後之則。爲夫名存，則其行猶有在人口者，古人得而讀之，必指之曰：「某也，循良；某也，不循良；某也，廉公；某也，不廉公。」無心之指，有心之聽也，高山仰止，誰無是心哉！』故曰：『不可欺以得失者，民監也；不可欺以是非者，人心也。以不可欺之心，臨不可欺之監，則瑕類莫逃矣。天下之監，孰有大於是哉？李子不才，幸相從二三君子之後，然同寅協恭，矢心磨濯，以求無負於是名者，亦猶夫二三君子也。不知後之指今，其將謂之何哉？雖然，指者，人也；監者，我也。前人不暇自監，故後人監之，後人復不自監，則後人復監後人矣。』

**平蠻遺愛碑**　邱濬

成化改元之二年，廣東西峒蠻竊發攻劫州縣。戕賊生民，民失其業，士墜其教。廣之屬郡，高雷及廉，數千里幾不聞鷄犬聲。事聞當宁，命將往討。簡命在廷具文武才者，得都御史姑苏韓公總理戎務。公承命，夙夜不遑，克勤乃事，一鼓而渠魁就縛，再鼓而鼠穴始空。尤慮漏殄餘孽，奔逃山箐，分命副總兵范信、參將張通、布政使張瑄，提兵自廣之新會，抵高雷，乘勝破敵，易如拉朽。天戈所指，罔不望風披靡，擒馘俘獲，賊勢消鑠。捷聞，廷議時雖底平，人懷反側，非良吏撫理，弗能安也。乃遴選有司治行著聞者，僉舉連山令孔侯鏞，拜高州守。侯始至，時尚有餘孽憑阻逃遁，不即誅。孔侯宣天子威令，綏撫反側，於是群酋悟悔，投刃頓伏，願完父子，卒爲華民。未幾，西寇復侵郡邑，孔侯激勵民彝，指授方略，偕僉事陶魯、都指揮滕漢、歐磐親率師旅，直犯賊衝，前後擒斬逆寇千餘級，俘奪賊屬被虜男婦不可勝計。號令嚴明，士卒遵命，所向必克，寇始底平。於是興學校，以鼓士氣；繕城池，以保未危。化荒爲穰，易疹爲和，百工攸叙，吏民允懷，厥功彰明，詔褒顯擢。自薦紳縫掖以及編户之氓，咸欣欣喜色，詣予而請曰：『蓋聞有功德者，銘之太常，勒之金石，用彰不朽。吾郡非諸公戡亂，孔侯撫治，無以致今日矣。厥功在民，庸可不書於石，以垂永久。』予曰：『諾。』乃歷叙諸公滅賊安民之迹，以告來者。孔侯練達兵政，學博古今，文章之美，治行之詳，姑俟太史作名臣傳者書之，兹不贅。

**嶺西守道盛公生祠碑**　御史　王學會　南海人

記有之至誠而不動者，未之有也。以彼鋭名者，急自標異若見，以爲非常可喜，然内與其心之誠違，而外與天下之事幾遠，即使煒然于世，以奠國基、浹人心，斷不其然。惟夫宗工鉅人，本一誠以爲張弛，斯令人久而歌思，如周人之不忘召公也。

檇李盛公建節嶺西，在歲之己亥，時粤中脊脊多事，采金於山，采珠於海，一時虐焰薰灼，輕扞厲禁。往往内交亡命，扼關津之喉，察舟車之載，攫擾無所極。公乃毅然以國事爲己任，調其宜而陳之上，復決其宜而行之下，獨見之鋻與衆慮絶，雖悖氣雲涌而神情自定，即崎嶇交錯而陰規厥成。要以思通於元，解不鏡而常明，慮發於圜，機無轂而善運已。維時倭夷寇我吴川，發軍授策，挫其鋒鋭，擒其桀黠與所以謀賊者，賊褫魄解圍，彈丸安堵，生靈全活無算。諜其泊放鷄山，猶思奮螳臂。公遂潛師爲雷陽犄角，錦囊搏戰，大破賊，斬其梟帥。追奔逐北，比至欽州，折馘執俘，靡有孑遺。當事者上其功，纚纚與胡太保、劉廣寧相伯仲，而以寡擊衆，則過之。公曰：『與其當事而竭蹶，孰與未事而預防？』於是增北津、限門寨，與蓮頭分地畫守，俾雙魚、白鴿間烽燧相屬。訓吴川新募士，使之分番戍守，益水陸兵，拊循狼猺，藉其力爲鞏固高凉山海計。樓櫓營壘，絡如繹如。雉堞廓而高，湯池濬而深。謹斥堠，嚴賞罰，著水陸條約，給行間。使將習士，士習器，坐作進退擊刺之法，蓋練於蒐苗獮狩之中。他如化州之讙譁，電白之危疑，公出片紙，馳諭帖伏。又如鑿山通道之説興，民苦於供億，疲於奔命，以公抗顔中止。又穿山引泉，灌附郭，旱田爲沃壤。當兵荒後，枯骨蔽野，則捐俸掩埋之。善政善教未易更僕數，以故嶺西之人，倚公若慈母。兩臺廉得其實，交章薦于朝，遷公秩而仍其事，以從民望。壬寅，專臬復權，視嶺西，先是，公入握，藩篆適權璫，欲借司帑排闥而入，公力争之。惟示以應解應留狀，且曰：『筦籥之司，東南命脉係焉，安得竭澤承風旨？』璫不能奪。尋檄有司：『毋聽宵人繆䊕吾蒼赤，毋抗敝我市賈而吸其膏脂，毋指我民間廬墓爲金穴。』一如嶺西約法。至抑運官之苛虐，毋使東瘠西肥，察署官之徵輸，毋使借符爲暴，是皆才以誠運，而靡有倦勤。無論嶺西之人弗忘，即粤以南，口碑載道，其何以不塞讒慝者之口。

余謂貴竹之社稷有靈，是以借公而嘉惠之。不然，豈其可以施之貴竹者，顧不可究竟于粤也。今宇内多艱，廊廟求賢若渴，鼎望如公，吾知大拜在旦夕間，彼區區貴竹，豈能久羈星軺哉？嶺西薦紳林君友夔邵武府教授、友松教諭、江君山太平府教授、陽電參戎張君榜、明經朱振周桂陽州州判，暨其士民材官以及閭左戍德公深，去而思之不已，相與祠公於電白城，生事公，如公在粤。祠成，介紹吾郡博士弟子員陳某徵言於余，以圖不朽。余謂盛吉視事二十年，天下稱有恩無怨，公之勳名德望無愧焉，宜民之春秋歌舞不斁。夫祠在邑治之東，爲堂爲廡若干楹，董其事而任勞者，中堅徐以思、揮使馬達勳、把總鄭應熊、李建勛、張朝楝也。公名萬年，字恭伯，號若華，秀水人，萬曆癸未進士。時萬曆歲次庚戌季秋吉旦立石。太僕寺少卿古岡何熊祥篆額，廣西平樂府富川縣知縣電白張文耀書丹。

**孔公祠六事紀功碑** 失名

其一，招茅峒賊。茅峒，去城十里，四山環合，中有隙地，可以藏兵，而一徑逶迤通神電以西諸路。賊首鄧公長者，率衆萬餘，雄踞其間。公長於群盜中最稱勇悍，隳城殺將，氣焰甚熾。時公新到城中，軍民不滿十百，又皆喪敗之餘，無可禦敵。公從容無異平日，衆莫測其所爲。既而不謀僚友，不告妻子，呼四疲卒舁肩輿，直抵賊營。賊衆且驚且喜，迎之入坐。公爲陳禍福，傾營拱聽。公長恃其强，猶然驕蹇未服。公乃巡歷營中而遍諭之，人人感悟下泣，相與約降，護公出營歸城。是夜，漏下四鼓，忽見賊營中火起，光焰燭天，城内戒嚴。公笑曰：『無慮，可達旦納降，止須費用賞勞耳。』平明，釋甲來降者萬人，開門納之。公長勢難孤立，亦降。

其二，平梁定賊。梁定者，化州賊，胡公威黨也。既降復叛，聚衆五百餘，西向剽掠。參將王英禦於雷州，敗績。未幾，復寇化州，勢甚猖獗。公偕都指揮滕漢屯兵畬禾嶺，與賊相值。公謂滕公曰：『賊憑高據險，鋒不可當。宜分其勢，乃可取勝。』於是分兵兩翼而進，賊亦分哨迎敵。公率所部衝其中堅，賊衆大敗。梁定先走，爲官軍所殺，餘黨悉平。

其三，敗馮曉賊。馮曉者，亦降賊黨也，叛入廣西山中，聚黨萬餘，時出化州西北界爲寇。曉桀黠，最善用間，人多爲之耳目。公得報秘，不發，但召兵詭言備他盜。至夜，勒兵潛進，星行四十里，去賊營半里許止。遣部下蒙浩率勇士二百，潛行繞出賊後，期炮響，前後夾攻。時漏下四鼓，賊睡不覺，蒙浩於山後舉火，前軍應之，賊衆大驚失措。馮曉棄妻子而逃，俘擒無算，繫其妻子以歸。

其四，破魚游寨。魚游在北流山中，賊首鄧辛酉時出侵略屬邑。公同僉事陶公率衆追之，由信宜直抵其巢。兵興以來，廣東兵未有逾界者，故賊不虞，忽聞兵至，乃據險殊死戰，官軍環視，無敢犯其寨門。時日已過午，稍延入夜，則孤軍深入，地利未爲熟悉，勝負未可知矣。陶公急募先登陷陣及能焚寨柵者，重賞。高州會總林雄首應先登，陶公卸身甲，公脱頭鍪並以與之。雄奮勇鏖戰，勢若山崩，殲其渠魁七人，雄亦身被數十鎗。賊氣少挫，三軍乘勝，遂克寨門以入。神機火亦自營中起，烟焰障天，賊皆焚死，雄亦死於陣。是役也，林雄爲首功，韓都憲親爲文以祭之。

其五，招馮曉賊。馮曉既失妻子，爲無賴賊，遇人即殺化州西北失耕業者。二年，公知其不可卒滅，乃存恤其妻子，以招徠之。成化四年夏，曉復寇石城，公乃持都憲韓公榜文親詣其營撫諭。賊羅拜，因詢其妻子無恙，乃曰：『公恩德不可負。』遂降，得衆五百人。

其六，却侯大六賊。侯大六者，博白叛賊，其宗最强盛。成化四年，擁衆千餘，屯信宜界，聲言來攻高州，公率所部禦之。時兵少，見賊衆，不敢進。公集部下議之，會總符瓊云：『大六始叛而來高州，必輕我無備。宜乘其始至而挫其鋒，彼則氣奪，不然相持日久，彼知我虚實，難以取勝矣。』於是夜私戒所領百人，啣枚潛抵賊營。時夜半，賊方酣睡，瓊率百人突入，就枕殺八九十人，被傷者甚衆。賊人大驚潰，符瓊亦爲亂兵所殺。賊首十人，殺死過半，賊惶恐遁去。

**郡守吴川樓去思祠碑記** 庶吉士　姚岳祥　化州人

公楚武昌人也，少負不羈之才，倜儻有大志。甫舉進士，即以詩名聞京師，既而拜中舍，稍遷給諫。無何，以才節見妒，外謫轗軻。隆慶己巳，始自閩之邵武移高涼。高涼在東粤，稍稱僻遠，法條疏弛，下吏率多不飾簠簋。公冰蘗夙著，群吏望風化之，下至書吏徒隸，亦皆奉法惟謹。即數有疑獄久不决，公從容折以片言，如犀照然，即巧文者無所售其奸，人咸服，以爲神。

公之勵精政務，百廢具舉，而厲兵飭備之規，造士作人之意，尤所惓惓。郡之東北數千里，山藪蔽翳，諸梗化惡少嘯聚其中，時出爲四境患。公至，即簡諸引弓之民，以時講武。每偵其出，輒遣卒却之，多所斬獲。群盜相戒，凡二歲餘不敢窺郡境。歲辛未，島彝突逼近郊，公輕裘緩帶，引裨將，提偏軍，躍馬而前，以計盡殲焉。已復有寇千群自電陽來，雷動雲翔，乘勝徑犯城下，中外洶洶無固志。公復堅壁拒守，親冒矢石，據睥睨爲士卒先。間或闢門縱鋭兵，縋城下死士，與賊挑戰。如此累日，賊揣勢不可得，乃引去。

嚮高涼鮮嗜學，公下車不期月，遍試諸郡邑子弟，簡拔而督責之。日有課，旬有試，政暇則手製楷式以示之。從而又闢清溪精舍于城南一里許，構南岳講堂于郡西北隅，群諸生于中專業焉。士衿皆含精茹粹，如懸黎結緑，公力也。

壬申春，遷棘甸督學。戒行，郡父老士民攀留不可。圖所以報公者，莫得其當，乃共鳩工聚材，卜地於清溪精舍之南，建祠志思焉。祠創于癸酉之春，成于甲戌之秋。既落成，薦紳父老作曰：『公行矣，公之德在吾士民。兹有祠，庶幾升斯堂也，猶有甘棠勿伐之思矣乎。』青衿之士作曰：『公行矣，公之教吾曹人服之。兹有祠，庶幾入斯室也，猶有泰山北斗之仰矣乎。』諸齊民進曰：『公行矣，公之政吾屬家賴之。兹有祠，庶幾望斯宫墻也，猶有父母孔邇之懷矣乎。』僉命岳祥記之。

謹按禮，凡有功烈于民者則祀之。是故石慶爲齊相，邦人慕其行則祠；欒布守燕郡，燕人服其廉則社。迨荀、童、韋、杜之流，率以其一善流芳於後。今繇父老之言，可以觀德；繇青衿之言，可以觀教；繇齊民之言，可以觀政。則公之有祠，殆掩數子而上之也已。嗣是有作，得無高山景行之感乎哉！遂僭述言爲之記，乃其倚馬擲金，比翼《騷》《史》；擊鉢唾珠，抗衡李、杜。則才名傳誦，海内將有能識之者。

## 林郡丞遺迹記

訓導　張孟學　茂名人

林侯，諱春澤，字德敷，别號旗峰，福之侯官人也。登正德元年進士，官户部郎，以直道謫吉安，尋佐肇慶。嘉靖辛卯冬，高守闕，境内爲陽春山寇攻掠，所至凋殘。兩臺監司欲得才可戡亂者，以鎮定之，而協推公。公抵治，睇視城堡屠破，庾廩燔燒，僵屍被野，極目蕭然，曰：『此誰非赤子，予寧以代庖而秦越視之。』甫視事，即爲之豫兵以待敵，先慮以應卒陳、請哨軍、罷土兵，防守繕城，濬池清埜以俟。復建敵樓以便外瞭，修府庫以防夜竊。於各城門樓咸撤其固陋而倍增高廣焉。扁其南曰『高明』，北曰『高窖』，西曰『高阜』，東曰『高陽』，盤鞏兀若金湯。自是寇不敢窺，而民賴以安堵，則公保障之力也。明年仲夏，元陽爲虐，苗幾就稿。公輟庶務而巡行省視，分別賑恤，不徒修救以文。未幾，甘澍應禱，幸獲有秋，則公至誠之所感也。爲政雖有威武之備，常致其慈愛之心，諸獄多所平反。雖得情，不忍苛責，以瘡痍未起者不任鞭扑也。一切贖鍰不視爲己私，必藉之以佐軍需急。人咸謂『端溪復有包公』云。視篆一年餘，諸所廢墜，悉以興舉，其條縷更僕未易，數茲特語其大者，至是稅駕還。端民之德公，不能忘也，攀轅遮道者，泣下如雨。請於茂邑李侯，立生祠、勒貞珉，以彰公之德政於不朽。而問序於余。余不敢以不文辭，爰述其概如此。公官終程番太守，壽一百四歲，閩人尊之曰『人瑞翁』。子應亮、孫如楚，皆以進士位九卿，蓋盛德之報云。

## 高凉太守二箕曹公祠記

刑部尚書　徐兆魁　東莞人

自昔剖符分域，權最重而與民最親者，無如郡守。粵之爲郡者十，他郡易，見奇無有如高凉難者。高地瘠而多曠，民窳而相競於侈。守者未厭其願，而拙立見。公下車無幾，輒得其故而穆然嘆曰：『等郡耳，高凉何獨稱難？此非高凉足以難守，乃守之難高凉也。嘗聞善牧民者，欲驟嘗之以甘，不若先去其所苦。吾安得以刻覈博稜名以煩苛，貌精敏以嫗煦市德色，令民阱於苦而不獲控。』甫莅事，即持廉平、懸畫一，酌民之緩急，而次第布之。民苦朘削，即諭諸長吏毋於額外損錙銖；民苦鍛鍊，即衡肺石毋於法外輕出入；民苦剥噬，即敕隸卒毋於鄉堡恣搜括。已乃抑郡中諸豪右，有以武斷苦鄉曲者，懲法無赦；已乃發境内諸巨猾，有以窩劫苦閭里者，法無赦；已乃詔父老、訓子弟，毋令習苦於樗蒲；已乃懲市猾、校平準，毋令價苦於騰躍。自是按吏吏習，按訟訟平，按盗盗息，按俗俗化，無一足爲民苦者，郡之元氣稍稍復蘇。然後採民風而修廢墜，謂郡志弗輯，何以徵古？里門不復，何以攬秀？賢忠不祀，何以旌往？書院弗建，何以育才？爲之纂故實、恢舊址、構祠宇，不及期而一一就緒。時當旱魃，告祲步禱，浹旬始雨。詎商艘啣尾竊糴，有以便鄰控籲者，公徐應曰：『吾守土而父老覆釜，便鄰與便民孰急？』商艘潛散而粟值如故。諸所常試即古良二千石無過。是歷四稔而政成，聲冠諸道。遷喬日迫，報者踵至，公睠念郡學傾圮，庫儲告匱，我旦夕行，誰爲鼎新？遂慨然籌畫鳩工，遹觀厥成，仍分行橐，給諸生課資，輸司鐸者無替厥志。噫嘻！他人蘧廬官舍，每跂翹得代爲快，孰有如公之片晌不忘高凉哉。奉璽書，遷按察司副使，兵備羅定。諸父老度不可留，乃繪軸，以獻歌謠，留靴以代尸祝。既行，闔郡扶携，擁至百里外，車轄不得前。公欷歔久之，謂父老曰：『我治高凉，無瑰術瑋政，第思脱汝於苦而嘗之以甘。方愧未能滿願，今殊惘然，汝第歸無恙。羅高相去咫尺，固當更爲汝地耳。』父老青衿怏怏不能別，遂謀之佐守、邑令，構生祠以垂不朽。爰卜地於茂嶺之陽，就先太守明卿吳公祠右擴基焉。祠距郡二里許。前則複障連雲，嶔嵜異狀；後聳塔標鶩，松影流陰，鐘聲遥答。右盻筆山，縷烟如練；左繞鑑江，銀濤閃爍。民居錯落，漁艇縱橫。公昔行春，小憩其上，輒誇此勝，津津不已。今兹構祠奉公，詎非天造也歟哉。祠成，薦紳父老偕兩學博士弟子員，儼然致幣於予手。公治狀再拜而言曰：『我郡守曹公，覆幬高凉，如天罔極。既不能借其轄以效河内，又不能楚其祠以當峴首。第公以仁人之道，置我士民於懷，正欲借仁人之言鐫公於口，敢邀子一語如史傳循吏故事，令千載而下，埒公於蜀文翁，擬子於漢令史，顧不快與？』予謝不敏竊，謂：公之得民深也，所在見德，所去見思。德非權不還，思非德不永。倘有與權相御而行者乎，請以子之誦公者彙而勒之貞珉，令覽觀者繹所爲不朽云。

**此山堂記** 湖廣參政 袁昌祚 東莞人

此山堂者何？高州守曹公建也。創此堂者何？祀前郡侯吴明卿於此，以存遺愛也。名『此山』者何？借羊叔子登峴首之語也。

噫！曹公意念可謂深矣。方羊祜孤軍江漢，西接蜀都，東連吴會，尚徘徊風景而曰：『自有宇宙，便有此山。』後人思其德，碑存墮淚，于今稱之。當明卿嘉靖間魁多士於楚，庚戌遂成進士，與于鱗元美並論著顯，旗鼓中原，一時文墨之士左執鞭弭，右屬櫜鞬，何豪也！自中舍遷諫垣，拾遺補袞；埋輸批鱗，權貴喪氣。至觸楊蕉山，忤分宜，謫理匡廬，同守建州，乃一麾邵武。當明卿始守邵武，子與亦知汀州，朝士笑曰：『若曹徒以雕蟲争自奇，有士曷足當之？』丙辰，復量移高州，流輩莫不怏怏。爲明卿於邑謂奇偉之士，匪惟時人側目，而天亦甘心矣。高凉則炎嶠一隅也，潢池緑林，殆無虚日。明卿平倭之後，妻孥所不及顧，日夜董介曹，修城池，謹斥堠，數削牘，議增餉食。倭圍二閲月不能犯，遁去。明卿率大兵追至里麻，俘馘封京觀焉。後倭困化州，明卿諭陳參將星奔救之；仍三檄利害於黑參將，以水兵相援；又親往雷陽，合二郡夾攻，而倭盡擒矣。羅旁諸山之酋劫掠不常，明卿躬撫信宜、陽春叛猺，令自爲備。設上宫營官兵、東門營民兵以守要害，城中獲安枕。招流徙，墾荒税，建南嶽書院，課藝諸生。

慷慨且存大體，甫下車，墨吏望風裁思。解組去，遷黔南學憲。父老立祠江滸，其門人姚吉士記之，歲久傾圮。曹公乃於山巔爲之堂也。古者大夫有益於民則祀之，蜀郡之文翁、九江之召父，伏臘至今不絕。明卿保全郡，滅巨寇，闢田野，興士類，功德殆若過之。曹公去明卿四十餘禩，臨風興感，能不依依？峻宇崇堂，典型在望，抑欲此邦人志不忘『甘棠勿伐』之歌乎。昔杜預以羊公薦代，每事必告其廟，志不忘也。曹公政事何必減明卿，其博大揮霍，聲著海内。已久，旂常竹帛，自爾不朽，杜征南何足比擬哉？

予老守丘壑，天下交知殆盡，適參軍沈邦玉以營工落成，知余昔爲楚吏，且習明卿，請記。因憶往，偕黎惟敬薦明卿，時道治高凉狀甚，悉爲之泣數行下。今人已往而言尚存，聊寄題此山，以垂永久耳。或曰山居郡水口，左出爲青龍，兹堂有關風氣，並記之。

## 諭鹽碑文

嶺西參政　蘇宇庶　晋江人

天厚高郡，濱海産鹽。利歸奸商，與不産同。商藉國課，虐及擔夫。有徒附勢，横索叠侵。士亦見凌，來告紛紛。鹽價騰涌，茹淡無聊。吁嗟貧氓，負販不獲。憑盜以逞，萑苻跳獵。子忝分藩，早夜極思。高郡鹽餉，僅四百零。量地大小，視户孰多。派人丁口，餉奚用商。上無虧國，下惠蒼生。每丁分鼇，足支一年。肩而易粟，俯仰攸資。誰其主此？鹺道司之。盡革商引，任彼謼呼。堅弗爲動，絶去私書。力請兩臺，補餉報餘。貧鬻靡禁，鹽利四通。昔時食貴，觔且六分。今兹食賤，一文易觔。父老歡舞，闔郡同春。猶虞奸商，能借貴援。若不垂久，商引復行，爲法誠美，德意未終。予頷厥議，敬樹貞珉。拜首稽首，鹾道之功。願後君子，其勿變更。河山可拔，此法難移。弭盗安民，咸永賴之。天啓三年春二月立石。

## 觀德堂記　學使　魏浣初

凡郡邑學宫之側，例得廣闢爲圃，使諸生習射其中，蓋以男子之所有事，而古聖王之所務，祖制未嘗不重之也。然而卿大夫士之不講於射也久矣。今上廣勵文學，命所在澤宫相與習其所有事，而毋失其職。余啣簡書也，以出即所在，申而明之。而郡邑之長猶沿於其曠，而莫之或舉也。較士高凉，則太守姚君以間請觀射。余躍起曰：『此中青而衿者，顧解拾决乎？去柳葉者百步而穿劄者七，能乎？』左右曰：『能！』太守之新創射堂，而多士之習其中也有日矣。余亟命駕往，圃在東郊外，其地平衍，去雉堞不遠，有堂翼如。前爲筆架山，三竦其巔而拱焉。多士業短衣，扱裒若健兒狀，以待。坐少定，奏《采蘩》，聲琅然。比耦，徐引其弓，盡余目力，隨鏃之所至，眂之與的正相等。鼓鏜然，輒報曰：『中，中若而矢。』士轉而向余，色栩栩眉間，曰：『某也，中，中若而矢。』吏括其矢羽，陳於階下。中多者積若，而人終事肅然，堵牆而觀者咸竊嘆。余乃進多士，諗曰：『不佞向爲治兵使者，而與觀乎材官子弟之射矣。今日觀於圃，而吾與二三子神游於三代之初也，信乎。今之道其猶可行古之道也夫。』頃者，吾熟觀爾之射矣，睫不暇交之指，指不暇謀之腕。雖欲淫於爾，思得否，非有以繩之也。而心自平，非有以扶之也。而體自正，非有以把握之也。而持弓矢，自審固而後發，雖欲躁於爾氣得否？一矢縱送，得者半，失者半。飆馳電掣，無所容得失之想，以祈爾爵，亦旁睨者若云乎爾。其在射者，雖欲舍己而競諸人得否？然則操是心也，以視注題，和墨伸三寸之弱毫，而戰於寸晷尺幅之間，有以異乎？無以異乎！古聖王使人各繹己之志，各射己之鵠者，此物此志也。夫明白正大，春容雅爾，有典有則者，文章之鵠；恭儉莊敬，易直子良，無反無側者，德行之鵠。二者皆辯之於己。士自桑弧蓬矢始，生爲男子，以後所期，無愧怍於天地四方者。亦曰：『正己而已矣，人人各正其己，而天下無不正之人矣。』

近中外諸臣，窺測聖意，有鑑於士風之不正，學術之不正也，而漸以厭薄制舉，似謂有所畸重。噫！豈其命爾多士，從此束書高閣，倚席不講，驟焉改業，叛鄒魯而稱孫吴，裂襟裾而擐介甲歟。士猶金也。精之，以之貢天府，飾瑚璉之器。屑其餘流諸地，以前民用尚與珠玉同聲價，武人則鑛矣，雖復淘之、汰之、摩之、礪之，取而試之乎冶，其能不躍而出焉者，吾見其罕也。士而彝於武人，跅弛嚣凌，何所弗至。非金非鑛，識者必詫，以爲不祥。

夫一張一弛，文武道備，斯須不可去身，故聖王之陶鑄士也，亦欲使繇而不使知，今爾多士，則既知之矣，射義不云乎。卿大夫士之射也，必先行鄉飲酒之禮。夫鄉飲酒禮，而何以必與射並舉行也。吾夫子之射於矍相之圃也，使公罔之裘序，點揚觶而語者再凛哉。其言之爾多士其思哉。子大夫之以射習爾也，殆有深意。而爾多士，遂以雍雍如也，粥粥如也，則亦習乎射者，變化氣質之一班矣。非是者，余何觀焉。姚君虞廷，諱繼舜，浙之桐鄉人，以南北曹郎出守於此，百廢具修，又於射堂之偏，將爲社學，以聚鄉之子弟通小學，皆以遵功令廣教思也。舊與君同水曹，越十五載而重相見於斯，君曰：『斯堂也，守道江公既名之以「觀德」矣，學使者其可無一言？』余樂而爲之記。

## 高州府城修復古南門記

御史　曾陳易　南海人

高凉之南門蓋二變矣。國初，居西南角而正；嘉靖間，好事者遂遷於府治之前，江流當中直跳。形家數言其不利郡人，士志恢復已久。萬曆丙午，督學朱公可其議，太守熊公集陶鳩工，并小西門俱闢矣。啓此則塞彼，而不便於流商，争者紛紜。城社之技雜施，遂有戊申之改。士氣幾不振，壬子直指王公兵憲喻公登域眺望，指畫更張。太守蔣公爲之詳奪卜吉，諸士各捐餼與募，好義者計二百餘緡，乃經始焉。而豪民尚阻撓其間，開者未收全功，而閉者猶存故址。甲寅春，令守曹公自巴郡移高凉。甫下車，即修墜典、釐弊蠹，四境内外莫不凛凛，諸士奮力以圖落成。而既塞之門，毁其敵樓，委材填於他用，儼然國初之舊矣。是役也，察曜於天，相形於地，驗盛衰於往昔。六邑之含齒戴髮，咸手加額，欣欣相告，謂使君之大有造於斯也。夫城盛也，所以盛民也。門扞也爲人藩，屏以扞衛也。伍員築吴城門，占列宿而吴霸。則郭門之關係氣數，自古已然，何獨此邦而疑之。或曰：『城門，防不虞，弁鷂職也，何與於士第？文運本於堪輿，而水爲土脉，水泄瀉則土頑薄，郡治與澤宫如故，而户口消耗，科第寥寂。兹不旋踵，而舊貫可仍。臨流覽秀，廓爾金湯，美哉固也。雖出於人，亦俟公之來乃就緒，何哉？子觀之天下事，必得其人以主持之，方能不朽。諸士久困膠庠中，欲培地利以興人謀，抑知修術業以邀天寵哉？孔氏之訓，誰能出不由户，子輿則謂義路禮門。諸士當思紹明正學、統一聖真、不經不實，仰承曹公右文之化，則向者人文昌阜，端可再見矣。曹公入而課士，出而講武，固吾圉以禦奸宄。他日受天子干城之倚，而寄北門鎖鑰。治郡功名，蓋權輿之耳。魯人美僖公視學而曰：『既作泮宫，淮夷攸服。』則克詰之事，固於庠序收功者向所稱。鼠伏鴞張，且望泮林之椹，而易嚮懷我矣。於是農畯歌《南山》曰『民之父母』；章縫歌《棫樸》曰『壽考作人，蹶張佽飛』；投石超距者歌《思樂》曰『在泮獻功，子以鄰封』；年誼獲睹其美歌《六月》曰『文武吉甫』。公名志遇，産武昌，以文詞名家。其綜緝郡乘，鼎建書院，創此山堂於水口，皆有裨於風氣，茲不書。書『開門』，從諸士之請也。

## 重修小函谷關記　王際達

去城北一里而遥，有小函谷關。此關通信宜、羅定諸州縣，爲東道扼要之衝。昔人借函谷名之，以志險也。承平日久，置之空設，遂任其傾頽，鞠爲荒草，舊矣。不佞來任茲土，時聞警報，每有戒心。觀風而得其故基，因謀諸署篆吴君、邑令張君，不日戒成其迹。惟乃舊址，而樓域則焕然一新焉。此關雖陋，而臨水障山，懸崖絶壁，車不容方軌，人不得並驅，所謂一旅當關，此是也。其所費金錢，並不煩官帑，皆不佞與郡縣設處而營之。成之日，乃崇禎六年十二月之朔三日。與其議者，司理吴從詔、茂名縣張復普，而郡公申用嘉以入覲行，海防吴光虹有事海上，通判畢汝梗視篆化州，督工大使徐廷瑜。因記其年月日時，以永之。

## 甘雨亭記　金衙副使　李一迪　茂名人

張侯守高涼，之明年夏，六月不雨，祝融布烈，舊丄龜坼，桔槔無功，苗就稿者半。農人戚，國人悲，而請於侯曰：『焚巫。』侯曰：『天不雨而咎之巫，惑甚。』曰：『某瀦之龍靈焉，可怒而雨也。』侯曰：『人則不能，而求之龍，惑滋甚。』曰：『無已，則遏糴乎？』侯曰：『公則不儲，而閉之糴，是遷其旱於鄰也。即國無年，民固自爲備，焉用禁之，以肥津吏，毋乃使人幸灾耶？』曰：『爲之奈何？』侯曰：『責在太守，太守禱足矣。乃大戒於國，市毋屠、道毋除，小訟毋興，省刑緩斂，蔬食減縱，素服撤蓋，率屬步禱於壇。其衷疾，其詞傷，其容有瘁，如是者一之日禱，二之日再禱，乃令於郊曰：『固而堤防，疏而溝洫，堅而塍竇，張而具，祝而種，雨且應矣。』明日果大雨，街壥瀉湍，原隰鳴瀨，奔壑注溪，入於陂池，達於阡陌之間。頻稿之苗，勃勃有生意。農耜偕出，婦子喜饁，國人謳歌曰：『微侯之力不及此。』侯聞之曰：『天則悔禍，於爾有衆。太守其何有焉？君子謂張侯於是乎善禱。夫善禱者，不禱於禱之日，侯之是舉也，善則歸己，功則歸天。其占雨也如神。夫罪己者，必無罪歲，而其政若六氣四序之不忒。不忒則順，順故應讓功者，必能以禮讓爲國，而其心若水之善下，下故受其占雨也如神。是以謂至誠，誠故動三者，侯之所以禱於雨之先也。國人謀登其事於石，使後之長民者知取法焉。侯諱邦伊，字孺覺，浙之鄞人也。

## 鼎建郡城南興文橋記　中書舍人　龍大維　石城人

郡城之南乃西南二水之衝，爲驛使往來孔道。向以邑之南鄉林符會，鳩材通力，構木爲梁。然地勢沮洳，每淋澇横溢，枋板漂泊。歲時修葺，乃翼以蛋舟者十，營作之勞，殆無虚日。人艱蹇涉多，興望洋之嗟。形家言奔流之下利，用鎮叠壘嵯峨，可培氣運而暢文風。爰是，郡鄉紳孝廉，太學青衿輩謀甃以石，廣諮于耆年練識者。相定方隅，測高深以正其基，度廣狹厚薄以估其材，約石貲百餘鎰，工作諸費計兼數倍。時林符會中編户九十四總，各願出十金爲助，六堡亦然，各鬮次之，佐以郡中好義者之樂施，遂有成議。僉呈於監司郡邑，皆報可捐助爲士民，倡其鼓舞。趨事之衆，二十有餘人，首事者辦香設醴，指白水以要盟曰：『凡興兹役者，各盡乃心。一錢一粟，支用有方。收放有的，稍有侵漁，有衆迸之！』再曰：『各竭乃力，勞逸必均。綢繆必固，居無憚煩，行無嗟遠。晨昏儆作，以襄厥事。稍有玩愒，有衆懲之！』惟是石貨於雷陽，海運旋泊；芷芋遂邇。橋所砌斸之工，取諸石匠之善手，駸駸然貞珉，將駢集矣。亡何，孝廉公車北上，工暫輟。越明年，謀復再舉。適邑侯銅梁張公至廣，詢輿論，更請當道，慨然以必成爲己任。約法明肅，助財者論之立輸，協力者鼓之立赴，俾執役者無罄瓶掣肘之虞。汲汲乎樂終其事，凡六閲月而橋告成。垂虹跨澗，扼鑑江而控茂嶺，巍然爲一郡福祉矣。是役也，變習坎爲通衢，俾車馬之奔馳，荷擔之繹絡，坦然各適。將會堡二百年來，不時力役之征，且獲蠲止。謂非一勞永逸者哉。夫鎖鑰固而形勢增，苞桑鞏而風氣轉。知其大有造於高凉也，名曰『興文』，不亦宜乎。歷稽丕績，以開其始。前藩參温陵張公、王公，太守金閶申公考成以厚其終。則今藩參姑蘇江公、太守嘉禾姚公，及郡城丞芝城吴公、别駕池陽畢公、司理南陽吴公，奏新政而嗣前徽，愈加光大以鞏諸不朽，則余年臺茂侯鄂渚之尹公也。條諸款目：用石凡八千八百塊，海運傭舟，江運借魚甲小舟，雷陽之匠七人力作之，丁夫一十二人，灰漿竹木祈賽諸費各有藉捐助。義捨之緣，列諸榜刻，計費金陸百有奇。始事於崇禎壬申冬，再舉於乙亥春，其落成則孟秋之十六日也。

**觀山記**　鄭之珖

山以觀名，志目也。山以水爲目，則水亦得以鑑名。水晝夜不離乎山，山之鬚眉毛髮、精神色澤，水得而見之，而山亦因以自觀。夫古今旦暮，風雨晦明，其色態變幻之不得自主也，有如斯矣。游茲山者必渡鑑江，乃登山其爲韻游、俗游、喧游、肅游、神游、迹游。游不一種，而水先知，山不問也。山不甚險峻，旋曲而上，可數十武，亭閣荒贅無次，寺宇亦欠精嚴。惟道左數竿竹，清陰矯厲，谷氣寒人。再上，得兩松，磊砢疏放而已。最奇者，波羅蜜一二株，不花而實，似碧而黄，若枕若瓠，亦瘿亦瘤，竟不知當時何以冒名『波若』行中，豈牟尼珠現身，古絶癡絶不可思議，雖波若亦襲其號耶。凡此皆山之鬚眉毛髮、精神色澤之所存，而不能逃乎人與水之觀也。山有井無泉，石如竈無釜，井名『玉』，竈名『丹』。皆曰：『此潘仙修煉之山也。』夫山而有仙，則何不以鑑水爲井，觀山爲竈，而須此蛀之窟、樵之爨爲？今而後，吾知所以觀山矣。山去城止間一水，俯視城郭，人物樓臺一盤托獻，正如肴品錯列，簠簋雜陳，而市烟騰勃則蒸燔氣升也。予戲謂客曰：『窮口腹之欲，非大烹不飽。若將挹鑑江之水，炊丹竈之火，取大盤肴，和而煮之，僅足當酒豪一嚼，但不可饕餮吸盡山中石髓耳。』噫嘻！吾有口，山有目，山其有以觀我也夫。

## 創建寶光塔記

翰林檢討　鄧宗齡　雷陽人

高凉被山帶海，三江之水，懸瓠其城。其流類竹箭之波，湍駛一迅而不復迴也。先是形家者言謂：『宜崇其瞰江之勢，不則樹層塔紺宫，以綰其下，流庶川岳，效靈高凉，其有興乎。』廼都人士固蒸蒸然，旦夕望之矣。甬東張侯來守茲邦，引睇咨嗟者久之，以初政謝未遑也。居二年，賦治而刑清，政平而訟簡，畝棲野被，閭閻物力充溢。侯喜曰：『幾矣。』乃下令，願趨事者，有博士李君鎧爰捐金創塔，而旁闢浮屠宫。鏟崖爲址，劃江爲流，鳩工飭材。繩者、斧者、漆者、漫堊者、刻斲者，肩相摩也。左縣鐘，右考鼓，中創講堂，宏敞鉅麗，居然佛土，不數月而告成。侯從僚屬及縉紳先生，儼然臨焉。櫺户軒豁，表刹延袤。九衢之草葳蕤，四照之花長茂。三山銅魚，諸勝隱隱墮几榻間。有頃，烟霞幻出，金光閃爍，微飈西來，江光不動，蓋冉冉法雲現也。侯欣然執爵起，曰：『氣佳哉，高凉其有興乎！』夫自摩騰處東都，沙門入内殿，澄什結轍於山西，林達肩隨於江左，像教繁興而始興。葛獠從雪中，斷臂挈衣鉢而去，則吾粤實爲正宗。余小子以儒起家，惡言摩詰。而本來無物，一偈與吾儒，豈盡背馳？况乎鑒周沙界者内朗，功超塵劫者機亡。五衍之軾，運而不礙；旡緣之慈，施而不有。可以洽衆生、周萬品，脱於金沙，登乎彼岸，於爲政乎何有？夫民愚而可以神惑，匹夫恣睢，視桎梏爲長物，匍匐叩浮屠宫，則赧焉汗下。彼嚴重經典，不啻司空城，旦書矣則神爲之也。侯也托神道以設教，而又陰奪造化之權，以授諸生，意良無已。異日麟鳳勃起，遨翔天廷，高凉俎豆，侯者直與法雲慧日並照三千世界，其永有辭。余既重侯之有大造於海邦。又喜博士李君拮据勞苦，克襄是事，詣吾而來請也，於是乎並書。

## 龍湫巖記　姚繼舜

余入守高凉，父老相傳舊電白東二十里有龍湫巖勝絶。又觀郡志，其禱雨靈應如響。丙子歲夏旱，民有亂形，予隻騎往循之。去時苗就槁。至平山，日晡矣。竭蹶登巖，而風雨驟作。探其穴，果甚勝。未禱而雨，靈光若現。既雨，令人不敢迫視。又若靈光秘惜而藏於密也。買舟返南城下，五漏矣。是年得無旱，竊嘆前言信而有徵。因舉縣志觀，前傳神益勃勃。太學李君爲相，吴茂才熙朝同華幕潤球，請往繪之。華，吴下士，雅嗜山水。公翰墨三宿，然後返，因述其略曰：巖深廣可數畝，前後爲門者三，殆天闢然。宋紹興以前，悉無有鐫刻記游者。巖外危峰峭壁，昂藏數十仞。上開小牖，下啓廣扉，規模閎敞，軒朗如屋，可布數人席。崖石平整可榻，要亦人間所有者。從右拾級而上，其式如堂，嶔崎巉巇，或峙或垂，或倚或疊，或躍或踴，怪作矣。轉而左凌空駕虛者如樓，委蛇蜒蜿者如廊，幽深清閟者如齋如室，天球大貝雜然而陳者如房如序。從後稍下數級，豁然朗達者如軒，其上光明照耀者如牕如竇。軒右行石罅中數十武，穴而至山之巔者如衖，左闢短闥，以達僧廬者如北向户。其間殊形怪狀，種種不一。面壁而坐，歷恒沙劫不言亦不動者如僧，獰猙欲飛、咆哮欲攫者如龍、如虎，垂鼻斜捲者如象，振翼横掠者如鵬。鏗然者如鐘，洪然者如鼓，纓頂蟬翼者兜鍪牛捲，而鈎者如簾。繽紛而出，雜沓而擁者如旌、如幡、如幢、如蓋。平者如几，欹者如座，封口虚腹，若有五色霞光閃閃於其上者如鼎。其色則瑩潔皎白，滿岩如雕瓊刻玉。間有苔蘚侵蝕，則深青老緑如瓜皮、如點翠。其他恍恍惚惚，不能譜亦不能盡憶，但覺烟光怪時集肺腑，所謂五斗俗塵，直見山靈辟易耳。嗟乎！古來高人韻士，代不乏人。何物色品題，落落晨星。自宋紹興間，劉伯秋諸公題至今，得前守道張公茂頤、舊守陳公儀卧游，始開其徑。豈巖固不輕以奇示人，人亦以僻遠疏之。如士之韜光斂鍔，隱居自善者乎。相與謀爲禪室數楹，用安僧伽，且息游足，而並記其面目之近似者曰『如是如是』，歸以記稿授余，相視而笑。余戲曰：『寶山獲寶歸耶。』復出宋人紀游録，奇其迹，亟命梓之。余昨歲之游若夢忽惺，今夏四月，復苦旱。前父老復請汲龍湫水以禱。初取其贋者不應，更汲真者，有五龍而潘仙人遺製，請而禱之，三日而霖雨浸灌，苗始蘇。民欣欣相告曰靈。固弗靈於龍也。龍湫則固龍之神窟，宅於斯以顯靈也，請表之。余復覽志書，舊有祀有田，今廢。將謀復之，以光祀典。《傳》曰：『有功於民則祀之。』《易》曰：『見龍在田，德施普也。』此蓋龍德而見者也。則以前之怪石奇形，恃其龍之變幻而粗以小人者也。

## 潘氏三賢記　御史　黄子平　茂名人

惟賢潘公，宋高州茂名人也。生平有康濟之才，以鄉貢拜本縣尹，九載無代。時咸淳，天下鼎沸，元主應運。游兵將抵高州，宋幼主自抗，渡海至那黎港。艤岸舳艫塞海，旌旗蔽空。海濱父老，争以牛酒迎勞。公亦以職上覲，奉命守禦白沙寨，堤備元兵。既而，王舶往交阯，賊愈昌熾，人皆奔降不暇。公仰天大慟，志無所屈，謂其子斗輔、梅窗曰：『烈女不事二夫，忠臣不事二君。我爲宋臣，當爲宋鬼。斷不效他人妾婦之爲也。』遂爲賊執至電白縣。其帥見公顔色不變，語言自如，頗異之。公奮罵不屈，竟遇害。時斗輔將赴其難，梅窗亦欲往。斗輔止之曰：『父之讎誓不共戴天，固不可不報也，然而宗祀不可絶。報父之事，我則任之。爾當擇善地爲遁計，以存宗祀。』乃仗劍窺父所在，襲而不屈，死之。君子曰：『忠孝者，人倫之大典。而不孝之科，又以無後爲大。』要之，各適乎義耳。昔卞壼力疾戰死，其子眕盱赴賊就烹。《晋史》以忠孝萃於一門稱之。微子逃殷歸周，孔子目之爲仁，蓋卞壼之力戰非傷勇也，忠臣之義也。眕盱之就死非輕身也，孝子之義也。微子之出奔，非懼禍而偷生也，宗祀之寄重也。是雖有生死之不同，而同歸於一揆者，皆適乎義耳。竊觀潘氏三賢，其亦庶幾矣乎。惟賢不忍忘君而事讎，斗輔痛父而忘其身，梅窗受兄之命全軀以爲潘氏宗祀千載之圖，視古人何歉焉？凡此皆忠孝大節，而國史弗載。乃知忠臣孝子，抱幽憤於重泉者，世固不少也。嗚呼！惜哉！

# 卷之十四

## 序記下

### 義壯祠碑記

知府　歐陽烈　廬陵人

義壯祠，祠義壯林子雄、符子瓊也。祠二子而以前守孔公爲主者，推本其所自，抑以明章二子之功也。余始至祠下，見其傾頽不治，問二子之義，父老咸稱賞不已，壯哉義士乎！夫義，天德也。壯者，浩然之氣，配乎義也。根諸人心，充塞天地，固不係於世類也。人惟見義不爲而氣因以餒，生無益於時，死無聞於後，可慨也。

二子生草澤中，抱負奇氣，常懷馬革之志。成化初，流賊四起，積屍盈野。林雄首倡義會，率符瓊輩三百餘人，矢盟併力，保障鄉村，賊不敢入其境。謀翼前守劉公，完城社府庫。孔公昭文繼至，大奇其才，薦之僉憲陶公、督府韓公，授以冠帶。凡軍旅之事，就而謀之。已而從孔公破游魚寨、平畬禾、平羅村，又破長塘兩營，皆勇奪先鋒。竟以力盡援絶，中箭而僕，嘆曰：『身不足惜，但殘賊未盡滅，無以報上人！』激勵之意，死有遺恨，猶拔箭挺身而戰。嗚呼奇哉！乃修葺其祠，奉孔公於其中，二子配焉。其忠精義魄，契合於生前，融結於冥漠，陟降左右，紹茲庭止。每歲孟冬，郡長吏率士民，恭修祀事，其子孫、會人從之。上下交感其義，遠近咸戴其功，於以報往昭來，垂示永永。孔公微二子，誰爲效死於當年；二子微孔公，亦惡能聲施於後世也。爰記其略如此。

## 邑侯粟公重過茂名去思序

進士、縣尹　梁聯德　茂名人

侯楚南名儒，掇高科，出宰粵茂。下車迪民吉康，不事教刑。甫三載，題調感恩，歷署崖州、昌化。又三年，俸滿，循例將晋秩，崖有屬吏犯科，侯以白簡去其官。啣之，織牒上愬，侯下其獄于高廉觀察。先是，侯以廉能調任，士民相率陳請乞留，不得請，扶老携幼送數十里，牽衣裾，不忍舍。今聞侯來高，先期十日，有裹糧遠出百里、數十里外望侯行旌者，抵館争醵錢買壺酒，束薪斗米獻者。數月，事白，侯將去。士民復叩門乞繪像，欲尸祝之，并圖其事，作長短詩歌以送侯，不能禁。

侯治茂三年，去茂三年，而士民之依戀久而不能忘，豈所謂『所居無赫赫，去後常見思』者耶？昔何武爲吏，史稱其守法盡公。今之守法盡公者不寧，惟侯而何以入人獨深也？侯爲諸生二十年，揣摩舉子業，惟沉潛四子六經真實理要，不屑屑趨時下風氣，卯辰聯雋闈墨，直逼歸胡。其教授生徒，尤以小學一篇爲最喫緊。故『當官立政雖規模，功令要自真實』之意，貫注於官禮中。是侯惟以誠感，而茂乃以誠應。今侯去矣，五嶺以西，侯已宦游二郡，瓊海極邊，民俗古樸。侯之經營，教必有規條，至吾茂日漸於華。得侯之誠砥柱之，將有所底。顧民繁地瘠，郡之南，一望平野，磽不可墾，三面多崇山，又無梓材之利，歲需穀數萬石濟糶。雷、瓊米價日昂，貧富益不均矣。井田之法，既不可復，漢董仲舒名田之議，師丹祖之，班史贊之，而率未有見之實事者，何也？褒德侯嘗爲密令，有所廢置，吏民笑之，治事自若，侯治縣意所云云。毋亦有嗤不爲嫌而未獲盡者乎？他日遷京都，得暢所爲意，而豈但茂胥，天下將福惠於無窮。

## 重修望海樓記　御史　吴光龍

夫激濁揚清，權歸繡斧；固圉靖疆，責司赤社。然繡斧啣命採風，擁驄弭節，微獨奬廉，繩墨群赤社之長而風勵之。凡山川之險夷，烽燧之緩急，尉堠之棋置，莫不目盱心畫，舉墜振頹，用以覽勝睇遥，扼要制曠，一朝鼎新，千秋永賴。非徒修故事飾，目前侈稜，名震殊俗而也。兹直指存翁王公奉璽書代巡領海，痛念粤東自榷璫搜括，而後水旱瀕仍，物力告竭邇。復山海肆梗，兵餉灊加，衆不堪命。所至延父老、咨民隱、胥當官，治行總憑輿論而定軒輊，諭監司、守牧諸臣，撫字蒼黔，留心屏翰，在在戒嚴，毋令寇逼兹土，以滋蹂躪。遍歷九十一城，震讋百千群吏，幽崖蠻徼，欣被陽和。曩按部高凉，暫憇神電，直躡望海樓，憑欄縱目，漭瀁無際。輒招守土而謂之曰：百粤屹峙炎荒，嶺西實爲右臂；嶺西雄踞高凉，神電實爲咽喉。且神電特瀧州彈丸地耳。巨浸浩淼，北連瓊甸，西達梧桂，東瞰洋島，南接漳閩。黝谿複巖，猺獞雜處，萬一弗戒，風高帆疾，倭艘速至，腹寇内應，衆莫誰何？明隆慶往事，煨燼仳傐，大可寒心！是樓也，枕孤城、藉崇岡，俯莊山之雄巒，攬龍潭之絶巘，戴奇璧之嶔嵌，盼湖山之峨嵲。五藍東注而劃塹，温泉西噴而蒸虹。蓮頭要害，一望全收，倘或鯨鯢吹浪，江防報警，登高飛覽，秋毫立見。內固外距，民獲安枕。詎日久傾頹，危基欲塌。碧甃狼籍，欹棟縱橫。牧監狎見而罔覺，老成憑弔而長嘆。毋亦沿習因循，工費艱詘，以至是適司李豫章陳君，攝符茲土，摩認殘碣，知電陽原藉茲樓以嚴保障。

方欲鳩工，更飾力拓前規，會指公憂先陰雨，念廑綢繆，遂命司李董其成，踵舊更新，以因爲創。茲樓舊有關王、觀音二殿，正氣凜然，水月莊嚴，一并次第增修。於是盤基層累，危臺擎峙，軒扃洞敞，曲檻周迴，畫棟巢雲，重簷映日。天氣晴霽，則皎日呈輝，清飆送爽，川静波澄，通人流賞；風霆交擊，則浪撼天關，濤掀地軸，林號電掣。壯士摧顔。時平則漁歌度響笛流聲。達官公暇而披襟，騷客抽毫而恣韻；警急則海舶微茫，墩堠舉號，鸛營縱櫓而長驅，鶴陣倚城而固壘。閭井嘻如市廛，弗驚樓之爲利，顧不鉅哉。朱夏經始，秋暮告成，借高凉之膏液，還以壯高凉之勝概。鎮電陽之地脉，還以壯電陽之外侮。吏嚴簠簋，民依寧宇。貞瑉屹若赫奕千秋，居然嶺西之峴首也。頃者倭蠻薦食，羽書交馳，四方萑符，嘯聚之雄，往往窺闞號澤，伺暇啓釁。牖户稍疏，震驚内地，新天子宵衣旰食，欲亟得長慮之彦。借箸獻壽，奠岡陵而清跋扈，直指公澄清雅志，比迹范公壯猷不減。方叔入埏之鎖鑰無虞，萬祀之河山克鞏，即伏波銅柱之勳，猶未足以窺涯略，寧獨爲高凉之尸祝哉。

王公諱尊德，號存思，貴州前衛，籍南直隸泗洲人，庚辰進士。時明天啓元年陽月之吉。

**潘烈姬傳** 郡司馬 黎巽

姬名德周，電陽潘主簿昶之女。十四歲適董參將廷玉，以敬姑聞。爲婦二十，四年不乳。蚤置妾媵事董，遂舉五子。董賢之，擬《樛木》詩，人謚於戚里。癸酉，董有王命，守潯梧，姑遺姬從，姬欲事姑，不如願。未幾，姑病。書至潯，董以公出，姬計偕，便道還電事姑。且至清遠道中，董疾作，醫欲得人髮和藥，姬親剪髮服之。尋卒舟中。姬痛絶，數尋溺尋縊，爲衆婢覺，挽不得死。哀號，飲食不入口，傳語諸妾曰：『若等善事姑。不幸，吾不孝，棄姑甘旨，且吾志決矣，願汝等無效我，以甚姑憂。』將殮，有血水從口鼻中涌出，姬就飲之，自是昏潰翼伏，□□□□□，衆婢力挽不得。兵憲何公入，親閲驗迺□□□□，遂殮。蓋棺，姬哀毁無極。正卧棺下舟返，至□□□□，必決一死。而髮久離披四垂，以手搥胸，高腫過鼻，諸婢困瘁不能覺，遂密以髮縊死。郵長盧天祐八郡，白郡倅黎巽行。電白縣覈實聞於觀風臺，疏表章云。郡史論曰：『嗚呼，嚴霜酷日爲烈，以其殺物也。物有生無殺，人愛之惜之，吾身有生無殺，吾愛之惜之。彼嚴霜酷日，果何心以爲之，亦天道而已。夫人見嚴霜酷日凛然有不可犯之色，而不知時變殺物，固其所爾。夫人之不愛其生，也豈本心哉。世固有以嚴霜酷日喻烈婦者，以其視殺如歸，而不害其爲生。嗚呼！抑孰知一婦人而視死如歸哉。古史所稱共姜柏舟之節賢矣，於兹爲烈。』

## 小瀛洲記　祭酒　程文德

信宜南有東溪，溪東有麓竹樹。蓊薈蔭翳，清流松谿。予憩舟焉，時夕陽初斂，林簿餘暉，水光山色，澄影特異。顧見近東岸小島，突兀水中，欣然移櫂至。則島後僅可通舟，草樹射牕，颯沓零亂。褰裳起登，適有石磴，下接船牕，可以披草而上，横可五尺，縱舟倍焉。形如小舸亘南北，其址皆石骨峻嶒，周環異卉，水南垂叢竹婆娑，望若獅尾。其下湍流瑩澈，魚石可數。距東岸二丈而近見天妃廟及數屋於山椒叢林間。其三面則悠曠莫計，城居隱見，雲樹紓繆而已。時維中秋，天宇空霽，俯仰四顧，奇而樂之。倏然清影瀉衣，則明月已在松竹間矣。子益加嘆，蓋島雖小，而游觀之勝無一不備焉。何也？夫游，無山則漭蕩易厭，無水則拘繫。山無林則孤，無松竹則俗。水非洄湍則不清，清而無洲嶼則不奇。遠城市則僻，無舟楫相依，則夜罕謳吟聲；山水佳矣，而無月則興易索，有月而風非時則炎冷弗禁。今是游也，皆得兼而有之。蓋宇宙内凡名區勝覽之所少者，豪賢達士，逞逞遺恨，而兹島必俟吾乃顯，非緣哉？於是僕夫皆喜，來往乘小筏駿奔，使令從流上下，亦助予快。已而酒至，乃起酬江靈，獨清謳以酬其勝。然以其在東溪，且予嘗從翰苑，後因名之曰『小瀛洲』，而爲之記，復繫以詩，以啓邑人之好游者。

## 元州判游公祠記　失名

化州路判官游宏道，既肖先賢像於郡學兩廡而祀之。至正九年春三月，侯追討寇，死王事，遺愛在邦，父老肖其像以次先賢，且請刻石以記。侯，臨川人，爲人慎重，寡言笑，廉而不苛。治郡如治家，斂膝危坐，而府事綜理無遺。初至，擇要地之營栅，以備西寇，民賴以安，進而歸正版籍。以均賦役，簡詞訟以清弊俗。築南容屯，經畫署舍，溝途七百里，墾荒積粟以禦寇衝。新府縣學舍，歸其侵田，圖籍並藏，其規度皆可永式。大修官署，宏莊高厰，而民不知費。後植蔬菓花卉，公退而逍遥，與賓客登覽，乃若無一事之可理，而無一民之不安其所者。不務交權要，干聲譽，吏民皆歸心焉。至正八年十有一月，會兵海上討寇，寇乘風走交趾，明年二月，自交趾掠百餘艘犯合浦、瓊州。帥府復命侯會高、化、瓊、廉郡兵追討。竭己資二萬緡懸賞格，從義士張友明等七百人，船數十艘，碬兵出澄邁。時寇壘阻薪米，按兵自守，將待降。總兵者不知機宜，起戰石䦨，侯屢諫不從，先鋒張友明戰甚力，而南番兵赴水走，侯怒命射走者。已而，寇四合，中六鏢，其屬石龍主簿木蘖飛、廉州同知羅武德及張友明等皆力戰以死，餘皆走而免。侯非不知走以免、以偷生，義不可。偷生者幾何，而愧於侯者無窮也。人皆偷生，而侯獨死，且死於小寇，天乎？其人之尤乎？死而有尤，其將何歸。民不待勸，而競以立祠刻石爲請，民心可知矣。乃繫以詞：

瞻彼蒼蒼兮欲誰訴，吁龍騶兮殉狐鼠。臨滄洲兮浣衣血，侯之游兮弄明月。導靈若兮駕仙舟，侯之歸兮安流。春風藹藹兮甘棠樹，夜雨潭潭兮黄堂署。山川修阻兮異鄉土，盍歸來兮芳薌之祠宇。使民有家兮學有田，春秋報祀兮配先賢。祠既陳兮狐鼠戮，夫何尤兮民之福。

### 平倭亭記　失名

隆慶辛未冬臘月，大夥倭寇自電白入，攻犯州城，民駭然告潰。仗我憲伯李公，申議都府，命提督總戎合諸路兵剿之。倭奴窮蹙，走遁雷陽，我師長驅，悉剿滅之。咸底廓清，仁武之澤，罔洽海隅。壬申，民用安集，克遂平定。是年大稔，今年又大稔，民用受惠，相與忭舞懽呼曰：『公之一征，生成之賜也。』乃協謀建亭於江滸，命某紀其事，買石鐫碑而咏之以歌。歌曰：『惟王建國方岳承，敷文共武綰重衡。粤西開鎮錫專城，嶺嶠草木識威名。蠢兹醜類敢跳凌，元戎維揚車彭彭。凱旋婦女不知兵，肅掃醜氛海宙清。千里寢柝户不驚，人人懽呼見太平。噫嘻！我公韓范國之英，倭奴聞之膽破驚。吾儕優悠公生成，勒公嘉績永瑱珉。』

## 驪珠臺記　周順卿　吴人

化城之東，陵、羅二水合流至龍母山下，反跳而東去。州牧沈君顧而憮然曰：『水口無情，奚啻科目寥寥邪。』予其圖之，於是進州之人士而謀焉，僉曰：『善。』乃相龍母山下，有洲起江中，爰命舟筏往來者各土石一畚，不移時堆而壘焉。爰伐木疊磚爲臺，而覲其上。既成，命曰『驪珠之臺』。謂郡爲龍，而此其珠，珠以系龍，故名。思深哉，侯之爲此也。余思珠也者，産於合浦，生於昆池，吐於靈蛇，媚於長川，發於太陰，佩於江妃，集於蛟室，走盤錯落，照乘陸離。而驪龍懸之頷下，遂以躍天門，走海嶠，鼓鬣嘘雲，驤首作雨，變化於萬里。龍非珠，其何以神哉？今州固龍也，得珠而神，而非侯之爲斯臺，則珠何有焉？是龍得珠而神，珠又得沈侯而神其神。思深哉，侯之爲斯臺，而命斯名也。臺之成，而大江東迴，蜿蜒環複，雲樹迷離，州船往來，魚米輳集，樵歌漁唱，雜陳於前。登斯臺也，凡夫雲烟之所起滅，光景之所影射，四時朝夕之所變化，人物之熙穰，山川城郭之美麗，皆可以一眺而得。而南者、北者、商者、旅者、漁者、佃者、冠蓋而游者、題者、咏者、送迎而經過者，莫不欣欣焉嘆爲盛事。吾知州之人物，自此而富庶繁祉。州之人士，亦必有乘風雲、奮頭角而上者矣。思深哉，侯之命名也！噫！禹殺澤水，震澤以奠；侯築驪臺，化陽以寧。後之思侯功者，當與河洛並永。因刻記於臺，俾龍與珠世守之。

## 表忠祠碑記 曹志遇

陳文學名思賢，化州人也。生而穎異，性廉介，少以節義自許。洪武丁卯舉於鄉，仕漳州教授。日擁絳紗與諸生共談經史，至《春秋》誅亂臣賊子處，輒頭髮上指。孜孜教以忠孝，士習丕變，遠近宗之。每部使至，謁畢，必出班稽首，問聖躬萬福。當道嘖嘖，以爲得師儒大體。會金陵靖難，文皇入承大統，詔聞列郡，文學感憤慟哭，集諸生於明倫堂，曰：『吾輩所學何事？食君之禄，不能死君之難，非忠也。』偕其徒吴性原、陳應宗、吕賢、林珏、鄒君默、曾廷瑞，不奉詔，設舊君位，哀毁伏拜。郡人執送京師，文學偕六生俱死見志。君子曰：忠而仁矣。正統間，詳允置本主於州澤宫之鄉賢祠。嘉靖中，閩督學使者邵鋭檄漳郡專祠文學，六生配焉。予於萬曆甲寅來守是邦，欣慕其爲人，謀於僚佐，構祠府治之左，附以六生，歲時享焉。堂三楹，前爲門，樹之棹楔，顔其額曰『表忠』，志不朽也。

夫宇宙之間，扶輿磅礴，勃然充塞有氣焉。氣則無形而善集也，集於松柏與霜雪争勁，集於金石與嶽争壽，集於忠烈之身凛凛千百載若存，此浩然配義與道者也，若文學之與六生非歟？視彼狐媚蜮伏、茅靡脂韋之徒，大相懸矣。古人丁君之難，則曰：『竭股肱之力，加以忠貞。其濟，君之靈也。不濟，則死繼之。』文學遠郡儒臣，非有事權之寄，即不死，孰議其後？王蠋曰：『忠臣不事二君。』文學志已定，意已決，欲有辭先帝於地下。師徒就瞑，忠肝貫日，義膽凌霄，與方周輩一時争烈矣。夷齊耻周粟而餓死首陽，民到于今稱之。豫生則曰：『愧天下之爲人臣懷二心者。』夫等死耳，或重如泰山，或輕如鴻毛，血化碧而氣成虹，九原不可作也。爲璧碎，不爲瓦全，異代猶景仰也。若睇目慶氏之車失色，焦生之鼎展轉於妻子、徘徊於風塵，瞠乎其後。郡人士睹茲典型，寧忘砥礪。頑鈍可奮，忠孝宜修，毋令身名草木俱朽。有鄉先輩在，其取法焉。是爲記。

## 永思堂記 大學士 王鏊

誠其罔不達乎，金石可開，丘陵可阤，鬼神可動，豚魚可孚，况人乎哉。况至親之間哉，昔曾母嚙指而心動，婁父遘疾而汗流。朱壽昌之於同州，丁鶴年之於武昌，朱章之神翁，杜羔之老婦。考於古，驗於今。以是知誠之所感深矣。昔者廣東獠夷之亂，黎君鑑甫七歲與其母劉相失，各不知所往。而君至京，得備選入内庭給事。今上青宫，日被恩寵，而獨以不得其父母所在。精誠致禱，貌毁心哀久之。有至自高州者，君猶能記憶其家曰黄姜村者，問之，即其村人也，因詢其里閭族屬，無弗合者。乃知其父已卒，母劉故無恙。乃喜且泣。□□□迎其母於京師。嗚呼，君之母子不相知者二十有二年矣。非其誠之感通，何以至是？其後劉以壽終，葬安定門五里，作堂曰『永思』以奉之。予直内書館，君爲予言求記。夫當平世而父子兄弟相保，未知其樂也。不幸亂離間關，萬死一生，睽而復合，天地神明其有以相之者，與則不幸之中而有至幸者存。吁其亦可以爲孝乎！故予爲之記。

## 翔龍社學記 郡守 歐陽烈

學在縣南四都硇洲馬鞍岡下。宋景炎，幼主駐硇洲，海中黄龍見，改元祥興，丞相陸宜中因建翔龍書院。至是知府歐陽烈憫其民遠居海島，顓蒙不事詩書，又爲城市豪民、異境黠商欺騙無極，搜選子弟可教者六七人，請於督學蔡公，與之衣巾，而作新之，條復書院，擇師教育。父老咸欣喜趨事，訪求舊址不獲，遂圖畫硇洲形勢進，請裁度表位。余乃按圖營基，據馬鞍之勝，挹牛山之秀，帖寧川所千户王如澄董其工。後爲堂三間奉先師，扁曰『敷文堂』。堂左右各一間，爲教讀藏修之所。東西翼以書舍各五間，以便各生肄業，東以『仁』『義』『禮』『智』『信』，西以『貌』『言』『視』『聽』『思』編號。前爲牌門，扁曰『翔龍小學』，繚以墻垣。堂之後盤石嵯峨，建閣其上，扁之曰『皇極閣』，循脊分左右龍虎。圈内小學四圍空地，俱取租備修理。是役也，費不斂而民自趨，力不勞而工自成，真時事之奇逢，海外一大觀也。

## 吴川縣城記

檢討　陳獻章　新會人

書城防城向之旨，得之《春秋》，然後知長府之役可罷於魯人，而譏鄭子産惠而不知爲政，非孟氏之過也。昔寇盗充斥於高凉，百姓凛凛，委性命於豺虎之林。我按察司僉事陶公被上命，經略是方，大著討賊之聲，高凉之民倚公爲長城。寇既平，公於是城吴川縣，厚一丈，高二丈，周五百八十丈，亦勞矣。民喜自師旅興而民滋斃。是役也，公實圖之，豈得已哉？經始於成化戊戌之秋，越明年冬，城始克完。民喜曰：『衛我者生我，勞我者惜我。公大惠，我何可忘！』父老相與言於官，遣生員李凌雲以狀走白沙，乞文記之。適予與二三友登碧玉樓，望厓山慈元廟與大忠祠，照映上下。顧謂凌雲曰：『是公與僉都御史東山劉先生之偉績也。無費於民，民争趨之，大有功於名教，是之謂達，爲政之首務，皆可書。凡公之功在民，不違《春秋》義例，可書者，時焉爾矣。施於無事之日，如是而弗已焉，其效不亦遠乎？』《老子》曰：治大國如烹小鮮。

## 重修吴川演武亭記

舉人　李元暢　茂名

昔在大司馬灋中，秋教振旅，辨鐸、鐲、鐃之用，習坐作、進退、疾徐、疏數之節。夏教夜戰，秋教晝戰。冬乃大閲，通三時之教而並舉焉。武事乃自古重之矣。明朝遵古定制，緜兩畿達天下郡邑，皆修武備，宜其列屯坐食，皆精鋭矣。乃緩急則盡不爲用，此何以故？豈非有治法而無治人哉？若吴令王公，蓋所謂以治人行治法者。夫吴，錯大海而縣，爲五嶺咽喉，其西南近諸島彝，一不守則沿海諸城盡流血矣。故負郭有校士塲、演武亭。其制卑隘，歲久且就圮，鼯鼠白日走梁間，吹蠹塵射人，殊非所以壯軍威、鼓士氣也。王公覲旋之明年，政熙物洽，乃謀諸武弁曰：『夫軍禮尚容，奈何坐令其敝？』即日下更新之令，推贖鍰若干以佐費。亡何，版幹具，畚築興，山虞納材，梓人削墨，卑者拔而峻，隘者廓而閎，圮者易而堅。前施楹者三，而兩楹爲新造，其後一楹則舊所無者。總之，翼翼改觀矣。亭既落成，因而講武。是日也，節爲亭生色，劍戟爲亭有聲，海上長風、怒濤、魚龍、草木各隱隱爲亭助勝。已而號令由此亭出，賞罰由此亭明，則熊虎貔貅之士無不以一當百。千户甯君起而揖王公曰：『微公之力，有是哉！』乃走幣屬李子記之。

李子曰：『吾鄙人也，烏足爲公重？雖然，吾嘗適吴，與公談名理，其遒勁森嚴如武庫，且動曰「吾聞之師」云。公所師者爲念庵、東廓二先生，皆以大儒揭當代旗鼓。吾始以公爲工於儒耳，而不知其通於將。及退而問其政，則學宫之修也自公，鄉約、保甲之並行也自公，緜輕自公，賦斂薄自公，山無櫌枹鳴鏑之虞自公，以脱巾枵呼素難束縛之卒，一轉而醉醪扶纊者自公。是公之政，又如淮陰將兵，多多益善者。吾始以公爲通于將耳，而不知其工於吏，可謂斌斌質有其文武矣。然則公之功在吴獨一亭也乎哉？昔魯侯修泮，史克記之曰：「既作泮宮，淮夷攸服。」是因文事而及武備，君子謂其善頌。今以公之武備知彼，而文事又若斯之修也，蓋合德魯侯矣。請效史克之頌頌之。』甯君曰：『善。』

## 孝子陳君以類詩序

給事　李學曾　茂名人

德莫大於孝。雖本人性之常，而古今以孝稱者，曾不多見，宜乎感乎人心，而嘆羨於無已也。夫豈我有所爲而爲，以要人何。其乾塘陳君，以類早失所恃，事繼母王孺人如所生，晨夕承歡，左右就養，凡職所當供與，力所可竭者，無少靳爱，終始如一，未嘗如世俗，以妻子貨畜分其心，鄉人賢之。一日，孺人嬰疾，藥弗奏功，勢且日篤，君彷徨無措，乃奔赴厥先君墓號泣，竟日願以身代，至夕倦息，夢中恍若面承先君諭，謂母疾必得烏魚羹而後可，既覺，識之，達旦入海，遍求之漁人，非時弗得，遵海而南號泣于天，俄而有白鷗啣烏魚飛而徘徊，遺之於前，即持歸，親劙爲羹以奉，孺人疾尋愈。他日，孺人又疾，思嗜鮮蠔，時天大寒，雖服重衲處邃廬，猶不免於怯，君乃解衣，衝寒入水，略無難色，採取盈筐，歸而烹，奉以慰，孺人疾遂已。内而宗族，外而鄉黨，靡不交口贊揚，以爲今之王祥、孟宗也，事聞於郡，郡守陳功宏載奇之，命郡邑諸庠師生製幛屬文，携以踵門稱賞，時特舉其泣魚之大者，而採蠔之小者，在所略方擬薦於朝。而陳公遽解任去，代是守令皆非陳公志，事遂寢，幾於湮晦。鄉人至今以爲闕典，兹親友林顯宗十數輩，復有所感，相率裝軸，各賦一詩，争頌其美，徵余言以序，余竊謂以類行迹，酷與古王祥、孟宗相似，然二子在當日脱無表章之者，則必泯没，何以垂名遺編，流芳終古若是哉。且二子之世既遠，今聞其風、想其德，尚能使人興起矧以類，在閭閈中爲人人所接見而觀式者，豈容於漠然弗加之意哉。以類孝盡其在我初非有所爲而爲，名之顯與晦弗恤也，親友此舉蓋出於秉彝好德之心，不能自已者，誠胸其所好也。予亦徒能言而力弗逮於薦，敬述以爲司風化者告。

## 祭烈女林玉愛文 吳國倫

隆慶己巳十二月，□州府知府吳國倫遣官，致祭於烈婦李氏烈女林玉愛之靈曰：『嗚呼！汝母子胡弗造于天，而罹慼鋒□；汝母子胡獨全其天，而得死所若茲哉。方其聞寇也，龍母震驚，海若怒號，虎士棄壘，汝母子非有符召可待也，胡不畏而走耶。及其被執，比屋一炬，千天血刃，乞息偷生，戈汝母子非有羽翼可舉也，其能幸而死耶。嗚呼！天可墜，陸可沉，非汝閾不可履。血載□汝宗不可歸。胡罵賊之舌勁于天兵，而抗節之身屹如長城。嗚呼。爲汝母子蓋烈丈夫可漂，其挾三山爲砥柱，以挽巨壑而浴扶桑耶。胡誓之激烈而就之從容若是哉。嗚呼！抵爲瓦之之□乎；虁曹娥之碑，汝哀難鳴。爰敦我師，群醜告俘，爰表汝宅，唱兹好修，斷路弗迹，爰秉魂弗返，來方孔都，汝母子有靈其少慰耶。今遣官陳詞，而以少牢之禮祀汝，其聽而饗之。』

## 公祠記 太僕寺少卿 李邦直 茂名人

君子之學，養氣爲先。惟得夫浩然，則以之立言，以之立功，以之立德。是故有以耀之，勿與蕩，有以困之，勿與移也；有以難之，勿與懼也；有以迫之，勿與挫也。立齋鄒先生，憲皇帝時抗章，詆二三大臣之短，論斥諸刑臣之弄天綱，忠讜閶諒，疏上不報。孝廟登極，坐御史楊公鼐事，連及，謫石城千户所吏目，則石城其先生貶所也。邦直嘗廉得先生之德之學，蓋自總角時，業已夢寢屈、宋，追步班、馬，落筆千萬言，奇字爛錯，綺文輝奕。已而，弱冠領解首第進士，官翰林。大悟元虚，益振藻麗，凡見乎文，刊陳振替、僵走群視者，山斗之其陳之奏疏，有正心之功，未講及深居法宫。此心之發，一如事天之時之語，著論言人性之善，有嘗觀諸月出没乎，丹崖青壁之上容與乎，虚空空谷之間，數言若，灼見道體，齊心繕性，則又匪獨爲文章，科第之鼎已爾。理學名臣拾餘老，先生隆聲實於昭代，朔淵源之正，下以翊元氣之純，使世得爲頌先生之功也。其非浩然之氣充養於立言、立功、立德之自先生没，以迄於兹豪。夫志士每惑天於先生，胡畀之良，胡奪之永，而時弗俎豆，以風名教祠，何以冬十月，督學萊谿張公希舉試士郡邑，按石城，惻然曰：『大賢君子過化之鄉，使不有事，於代巡友道化，其爲曠典莫甚。』因移檄謀諸守巡大參堯峰徐公正、僉憲蘇庵劉公洵，遂上其厲然哉。乃以文屬世延公，欣然議行。一時風神意氣，有相感乎，而欲寄素衷於瞻趨，景行之外獨表紀諸貞珉。邦直甚懼不文，而又喜附名不朽，其奚敢辭。

嗚呼！塞天地爲正會川嶽爲人文。宋諸儒中，朱子謂張敬，夫年十六七，遂有志聖賢之道，而先生年過弱冠，即歸然上躋學之芳顧。兹遐邑新祠屹立，殆與雷寇公祠、廣白沙祠並峙於乾坤清淑之內。則先生之壽雖止二十有六，先生之所以壽者，則壽於無窮，將百千萬祀而弗死矣。然或者謂，石城去先生家鄉數千餘里，而先生之没，去今六十餘年，祠之作何以來先生之神？不知蘇長公序、韓文公廟碑嘗謂：『公之神，如水之在地中，無所往而不在。』然則先生之精，其氣吐霓化爲龍，文上貫少微，正氣磅礴，何往非神。其必乘雲馭風，來歆四公之虔，而永爲此邦文教之庇也。孤風遠韻，上流旁溢，其殆鼓天地之正氣，使之聞其風而興之勃也。名教之地，風俗道化先焉，是祠之建所繫豈小小哉。先生姓鄒名智，字汝愚，號立齋。蜀之合州人，因修記之。

## 重修蘇鄒二公合祠碑記　郡别駕　聶應井

今自朝廷邦國，以至於兒童婦孺，莫不知有蘇文忠公者。越數百年，而我明庶常鄒公繼起。庶常名位未顯，乃更無年，其聲名文物，俱遜文忠公一籌。然而實考兩先生道德、文章、遭逢、際遇，上下千載如同一轍，奇也！兩先生並蜀産，其地同；俱以少年登第，其名同；文起歷代之衰，道濟天下之溺，其學同；以讜論批人主之鱗，以危言落奸雄之魄，其忠同；乃至直道之不容於時，孤身之流離萬死，其遇同。最可異者，文忠竄嶺海，而庶常亦竄嶺海，其遷流放逐之地更無不同。石邑於兩先生俱有專祠。其祠庶常，何以曾貶吏目於此也。文忠之有祠，則當年經臨其地而構書院以居者也。大抵名人所至，草木都芬；有道淹留，山川增勝。彼滁陽以醉翁名，匡廬以虎溪著，鬱鬱葱葱，皆地因人而傳。况過化所及，有不聞風興起者哉。蘇祠久已傾頽，乃徙其主，而合祀於鄒。已而鄒祠復就頽矣，破塊傾垣，不蔽風雨。予代庖石篆，思有以振敝而維新之。謀之學博劉君、孝廉黎君、諸生沈子暟、謝子必晟，而劉君乃始終堅成厥任。顧是役也，或有疑焉者曰：『禮之有廟祠也，生而有功德於民，没則祀之瞽宗，以明報也。而蘇、鄒二公，以末僚遷客，無所短長，乃祠而祀之，於理安，於情順乎？』曰：『理也。亦情也，兩先生之德澤在人，殆更僕而未易數也。今夫撫字劬勞，及身而止；善政善教，及民而止。善乎！文正公之祀嚴子陵也，謂其有功於名教。夫子陵耕山釣水，何與名教？而文正謂其頑可廉、懦可立，固宜食其報也。然兩先生之在當時，播遷烟瘴，又何計身後之祀乎？乃思其忠誠，不諒不禁。夫乾坤毁而日月慘也。思其擯棄難容不禁。夫風甫之淒其而烟雲之黯淡也。迄今風教所感，令人奮興，孱者起，弱者植。忠臣孝子，愈以增其凛烈之思；擔夫走卒，益以動其慨慕之情。則其振興於風化爲何如，而其爲功於名教又何如也？』或人乃輾爾曰：『有是哉。子言之微也。』雖然，子誠蜀人也，知有蜀而已。子其瞻青雲、仰白日，依兩先生以聲施不朽乎。是斥鷃之決起枋榆，而蠅翼之思附驥尾也，則吾豈敢。

### 張公祠記　少冢宰　楊起元　歸善人

兵科都諫安陸元阜張公，明萬曆六七年間嘗爲電白令，宜其民屬。有惠來之調，民相率懇留於兩院。兩院白狀，得不調。予時讀書中，秘聞其事。後公入拜給諫。數歲，爲明萬曆庚寅，電有貢士曰鄭勉者，左顧持碑文、事狀各一章示予，曰：『此公被徵時，鄉先生李我山述士民去思之意而作也。此則吾邑士夫父老子弟築祠祀公，述公仁政之概，以徼惠於大史，而爲之記者也。』予手之，竟覽其大者卜日建學宫、擇社師、勤鄉約、增城垣、散積寇、杜服毒、息指扳、均田稅、恤疲軍、惠商販。予乃坐鄭生而問之曰：『子能言其祥乎？』曰：『能。』『其建學宫也奈何？』曰：『勉也。』時蓋與其事焉。吾電嘗爲倭陷，學宫毁。公下車，進耆宿，問行罷所宜。或言：『當首學宫。』公欣然從之。又言：『舊基未稱，宜擇吉遷建。』公又欣然從之。又有獻採木石便計不病民者，有獻御工匠便計可速就者，公又欣然從之，三閱月而學宮巋然矣。『其擇社師也奈何？』鄭生起曰，『勉也。皆知之，無勤尊問。』『請盡言之。』『蓋吾竈社學之爲文具也久矣。』公乃閱在城幾所，在關、在鄉幾所，爲葺其宇，擇儒士頗有操行、習句讀者爲之師，清倉羨贍給之。於是所在子弟皆有教，彬彬向學焉。其舉行鄉約也，講聖諭六言，以朔望莅亭，禮其年高有德者，而罰其子弟之頑梗者。其孝弟貞節之行彰顯之，以勵俗昔者。城陷於倭，以卑故。公令民深塹以高之，增其堞四尺。李活崖、王高二寇，撫而不格，聚三百餘徒，據民田爲患，民甚苦之。公聞近海有荒田甚廣，曰：『可以處此輩。』召而諭之，令舍此墾彼，爲永業。二寇内畏公威，雖不便，不敢不從。徙海邊，其黨竟解。流民遂得復其故業，竈自是絶寇患矣。土産葫蔓草，人食之立死。鄉落細民，無論姤債逞忿，即夫婦反目，輒服喪生。甚有彼此互食交死者，其無賴親屬，遂藉人命起訟，往往傾人身家。公聞之曰：『人情欲生，第因官司，概視人命，乃冒昧輕之。』遂嚴其禁。有此訟者，斷以圖賴之罪，並其親屬唆幫之人坐之。嗣後，民知畏法，惜死服毒之，禍寢以息焉。竈民苦貧，多盜。往獲一盜，指扳逮繫者壘壘十數。然皆仇忌善人，捕役且得以高下其手，以故盜夥横恣，善良側目。公鞫不輕及，口供一人，其同徒、其窩家必贓迹可據。又鄉約素訪的實者，始罪之。是以盜憚善良攻發而斂戢，善良恃公藻鑑而無恐矣。奉例清丈，他丈類用公正弓手，諸色人徒擾民，民爭賂之，難覈實。公屬民各自丈曰：『吾不汝擾，汝勿欺我也。』民忻忻惟命，凡斥鹵亢燥，寸壤悉報。及履畝躬勘，果無欺者，悉以報上監司，溢米幾二千。公言民不欺縣令，縣令乃敢欺上官乎。田實有此數，然多斥鹵亢燥不耕之地，據之以增税，民力不堪，願如舊額。藩省初不許，後見公言切，始曰：『當爲令減。』於是竈税無所增，旁邑不及也。電爲西南往來之衝，乘傳而過者，役軍爲衝奔命疲焉，而餉不時給，有枵腹而斃，憫然念之，爲按月以給官用若米、若蔬、若魚肉、若酒醴、若幣帛，往一取之，鋪行不給其值，致有閉肆而遁者，公命準時佑預給之。貿遷之徒，反蒙其潤。予曰：『公離電城數歲矣，而今始祠之，何也？』鄭曰：『吾電蓋歲歲議祠焉而莫得。以自遂今則鬱極而誠動，天定而人從。』予曰：『然哉。』詩云：『樂只君子，民之父母。』言牧民者以子視其民，民亦以父母愛之也。若公治電，十政皆强，教悦安之道也。謂之子視其民，非耶。電民於公之去而思，思不已而祠也，謂之父母愛公，非耶。按電民昔留公，時公在電僅二年所，而民情已能若是，則久而益深，無怪也。獨怪當年吏治務操切平，生仁厚之士皆改步焉。公何以能爾，令委蛇青瑣，世謂美官。當時恐念不及此。嗟夫君子之愛民，天性也，不可變也。改厥性以追時好、逐龐利，所得幾何？天收其聲，地收其熱，惡名不可改矣，悲哉。雖然，公時爲令未難也，令諫垣天下官邪。得糾焉更進之，則柄用舍榮辱，一好一惡，爲百職奔走，而能使之皆壹志愛民，然後足以究公之所施耳，其道將安在哉？公亦嘗究心否耶。宇内民生寡，遂咎在令失職，言令不得職，多歸咎於臨之者。夫臨之者，即昔之爲令者，豈爲令則賢，及爲監司、撫按則不肖耶？此其故誠有所不可曉，予願公深思之。此記公當覽之，而言無益於公，徒獻頌焉，余所不敢。公名希皋，與余同丁丑進士。

## 三慶嘉蓮記

高鎮 霍維竆 武狀元

鎮署之東，有軒明敞，樹色山光，時侵几座。後有池，池後有隙地，可數十丈。昔之來鎮於此者，不常至其處，未加修葺。予慨然曰：『風景在境，而起興在人。以天然游憩之所，不爲點綴，不幾使玉終於璞，而劍藏於匣乎？』於是先題軒之前門曰『佳境』，蓋取乎丹艧金碧，而以天然之景色爲自然之布置，欲於佳境中適佳興、順佳時而已。高凉多竹，乃命刈竹編籬。入佳境門數武，置小二亭，即以竹爲之，一顏之曰『懷珠』，一顏之曰『藴玉』。左右對峙，如拱護然。階墀多列名花，四時鮮艷，其於軒也，顏之曰『萬卉山房』。嘗於夏月憑山房之後欄，見池中氤氳五色騰越而起之，爲慶雲也。遂於山房之隈營爲一洞，即顏之曰『慶雲洞』，疏濬其池。池後隙地原有亭，久圮，遺基尚存。亦用竹構一大亭，亭中寬敞，可容數十客。亭外翠荷修竹，因顏之曰『碧映亭』。由亭而達山房，路徑迂折，遂於池面造木橋，一通，即於橋上置一竹亭，顏之曰『守中亭』。蓋守白守雌，固不若守中之時義大也。略爲點綴，多仍本色，未嘗侈土木之工，而風景已大爲改觀。予於公事之暇，嘗過佳境而休興焉。客之從我游者，方之十洲三島以爲目，未嘗睹云。予承簡命來此，憶前歲。池荷盛開，中有並蒂數枝在池之東。高凉之民，扶老挈幼而來觀者，遠近畢至。予謂花之僅見，或亦事之偶然耳。昨年池之中央，雙朵高擎，宛如前歲，竊心異之。今五月，碧雲環擁，又見一莖雙花，在於池之西畔。雙房方結，而池之東復開並蒂二枝，猗與盛哉。是花也，胡爲歲歲如斯乎？郡之紳士兵民謂：『瑞應在花，而感召在人。』咸歸美於予，夫予何足以致斯乎？因念高凉昔遭兵燹，元氣未復，往歲不登，民食維艱。自予下車以來，雨暘時若連，歲書大有，民固寬然於俯仰矣。而水無游鯨，山無伏莽，刁斗無聞，家登衽席，且子衿弦誦不輟，行將人文蔚起。此皆聖天子德化洋溢，無遠不届。故濱海之區，一皆熙熙皡皡，其元氣之含濡至此，花之並蒂宜也。予惟兢兢奉職，敢居其功哉？嘗攷嘉蓮載之紀傳，實不常有，今吉祥疊見，猶之嘉麥雙岐，而得與於紀瑞之例者矣。然余更有進焉，蓮稱花之君子，而並蒂則儼然比德無爭。苟由是而廣之，官斯土者和衷相濟，而猜忌不生；兵卒篤親上之義，而衆心成城。郡之士民，苟父子慈順，夫婦倡隨，朋友勤勉，兄弟友恭，則和氣所鍾，人人心具有一并蒂種子，謂是池中並蒂，一而再、再而三，自今以往長發其祥。誰曰不可，是固予之深望於高涼者。因爲文以記之，並勒諸石以垂不朽。

## 重修義學敷文書院記

郡守　張兆鳳　浙江人

自古治道，教養並重。守土者日從事簿書鞅掌，其興行教化，廣勵人材多略焉不講，間有丹雘宮牆，禮貌儒士，自謂教養兼備，無忝厥守矣。不知操觚小子，未沐薰陶；委頓諸生，莫資培植。抑且山陬海澨，本無家學淵源；斷簡殘編，更乏良師指授。則雖天資卓犖，終致碌碌無成，是皆守土者過也。重道崇儒，我朝超軼前代。州縣各有義學，郡省均設書院。本年奉上諭於督撫駐劄處書院內，各賜帑金千兩，助士子膏火，比尤千古造就人材曠典。查高郡筆架書院，頹廢日久。予蒞任初，即相慶遺址，見門峙三峰，形如筆架，層巒聳秀，望而知爲地脉鍾靈。惜僅存數椽，風雨不蔽。遂慨然鳩工補葺，又拓辟隙地，添置講堂、問字亭，左右多列書舍，制憲鄂公題爲『敷文書院』，撫憲楊公嘉以『敬業樂群』匾額，並題聯柱勵學者。工成，延師課士，薪水悉予捐給。但恐事難經久，殫思竭慮。清出茂名梅菉鋪租，得溢額銀五十一兩五錢四分，詳奉題准留充書院公用。再茂名歲解學租，錢七十二千。又府衙門歲收鵝鴨洞田租一百零八石，城埠地租銀三十兩零九錢一分。三者向爲府署別項之用，予詳奉列憲批准，併入書院，爲延師課士之資。每月予必授餐較藝，評定甲乙。其文采可觀者，又捐給楮墨價，以示鼓勵。自雍正八年迄今四載，士子執業於斯，教學相長，寒暑弗輟，獲儁者數數。六屬遠鄉僻壤，聞風興起，户誦家弦。今歲考應試者，數倍於昔。駸駸乎海濱有鄒魯之風，此邦人士咸謂太守功，予謝不敢居。欣逢一時臺省大人皆名世鴻儒，仰承聖天子興復書院曠典，崇尚文教，勤宣德意，遐邇向化，人文蔚興，並臻棫樸菁莪之盛，矧高凉山水鍾靈，名賢世出，如宋之鞠杲、蔣科、陳惟中，明之李琎、李一迪、林廷瓛、陳圭、姚岳祥諸公，先後接武，文章節義，卓卓可紀。維願爾多士躬際昇平，景行曩哲，咸遵皇上整飭書院諭旨，實心實學，毋盜虛聲，砥礪名節，務爲文章。經濟之儒，出爲名臣，處爲碩彦，並願後來守兹土者俯鑒微忱，仍循舊例，俾學規永遠勿替。此則予所厚望焉爾，是爲記。

## 熱水振衣亭記

因山得泉，引泉爲池，未足奇也。闢地構亭，作亭紀勝，無足異也。蓋山水自然之境，其足以供人游覽者不少，而造物每不能不待人以潤色。故夫瀛洲、湯穀、神井、驪山，古今奇觀也。設不遇祖龍，漢武其不埋没於荒烟蔓草者幾何？電邑西三十里有熱水，熱可炙鷄，而寺宇東偏別有一池可浴。考諸縣志，明僉憲涂公始物色而啓闢之。大司馬蔡公又結廬爲方池。守道蘇公及司陳公相繼修濬，俱各有傳序艷紀之。余於己酉歲奉命監司來守高凉，電屬邑也。而熱水鋪爲往來必歷之區，因得與二三知己停驂攬轡，風浴咏歌。俯仰之際，第見四周山色，半榻松風，翠竹籠烟，紅蕉送雨，而潺湲之聲，琳琅悦耳；一泓温潤，沁人心脾，洵勝景也。夫時異世殊，古今一瞬，遐想往代。弘正間，集三省之師，會兩廣之地。野宿貔貅，倉無庾積，賴吾鄉王文成公出奇制勝，殲厥巨魁，俘其餘黨。惜厥志未竟，至慶、曆間，時事更不可言矣。廣肇、高凉，實有蒿目愴心，不堪追述者。迄今百餘年來，海靖山寧，民和歲稔，花村無犬尨之警，石壕絶怒吏之呼，而吾得與二三子輩從容領略夫春風沂水之趣，謂非聖天子宵旰圖維，丕承前烈，曷克致此？獨考舊址，向有日新亭，今則臺傾基敗，蕩然無有復存者。使不嗣而葺之，則名山勝迹，久之竟成湮没，毋乃泉亭之遇於昔而不遇於今乎！憶余自束髮受書，慨然以利濟爲志，既而翱翔入閩二十年。以不能善事上官，宦海一葦，幾掀沸於驚濤駭浪中。幸天子神聖，不加淪棄，而俾以海疆重任。雖公務殷繁，而足之所經，一丘一壑，莫不三致意焉。矧勝景如温泉，而一亭實足以收其靈氣，顧何可任其湮没，而令涂、蔡諸公獨擅美於前哉！維時邑令聞余言，輒躍然起爲余欣任作亭。不一月而斯亭落成，顔曰『振衣』，取《楚辭》『新浴振衣』之意也。工既竣，而記其始末於石。

## 徐邑侯去思碑記

户部主事　李麟祥　信宜人

古人稱親民之吏莫若守令。守令之循良者，進而爲卿、爲相，或世其禄，或蔭其後，或因其官、因其地，而著其姓氏。其任綦重，其於朝廷食報亦綦隆矣。雖然，此以良吏之忠勤，與天家之賜賚言之也。至夫編民之於長上，則有説焉。德則其人也，不德則其鹿也。誰嗣之歌、麛裘之謗，聖賢而猶有非常之懼矧乎。今昔異時，治亂異世，民情異志，風俗異尚，自非才識卓拔、剛柔咸宜，烏能勝任而愉快哉？邑侯徐公，諱鳴佩，號蘊和，東魯之望族也。單父中稱文獻世家，簪紱繩武，代著名卿。公以庚子恩選，出宰鹽城。未逾三月，政行化洽，四國頌興，上臺文章，薦剡廉吏奏最。未幾，以内憂去。紳士有『楓香』『棠蔭』之謡，嘖嘖江南。到今，此公筮仕之第一席也。越順治十二年乙丑春，補任茲土，夫賓陽斗大山城，高涼之屬邑也。地僻民貧，俗稱『樸願』。至戊子己丑以來，山寇四起嘯聚，動至數千人。彼一時也，官如傳舍，兵未定制，一歲之中而城隍之陷者三次。骨膏平原，貍滿城郭。當事者目擊心傷，莫可誰何。蓋久矣乎，邑非其邑矣。舊額信宜稅一千頃，至甲午乙未時，記徵成熟者不滿百頃。物力幾何，堪此凋殘。是尚可以鉛刀之割，割之哉。公甫至信，首諭朝廷撫綏德意，單騎直詣賊巢，開示禍福，賊相顧泣下，稽首皈命，誓以不反。民始稍獲來歸，然而出未闢、廬未除也，公復集二三薦紳子衿輩，建鳳岡書院課士。日有試，月有考，都人士始就公講學。然後遠近離散，稍稍歸公。公知貧民易與見德，治亂不宜急繩。乃申請於諸上臺，給牛種、出易錢，農務耒耜，商權子母。行政一年，土田之墾者十之二三，然而伏莽猶熾也。行政三年，土田之墾者十之半矣，然而伏莽未除也。行政至今十七年矣，伏莽始各安。朝廷之第一喫緊者曰錢糧，信宜之苦於點金無術者亦錢糧。公獨出異政，除里甲，如限輸納外，公就便聽民夏冬出穀，八九月出耕牛，佑其平值給與官。單至春耕，令民輸緡錢入官，給與牛種。於是公解賦稅之累，民無摧科之擾。公之苦心善政，西門陽城而後指不多屈矣。若夫剔蠹均猺，安民息訟，此有司職事，不殫述，亦不暇述耳。今公去任，士民扳轅遮留。一旦失其所天，爰立石以垂不朽，一以報公之德，一以表信人之情，一以彰國家得人之慶。蓋一舉而三善備焉。然則公之德蓋未豙，公之爵與壽寧有豙乎？予故表而出之，以告天下之爲循吏而親民者。康熙元年八月記。

## 起鳳義學記

合浦教諭　李東紹　信宜人

信宜舊有所謂『雙川』『麗澤』『同春』『鳳岡』等書院，其遠者僅存名號，寄諸傳聞。欲求故址於依稀，疑似之間而渺不可得，無復道已。至『同春』『鳳岡』兩書院，及予之幼時，猶睹其學舍整齊，師徒講授。曾幾何時，未三十年，鞠爲茂草。詢其租糧公費，則已入某氏之户矣。夫四門之館、宏文之舍，猶不免春雨流潦，夕天露宿之悲。此荒取僻壤者，庸何所足惜。獨念此書院之初，實不知幾幸而得賢邑侯作之於其上，幾幸而得賢薦紳贊之於旁，當其擘畫經營，捐貲創造，匪伊朝夕而後構此數椽梁棟。後之人撫其成業，弗克踵事而增之，又重加之廢墜，良可慨也。嶽麓裴公，以名進士來令兹土，慨然以興學作人爲己任。偕諸紳士捐貲籌畫，擇善地創建義學堂三棟，左右學舍凡十餘間。工成顔之曰『起鳳』。蓋以鳳山朝拱，取『騰蛟起鳳』之義故也。公於是爲之營置租田，條分布置，擇縣中老成有德者數人經理其事。官稽其數，而無所私。條例備載，所申詳文中法至善也。自公去任十餘年間，繼以官吏之侵漁，條例之變易，義學之不廢者幾希矣。後得邑侯段公、邑侯傅公，先後彌縫其闕，推擴其規，蓋將廢而後復興，已没而復出，凡三變。而後義學之規模，租定亦綦勞矣。今計義學租田凡六百石民米一十五石零，遞年上納，約費穀百餘石，延師修儀穀二百石。頑佃歷年霸欠穀七十餘石，數年以來又以羨餘借供棚廠之費，而一切入館。筵宴贄儀修葺諸項不與焉。其節目大要如此，此以視裴公之初志，未知何如。而自經始以來，迄今未逾四十載，中間更歷盛衰，已復如此，後之日又何如哉？安知不與『同春』『鳳岡』諸書院共凋殘於荒烟野草間也？夫學校之事，如賑實急。易廢難興，所賴有心斯道者，有以愛惜而維持之。彼裴公之事，不過段、傅二侯，則今昔之感已在目前矣。今其規模雖立，而因陋就簡，百弊叢生，則所以繼三公之志，而終之者豈有量與？

## 軍工木料記

古稱千年之計，樹木。凡材，蓄之甚難，耗之甚易。牛山之美，不轉瞬而爲濯濯，可勝道哉。信宜處萬山之中，值國家修養滋息之際，嘉樹惡本，深林密菁，雜殖於岡陵藪澤之中者，往往所在皆是。又其地僻遠，工師匠氏之所不至，舟車商賈之所不通，名材巨産混於荒烟野草，至有徑數尺而不爲世用者，雖其民日夜取之不能盡，何者？蓄之厚而耗之有數也。自船廠之役，興軍工木料，一切取辦於信宜胥吏，因緣爲奸，往往藉一桅之需，盡山而採之，砍伐至數千百株。凡民有一山之蓄，一園之植，間稍吝惜，輒便指爲頑抗，因之破家者比比矣。由是，民以木爲畏途，官所未取，又自争爲芟夷，縱其斧斤、牛羊、焚烈之酷以避害，而市微息。向之深林密菁，鬱葱暢茂，至是而蕩然一無所存。覽兹土者，山川林麓徒增，今昔之感焉。夫以土之材供國之用，亦事理之固然。使吏民者稍念十年樹木之艱，共爲愛惜，則雖百世需之，日夜取之，而有不能盡，何至使之濯濯乃爾哉？蓋蓄之難而耗之易，良有以也。大冢宰高郵王公巡撫粤東，稔知信宜採木之弊，爲之移廠會城，以蘇其困。今則例雖再復，而此之承辦者往往齎重價，逾傍縣以求之，而猶不可必得，非復向時情事矣。余爲之記，其今昔之故，轉移之局，以備夫省方者之一覽焉。

## 復合征分解記

高屬州縣六，五邊海，當衝關榷漁渡之税率，正供十之一二例，赴本布政司傾單分徵。獨信宜山陬且僻，無他雜税。惟相沿有寵氏曾萬兆等逃亡，缺征税銀一百四十一兩二錢六分六厘零。向於地丁銀内派補，每正供銀一兩，派税銀三分一厘三毫六絲零，合併徵收，分款起解。銀輕而法簡便，故雖難代賍之項，而百十年來民安之若固然者。乾隆十二年，天子加恩海内，免天下地丁銀兩。邑令柏誤以此項混入，並免迨後飭催。上官謂同其他雜税之例，檄飭領單分征。前令張因循不復致辯，詳請如檄，遂爲成例。於是有爲毫釐絲忽之税，而追呼填門者，傾銷單錢諸雜費十倍。税銀蓋國課，分毫無加，而民滋擾矣。其後各業户屢呈，懇復前例，而令無爲請者。蓋分征則胥役易緣侵漁，官亦得因以爲利，非徒格於成議也。

歲辛未，砥亭劉公來蒞滋土。公寬厚仁愛，不事操切。遇有訟，必從容詳慎，務得其情，不擊斷，取精敏，各邑事非不便於民者，務持重不爲紛更，而於玆事獨力任不疑，至屢經駁飭，持議益堅，卒得所請，民復安業。嗚呼！民知戴公之仁，不知公固見義則勇也。民知服公之慎，不知公之固遇疑則決也。近世士大夫，一行作吏，馳騁進取。平居臨蒞，士民凛凛若不可犯。事無可否，必貌爲整飭。若振作有爲者，而獨於民生利害、閭閻疾苦所繫，輒依阿柔媚，不敢稍爲異同。孰謂寬厚安静者，而矯矯若斯也。君子之不可測類如是哉。

公名啓江，江西豐城人，甲辰舉人，宰吾邑六載，以病去。於其行也，邑父老共戴其德，命予詳記其事，以志甘棠之思。

## 重修松明書院記

石城令　孫繩祖

蘇文忠公，幕天席地之老也。其玩物似東方朔，其文章似李青蓮，其愛民似僑大夫，其忠君愛國，勤懇於章奏之間似陸敬輿。百世而下，孰不聞風興起。石城舊有松明書院，志稱先生由瓊移廉，道經此地，見晴濤浩淼，蒼虬蟠結，喜而留連。因賦《夜燒松明火》一詩，其後重先生名者，遂構書院於斯，而奉爲俎豆焉，儼然與鵝湖、陽明争勝矣。洎元末，院廢，歷今四百餘年，興復無聞。毋乃僻在海隅，風聲氣類，未由相感歟。予承乏是邑且十年矣，夙興夜寐，志圖鼎新，竊意舊址遠近山陬，無益觀感，乃卜築城内東隅，鳩工於辛卯季夏，告成於仲冬，以妥先生之靈，以志一邑之勝，甚盛事也。夫事不足以厭衆心、垂久遠，舉亦旋廢。是舉也，修復古制，衆謀僉同，恍起先生於今日而聆其謦欬。吾見師其文可以翼典誥，師其忠可以報聖明，師其愛可以保赤子，師其玩物適情可以游戲大千。無人而不自得，雖千百世可也。登斯堂者，自共勉之，當不負予今日興建之意也已。是爲記。

### 看驗郡城無庸修築堤防議

高廉觀察　王檠　諸城人

乾隆十九年六月十一日，接奉督憲批開據禀『郡城水發，道署亦深尺餘，天晴水退，並無冲坍』等語。但郡城關係緊要，時有淹浸，亦非常法。平時應於低窪之處，相度設法預爲堵禦之策方妥。概仰體制府慎重保障之至意，即親赴高郡四郊及來龍水口，細爲相度。蓋高郡僻處遐荒，其地勢自古及今皆緣其舊，而未有更改焉。察其山勢，由東發脉，中一條臨水結一大崗爲郡城，衙署民舍半居其巔。右一帶山峰，直趨北門之上，壁立河干，以障來水。左一帶山峰，直趨南門之下，壁立河干，以收去水。城之對岸名『觀山』，大河由中暢流至城之戍方發祥寺以下，即逐漸低平。是城之結局雖屬狹小，而山水配合，高下得宜，甚爲完固。以是之故，山水瀑漲，起自北門山腳以下，至戍方發祥寺山腳以上，水勢瀠洄，城外平田，城内低居，悉爲水浸。然上流不遠，來水易盡。且城内浸之山崗之半，其勢即高於戍方水口，再漲則由水口低下之處散去，無衝突之患。此天地自然之形勢，宣泄俱有去路，淹浸不過數時。若照江、漢、黄、淮之渚築，固非其宜。即圍基土岸之添設亦無所用。蓋城在一崗之上，四山擁護。凡山崗下之低處皆受水之所浸其界，而防之不惟工大費夥，而壅而必潰之患，更爲可慮。度其地形，似應由其自然。敬將遵奉督批，留心細勘緣由，詳記地形，以備考核。

## 温泉亭記

嘗讀蘇公記曰：『泉之所以得温，三時之所以得熱，存而無論，可矣。』誠哉，其卓識也。温泉多凝硫所結，而丹砂之融甚少。蓋陽明而得地脉，固造物之鍾奇也。矧兹炎海之濱，宣泄尤盛蓬勃，鬱蒸之氣瀦而爲熱水，亦理之常，無足怪者，故曰：『存而不論，可也。』以余所聞，驪山、汝上、昌平、聞會諸泉，皆名播宇内，遷客騷人皆樂道之，而好游之士皆艷慕而不能必至也。然亦有深藏於高山峻嶺，籃輿之所駭汗，馬牛之所畏却，非捷足者則倦而不前。曩者觀察襄陽所隸房山，亦有温泉，以艱於登陟，不果游，安能如斯水之當孔道而平易可觀者乎。電邑爲高凉康莊，監司循行所必經亭泉之勝。余時一停驂，間且盥濯，覺神清氣爽，四體怡然。豈莘氏所稱，能去疾消病，功同秦井者乎。邑乘所載，有涂公池、蔡公池，今既杳不可覓，而溶溶一脉，冬夏常温，擅奇於振衣亭畔者，其即陳司李之疏濬，而復温者歟。周覽之際，禪宇結其上，翠峰羅其旁。構堂於池，可以澡雪；作宫於側，可以盤桓。其扶助而點綴之者，皆守土者之詳於經理也。宜乎幨帷之駐，棨戟之臨，入騶牙纛之暫税，莫不游觀而憩息焉。奚啻文人學士之袯躬而唱嘆者哉。然則斯泉之勝，將與驪山、汝上擅名於天下矣。抑又思之，當司李將濬之時，問之八十老人，一生未見其熱，則泯没於田野蔓草者。當必在涂、蔡二公之後，司李距今又百數十年矣，其中無踵事增華者，嗣而葺之，則亦仍没於野田蔓草間，而焉能輪奐而改觀乎，是則泉亭之興廢，由於人事之勤窳，未可委諸地氣之贏縮也。故勒珉以記之，亦厚望於將來云。

## 靈芝頌

是曰靈芝，亦惟瑶草。焜燿光輝，潤澤鮮好。彩色變更，芳香縹緲。攢雲作質，鏤翠見巧。用壯東楣，迎祥於旭。鳴謙西拱，比德於玉。鉅細判乎其形，紫白分乎所服。洵我后之至仁，豈微臣之介福。三秀稱奇，九莖表異。棲木在春，應時凝翠。考宫而落，徵休吐瑞。命繪圖以襲珍，爰作頌以爲志。

## 靈湫記

高涼之祈甘雨者曰『靈湫』，尚矣！水不在深，有龍則靈。湫之靈以龍靈也。有禱輒應，則其謂之龍湫也亦宜。歲癸酉，余觀察高廉。其秋，有事於龍祠，因陟其巔而縱觀焉。顧謂同事曰：『記有之山川神示，能見怪物興雲雨者則祀之，湫之祀宜也。然其噴玉吐珠，涌爲神瀵者，但如柳州所謂幽邃淺狹爾，乃能宅龍布澍，爲福於民，如是厥功懋矣。豈可與柳州借况者同類而並觀也乎。』書於石，所以妥其靈於不替也。

## 生鹽池塥記

高涼濱大海而郡，電白、吴川之民，生長斥鹵中，日食煮海之利，而未有議及生鹽者。間從他處得之，亦委棄不用，坐視天地自然之利而漠然不顧，何哉？豈民食之不習耶？抑地土之宜，實有不可强也。乾隆乙亥，始有生鹽之議。彼時鹺使委勘之，茂暉場吴紹祖率爾詳報至，謂電茂、茂暉之間皆可開至千餘塴者。制府大臣留心民瘼，鄭重審慎，據詳委命廉州知府周碩勳，會同高州府查勘。時予攝高守，詣勘之。時吴川縣場即報茂暉僅可築塴四百，而周不細按地勢民情，遽以電茂六百，茂暉七百定議。其額鹽則塴以百包或八十包，其請帑貸給墾户，則二萬七千兩，期以收鹽扣償。其基圍地勢，則惟惠、潮是視，塴之大者至七八畝，圍之大者至數百丈，又以高屬向無領銷生鹽之埠，飭令運省供配省河配商，每包收價三錢六分五厘，除運脚二錢有零，曬價每包不過一錢五分耳。爾時予以謹始慮終之説，剴切指陳於制府楊公，荷蒙採擇。帑僅八千，償分兩載，而塴數則仍以周議入告也。奉旨准行，隨加興作。乃或淤泥難築，或鹵薄無鹽，或有大汎可到小汎不到，或有風濤搏擊，全無抵禦。縣場爲之束手，墾户見而畏縮。蓋兩地情形，實有不可與惠、潮同日語者。予復據實具稟，幸制府楊公不膠一是，諭以『去險就夷，按地勢、視人力，次第辦理』。予於是親率縣場，相度地勢，築塴不過一畝，或僅數分，收鹽每塴不過五十包，或僅四十。然後民始稍稍報墾矣。然此一千三百塴，營之四年之久，始克報竣。如此籌躇審顧，意謂可期永久，豈不知茂暉之塴，悉懸海外，産鹽稀微，終憂廢棄。電白所築尚可無虞，而收少價廉，不敷工本。以致届期繳帑無力，清遠道府縣場難免墊解之累。幸制府李公，格外體恤，不至僨事耳。夫開荒築塴，以收天地自然之利，誠難輕棄。況今生齒日繁，樵薪拮据，熟竈漸蕪，若不以生補熟，則歲額有缺，恐妨民食。然欲通其窮，必使不倦，但當勸諭百姓，各隨其便，不必多限鹽額。庶民無顧慮，且開曬有年，民間食用漸習。須撥高屬化州、茂名、信宜，西省北流、岑溪、陸川，暨肇屬春江諸埠，來場配運，免致運省多費水腳，則曬價得以從優，比照人澳楊公洲，及倉前横州等之例，鹽價每包二錢有零。斯人心踴躍，地力可變，産鹽益廣，而無官民兩累之弊矣。謹録始末，以爲講求鹽政者之採擇。是爲記。

## 老樹復生記

化州，古石龍郡也。郡以此名者，因其入城之脉勃勃生發，跳躍如龍，時爲震撼，居民不安，弟聞鍾鼓之聲則寂然也。郡人即以此治之。後石龍靈異之精化爲橘，味辣性温，用以利氣消痰。世人寶之，名之曰『老樹橘紅』。其左偏北堂，名『蘇澤』，有古樹二株，味與老樹同，亦名之曰『蘇澤堂橘紅』。説者謂羅辯仙人種也，以之貢上。今蘇澤堂二樹尚茂盛如昔，而老龍所化之橘已枯，僅存其根耳。世所稱老樹橘紅者，徒虚語也。然此之外滿城皆橘，而衙署内者爲佳，近鼓樓者更稍佳，蓋老樹、蘇澤堂爲石龍之腹，石龍井爲龍首，曳其尾于城北江中。前人于龍井之南昂首處建鼓樓，用鍾鼓之聲以鎮之，至今遵其制。皇上龍飛元年，忽於老根西南相距二尺許發一樹，已十八年，木成拱矣，枝業茂盛，未見華實。予巡歷海上，路過其地，入其堂，覽此迹。傷石龍之迹泯然，思欲以補其闕、續其斷，迎其機而導之，安知此新發者又非石龍之吐異也。遂命守土者彩其樹，花衣以祭之。越年，花發而果結，驗其味，不惟超越城内，且遠勝蘇澤之二本洵哉。石龍之發而爲續者也！

## 重修敷文書院添捐膏火記　梁聯德

自古人才之興，作之在上。高涼僻處荒隅，自孔長洲、吴興國兩公先後振興文教，風氣聿開，名賢輩出，功業文章，彪炳史册。昔之躋天木、排瑣闥者，夫非猶是筆山鑑水之靈哉。勝景依然，科名日替，多士懷才負異，掩抑膠庠，方且翹首雲衢，仰需雨露。顧或鄙而夷之，猥以爲不足教，則是陳良之學必不可北，而言偃之道必不可南也。彼紀功之祀，此山之堂又胡以稱焉。我朝重學右文，無間遐邇，士子涵濡沐浴，百有餘年。亦既蒸蒸蔚然，上資樂育矣。府治舊有敷文書院，規模粗立，然而垣宇漸頹，公費零落。肄其中者，因陋就簡而已。大觀察諸城王公總憲，於兹誠孚物洽，百務具舉，思所以移風氣、植士類，因書院之舊而擴之，慨然捐俸，爲闔郡倡。時同郡伯及各邑大令諸公，咸有同心，樂勷美舉，於是吾輩六屬之士夫，感公之心，慶公之成，僉踴躍捐輸，附驥自顯。統諸官紳義合之項，咸總其成於觀察公。公爲之條分布置，規畫久遠，仿佛「粤秀」「端溪」法度，由是書院之觀，赫然以改，士子之氣，焕然以新，駸駸乎筆山鑑水之靈有復振機焉。高之人士咸恩，有以仰報於公。顧公之爲此，非以望報，而士之報公，固自有在也。誠能盡收其向時所没，溺於塾師學究之指授者，委而棄之，以深造於聖賢學問之中，樹之勳名，追配前喆。則公之所以教，與士之受教於公，固將播之名流，詡爲盛事。軼孔、吴兩公而上之，豈非公之所厚望。夫聯德獲勷盛典，敬述本末，俾後之君子景前徽、保成業，不至廢墜焉。是爲記。

## 水火灾積貯記

進士、監丞　黄如栻　茂名人

高凉郡治逼山臨水，茅房草舍，比屋相連，夏潦則淹，冬燥則火。民之罹於斯酷者，動數十百家。當其號呼籲救，奔走流離，誠迫於刻無可待。而上之賑之者，臨局徬徨，急難籌辦。方且資謀議、搜餘羨，以徐爲之計，嗟何及矣。今天子軫念灾黎，薄海内外無有遠近，必加賑恤。而荒陬僻壤偏小之患，有不足以重煩公帑者。是在地方大吏，仰體朝廷子惠元元之意，因時隨地，而早爲之所耳。大觀察諸城王公駐節潘城，每遇水火二灾，輒躬先率屬徒走街衢間，督令救拯，繼又捐囊以恤之，甚且至於典衣。民之仰公以濟者，如無灾焉。公猶慮晋秩後，民失所依，向當局者倉卒又無可辦，思所以儲之於豫者，慨然捐俸以爲倡。既而茂尹吴公以及官紳之屬，咸樂捐輸，共勷美舉，以總其成於觀察公。公爲之畫章程，計久遠，權其出入，别其多寡，間又貸民築室，俾之積歲漸償，將由約而豐。自郭而野，事起於一時，慮周於百世。向之號呼籲救，奔走流離者，今且泰然坐享其成，無復經營餘羡之紛紛矣。由是，未灾之民有恃無恐，既灾之民如取如携。行之又久，方且習爲故常，安於固有，共相忘於高天厚地之中，反不若臨局徬徨，迫爲籌辦者之易以市德也。而不言功者，功愈深；不市德者，德彌永。凡公之舉事，其思深慮遠，不苟苟飾於目前者，大類如此。爰列事宜各條，勒諸貞珉。是爲記。

## 省亭記

進士　李宜相　信宜人

觀山，距城西望之蒼然，俯臨鑑水泠然善也！或曰潘茂名之所托迹焉。遺山剩水，有足發人觀感者。或曰郡城之所表也，故名『觀』。在《易・觀卦・大象》有之：『先王以省方觀民設教。』觀之爲義大矣哉。是山聳然出於城市囂塵之中，蒼翠瑰麗，士大夫之歷是都者咸屬目焉。於是騁游覽、縱觴咏，飾土木之華，工斲琢之巧，五步一亭，十步一閣，莫不據勝争奇，互相掩映矣。而世所謂登峰造極，以全攬一山之勝者，蓋無有焉。及大觀察諸城王公駐節高凉，既而營學舍、弭灾祲，有備無患，人和政洽。乃稍以其暇日，博山水之趣，構亭於觀山之絶頂，顔其上曰『省亭』，聯其旁曰『山蒼然一形，水泠然一色』，夫以公之起齊魯、至京師，南歷湖湘，所見名山大川，指不勝屈，而顧區區於此一形一色者，重加省焉，其亦不鄙夷吾民之意乎。已乃延客登臨，憑高讌會，前瞰江流，後俯龍池，左顧右盼，梵宫禪舍，幽欄曲室，掩映於烟雲林樹間者，一寓目而盡得之。遥望郡城四郊，烟火萬家，桑麻遍野，民居學舍之所比連，販夫田父之所勞瘁，凡平日籌畫於公心，以防其未然。而周之事後者，在在觸於目而警於心，畢會於斯亭之下，是又有得於省方觀民之大者，非僅全攬一山之勝已也。公他日即晋秩於朝，而一段精神留繫於山水之間，後之登覽者懷恩溯舊，仰額睹聯，想見公之矚目躊躇，淵然内省於斯亭之上，而蒼然一形、泠然一色，不啻甘棠召伯之思，共此終古也。則觀山之由公益著者，且與仙迹而不朽。夫宜相承公知顧最深且久，朝夕見公之行事，而知其寓意於斯亭者遠也。爰拜手而恭爲之記。

**重修茂名縣文廟碑記**　茂名令　吴爲墉　横州進士

乾隆十有八年，余奉簡命出宰茂名。下車後，恭謁文廟禮也。周視殿廡卑隘，日就傾圮，思有以葺之。於是召諸生而謂之曰：『国家教化所及，無遠不屆。茂邑雖僻處嶺西，人皆知學，况當事惇賢育才，莫不以振興文教爲己任，而暗粉陳丹有司者之責也。乃指金以爲之倡，而諸生亦踴躍輸將以助其役。爰於乙亥仲冬，選良材，諏吉日，因舊址而加崇三尺，門與殿皆如之。丙子秋，邑中登賢書者六人，考自設科以來，未有若是之盛者。夫州縣之立學養俊士秀士而教之學者，當以聖賢之志爲志。使謂邦人士之獲雋也，而歸其功於余，非也。蓋我朝崇儒重道，爲之士者，皆澡身浴德，以禔其躬，而官斯土者，又月鍛季鍊，以陶於有成。如摩雲之雕鶚，振翮捷起，其排霄漢而躋閶闔也。固然，故謂其雋也，不在於一時之丹雘。塗塈而其涵濡者，已非一朝夕之故矣。第斯役也，稽自康熙癸巳，前令孫君修葺之後，久歷年所，一旦鳩工而潤色之，亦庶幾門庭堂户，猶想見當年車服禮器之盛焉。則是學校之興廢，動關士氣之盛衰，况際此文治日新時乎。他日者，譽髦斯士，羽儀皇國，過其地者，不至有荒榛之嘆，而邦人士一以知天子之作人，大吏之愛士爲無窮也。余亦何庸之有？維時董其事者，爲梁生聯贊、陳生式韶，而勷事諸賢，亦例得備書碑陰。

# 卷之十五

## 詩賦

### 詩歌

**冼廟** 宋端明學士 蘇軾 眉山人

馮冼古烈婦，翁媪國於兹。策勳梁武後，開府隋文時。三世更險易，一心無磷緇。錦繖平積亂，犀渠破群疑。

**游觀山** 郡守 孔鏞 長洲人

偶來山上覓靈踪，路入瓊花夾翠松。琳館也隨兵燹廢，獨留仙井最高峰。

**登觀山問潘仙遺迹** 嶺西參政 鄭阜義

仙家鷄犬去無存，丹竈空餘火不煴。萬古靈踪何處覓？淡烟荒草暗孤村。右丹竈

短棹輕帆遠遠開，潘仙何處問蓬萊？如今化作滄浪石，春雨年年長緑苔。右石船

**前題** 學使 魏浣初 常熟人

仙迹山靈借，郵亭亦古潘。青松雲自宿，丹竈火常寒。鉛汞明人悟，桑田静者看。從來鷄犬去，何處訪劉安？

昔駕天風去，今從委道旁。堅頑一片石，苔蘚四時蒼。弱水難爲渡，蓬山不可航。陸沉雖浩劫，豈亦倦津梁？

**仙易亭題壁** 魏禮 寧都人

乍雨凄風古寺幽，閒亭長抱一溪流。都緣列子分蕉鹿，卻使韓生笑棘猴。春鳥聲多依密樹，暮雲時見有行舟。十年觀海真吾願，豈意高凉半月留。

**高凉八景** 郡守 張邦伊 寧波人

一水接蓬瀛，澄瑩似鏡平。正逢金氣爽，高暎玉輪明。千載騷人賦，孤舟嫠婦情。夜深雙鶴過，天地寂無聲。鑑江秋月

竹樹何岑鬱，岡巒更坦彝。雲霞呈麗色，林壑媚春姿。鳥語有千態，猿聲無四時。仙都如不遠，脱屣願相隨。茂嶺晴嵐

片石標奇迹，孤航儼琢成。自從黄鶴去，但見緑苔生。色借蘼蕪淡，茵鋪綺繡輕。有時桑海變，一棹盪空明。石船蒼蘚

好山青未了，縹緲五峰齊。勝與瓊臺列，名應竇録題。何年開洞壑？深夜起虹霓。鳥道盤迴甚，塵

迹不可躋。筆架青峰

地有東郊勝，溪山信可誇。偶來因問俗，何意覔仙家？洞倚千尋石，鑪蒸五色霞。至今流水上，時或見桃花。潘坡丹竈

蓮花開十丈，何異太華峰。石愛瓊臺潤，泉疑溟渤通。自無塵迹到，常有白雲封。羽客藏脩日，全資沆瀣功。觀山玉井

旭日升東麓，前村曙色開。居人事樵採，結伴入山來。荷笠穿雲徑，停擔坐石苔。偶然清嘯發，餘響振林隈。東山樵唱

鑑水分雙渚，悠然一釣舟。生涯任飄薄，歲月付滄洲。歌續鳴榔曲，心同擊壤謳。青蓑堪再擁，端不羡王侯。雙渚漁歌

**偕同寅郭别駕游觀山**　郡守　蔣希禹　全州人

仙臺恣探討，物候正凄清。靈迹惟瑤草，寒花有落英。炊烟隔岸起，返照入江明。醉後尋歸路，江風吹短纓。

**游觀山寺**　孝廉　李元暢　茂名人

蘇門不可到，鸞嘯學孫登。急雨扶秋色，孤雲伴定僧。竹房全鑿翠，茶鼎半燒藤。禮罷諸天黑，歸途影佛燈。

**同曹郡公戴司理秋集會心亭遂登觀山絶頂泛舟而歸** 通判 王湛 閩縣人

十里清江繞翠微，江亭尊酒坐斜暉。松間片石僧眠慣，霧裏孤峰客到稀。寂寂野田雙鷺立，盈盈秋水一鷗飛。賞心應有山靈識，借取流雲引棹歸。

**玉井亭登眺** 嶺西參政 王際逵 晋江人

案牘幸無事，朋招愜勝游。仙踪今幻化，玉井舊丹丘。雉堞依山近，人烟隔水幽。小亭閒可坐，黄鳥任相求。

**中秋月夜同允寧經之登觀山即景賦此** 嶺西參政 江用世 太倉人

携屐屏騶從，凌波渡虎谿。凉颸斜靄發，明月落山低。曲沼影留竹，長松路暗蹊。老僧雲外現，宿鳥樹邊棲。古寺懸燈照，高峰入眼迷。漁舟擬泛泛，霓羽覺凄凄。把酒聽絲肉，臨風坐阮嵇。喜逢星拱北，還羡斗横西。一片冰壺朗，千年金鏡齊。丹砂隨處好，勾漏未須題。

**觀山寺** 司務 馮名望 茂名舉人

鑑外幾曲繞西流，隔水青山郭外幽。古刹久虚經幻劫，荒林新闢見山丘。光椰靄合疏鐘出，睥睨烟深半嶺收。山海不緣兵火解，誰傳梵語到峰頭？

**觀山寺會心亭** 嶺西參政 金鉉 盛京人

寂寂孤亭象外幽，移情擇勝幾淹留。澄清日照閒巖岫，喬木秋風上斗牛。僧吹静隨啼鳥散，客懷長傍落花浮。尊前不覺頻搔首，萬里蒼茫坐一丘。

**前題**　司理　江殷道　漢陽人

仙宫玉井舊丹城，亭結山頭靄碧甍。岫遠霞飛籠海色，岸平潮落静江聲。民勞三户聊棲雁，宦冷雙柑可聽鶯。洞口桃源知未杳，夜來鶴駕解吹笙。

**荔日偕諸同寅集觀山寺之會心亭**　學博　馮珧

翠微深護緑天寒，古木晴川次第看。心不放時何處會，山從静後始能觀。幾年玉笈迷初井，此日松風對冷官。坐去卻忘傳荔節，奚奴捧出火珠盤。

**小函谷關**　郡守　吴國倫　興國人

重巖新設險，一旅獨當關。飲馬江流細，揚旗石影閒。天威行萬里，使節領諸蠻。勿訝青牛度，遥瞻紫氣還。

**前題**　蔣希禹

朝暾初掛樹，暝霧欲沉山。路近鼪鼯穴，天留虎豹關。霜禽語自好，雲水意俱閒。對景懷鄉國，何當叱馭還。

**重修小函谷關二首**　王際逵

設關良有意，殘毁是何年。欲待不虞客，先妨未雨天。撫時尋舊迹，設險效前賢。喜有同心侣，經營忽焕然。

危關一線石，勝集百夫身。鳥道堪驚馬，漁舟不渡人。登樓誰遁影，射隙可通神。笑殺緑林客，聞風已遠淪。

**鑑江泛舟** 吴國倫

鑑江一曲繞城孤，萬里浮沉楚大夫。遂有驪龍驚赤水，不教鴻雁度蒼梧。山烟細傍清尊吐，海月遥憑短劍扶。醉裏那知窮異域，林猿山鬼自哀呼。

**重泛鑑江**

並有滄洲興，寧辭載酒頻。石門雲氣落，沙磧雨痕新。砧杵千家思，兵戈萬里身。幾時蓮葉舫，江漢坐垂綸。

**元夕同王戴二同寅飲前守吴明卿南宮嶺此山堂** 郡守 曹志遇 武昌人

父老不忘吴季子，祠堂選勝闢南宮。文章動業雲霄上，城廓山川烟雨中。野竹數竿依檻緑，漁燈幾點落江紅。招携漫興頻懷往，隔浦疏鐘急暮風。

漫説此山成往事，登臨不醉且無歸。遠天霽色供清覽，片月棠陰上翠微。水度危橋滄海合，徑縁曲磴白雲飛。太平簫鼓喧燈火，俯景能同昔日非。

**前題二首** 王湛

新祠高倚白雲邊，共説吴公領郡年。作賦才名追宋玉，平蠻動業比文淵。江村四望生春色，灌木千章淡暝烟。寂寞空山留片石，此山應藉此君傳。

共倚危欄俯碧灣，巖亭幽寂薜蘿閒。當窗鳥度春陰裏，别浦漁歌夕照間。花底一尊披霧集，峰頭雙屐踏雲還。不知叔子風流後，千載何人復此山。

**南宮嶺晚眺**

處處烟蘿面面松，雲深不辨鹿麛踪。寒泉忽落喧幽澗，宿霧旋消露遠峰。片石飛來應作燕，孤筇化去倘成龍。幽深未盡斜陽興，杳靄時聞遠寺鐘。

**南樓新成**　署府　林春澤　閩縣人

南郭樓成俯大荒，天風旌旆颯高凉。山迴銅柱摇空翠，水落珠厓照夜光。漫興庾公元不淺，先憂范老未能忘。自今多暇倍惆悵，十二欄杆南斗旁。

**北樓新成**

城北頽垣悲往事，層樓此日壯孤城。地蟠五嶺炎風遠，雲散千厓瘴野清。眼底豺狼看掃穴，簷間燕雀賀新成。關門三老遥憐汝，他日能無説姓名。

**郡治東齋四首**　吴國倫

城枕蠻江曲，堂開署閣東。總無神爵異，不忝素絲風。尺地何常主，浮雲此暫同。閒來隱几卧，猶似鹿皮翁。

石上花新集，朝來雨亦宜。不知身萬里，且得酒盈巵。笛裏聞蠻曲，絃中激楚辭。徘徊秋夜永，鳥鵲浪相疑。

退食循迂徑，披書面短牆。從容修卉石，仿佛在林塘。只苦烽烟迫，兼之簿領妨。隔門呼小吏，無人蓋公堂。

瘴霧無時黑，秋花亦自紅。僅堪居海叟，猶復比園公。促膝群星聚，支頤萬態空。向來虛運甓，只合老湘東。

**東齋次韻** 張邦伊

地接扶桑勝，城依碧海東。山如太古静，人有上皇風。鳥語時時變，彝歌處處同。素餐吾自愧，千載慕文翁。

案牘非能事，蕭疏懶自宜。惜花頻命屐，對月不停巵。空羨蘇門嘯，閒歌郢客辭。生平多放達，高枕任群疑。

竹色遥侵幔，蘿陰半覆牆。人閒忘盥櫛，地僻勝林塘。鄉思秋逾劇，君恩遠不妨。政餘門似水，卻訝翟公堂。

炎方春不散，衆卉四時紅。長作天涯客，真慙河上公。鹿眠苔徑寂，龍去石潭空。數樹婆娑得，渾忘在粤東。

**東齋次韻** 蔣希禹

分符詞客後，開徑射堂東。作吏慚民社，逢人問土風。海雲千樹異，天氣四時同。遠謝襄陽守，兒童識醉翁。

地僻逢迎少，迂疏事事宜。倦稀臨草帖，時復醉蘭巵。好就閒居賦，誰歌招隱辭。公門原似水，來往更何疑。
種藥常提甕，看山低築牆。啼鳥藏錦樹，浴鷺下銀塘。境僻塵何有，官閒卧不妨。憑欄恣嘯咏，緑野好名堂。
匣印常生緑，庭花不斷紅。家風仍蔣詡，吏隱學山公。雨過蝸涎濕，雲歸鶴徑空。秋懷似張翰，日夜憶江東。

**郡治東齋後石龍池**　吴國倫

一乳靈砂地骨穿，驪龍穩傍使君眠。人間多少甘如醴，遮莫貪泉與盜泉。
太守臨池洗墨歸，墨花散作彩雲飛。石鯨欲吼潭龍起，風雨孤城掩夕暉。

**石龍池次韻**　張邦伊

滿地烟霞一竇穿，風雨長護老龍眠。蒼苔古石雖堪適，轉憶山中玉乳泉。
纔向青山即當歸，白雲墮地白龍飛。官閒每發臨池興，一曲滄浪駐夕暉。

**前題次韻**

脉脉龍池海若穿，庭閒枕石傍龍眠。問誰解識臨池意，取醉無妨酒似泉。
郢上詞人去不歸，冷冷白雪映齋飛。怪來眼底滄桑異，餘得荒碑對落暉。

**余備兵高州構别館于署之東因落成詩以紀之**　江用世

小築牆東理數椽，風清冷閣草芊妍。亭懸圖畫烟雲海，檻砌苔階鶴鹿眠。間裏居諸堪説法，坐來嵇阮好登仙。憑思庾嶺梅花發，拾得寒香度歲年。

滿目嵐光散不收，我來點染學棲鳩。壯心未滿風雲業，短級難舒宵旰憂。聊爾五車藏石室，喜將十笏傍浮丘。公餘惆悵中原内，擬作籌邊望海樓。

**冼夫人廟八首**　吴國倫

蕞爾高凉墟，諸彝集包絡。何哉一蠻妃，將兵如衛霍。相傳百戰功，不負三朝託。天風鳴海濤，猶疑鼓吹作。

昔聞木蘭女，忠孝兩不渝。豈及冼夫人，名高績尤殊。木蘭代父戍，功成僅完軀。夫人代夫將，戮力扶皇輿。

將號萬人敵，兼長古所難。高州女刺史，奮迹何桓桓。一代叛臣謀，反側旋自安。十人故有婦，豈必皆巍冠。

中原累新主，南越恃斯嫗。傳檄無二心，膚功矢自樹。頑凶蕩以除，百蠻皆内附。父老殊晏然，何須長卿諭。

馮家本外臣，受號匡王國。犀杖持效忠，繡幰錫昭德。赫赫譙公封，璽書見優特。一節忠三君，豐碑永堪勒。

倉皇哭陳主，慷慨迎隋師。大統自新故，偏國持安危。平蠻功已高，賜邑固其宜。名將忍巾幗，笑殺高凉兒。

文笄束兜鍪，姣服昌犀甲。幕府開九真，軍符凛三陿。功載隋梁銘，威仍嶺海壓。精靈儼至今，血食安祀法。

冼氏骨已朽，百越猶英聲。我來刺其郡，枹鼓時一鳴。群醜雖暫削，何當遽銷兵。神其眷故土，蕩滌蠻烟清。

**前題**　林春澤

古祠落日聞歸樵，馮家老婦名不凋。娘子行軍解破賊，蠻彝有人聲動朝。錦繖已與蓬蒿没，香魂猶憑巫覡招。千載高凉問遺事，白雲故國青山遥。

**天妃宫**　吴國倫

天外招神女，江濱祓小祠。珮環何處落，鸞鶴使人疑。石擁蟠雲勢，榕分蔽日枝。憑軒亦風景，笳鼓動堪悲。

**與郭别駕飲天妃宫**　蔣希禹

仙宫縹緲挂城邊，詞客邀賓敞玳筵。雨過瀑流飛檻外，野晴花氣滿尊前。月寒金粟秋堪掬，露冷蒹葭江可憐。守郡幸逢多暇日，不妨同醉習池天。

**午日天妃宫觀競渡**

携琴來就酒人彈，江閣新晴水面寬。競渡兒郎穿浪出，當樓士女捲簾看。風邀蘭氣侵疏酌，日轉榕陰覆曲欄。作吏年來勞簿領，逢時且共醉騷壇。

**秋日登寶光塔** 知縣 張曉 茂名人

浮圖九級俯江流，乘興揺衣豁倦眸。萬里雄風吹短袖，四山疏雨澹高秋。星辰半自晴空落，雲氣低聯遠岫浮。回首塵寰烟樹隔，猶疑飛舄傍雲棲。

**鑑江亭** 吴國倫

地近南荒萬嶺迴，石亭斜倚鑑江開。鄉心苦被蠻雲結，客淚遥含海色來。六月孤城喧鼓角，千家落日閉蒿萊。炎方多難何時解，極目重溟轉自哀。

**讀吴川樓使君鑑江亭詩次韻却寄** 金衢副使 李一迪 茂名進士

石壁高懸一逕迴，新亭屹立爲誰開。雲含山色從天落，日送江光入檻來。抱病頻年懷鑑水，啣盃此地即蓬萊。欲歸共擬觀濤賦，無那郢都白雪才。

**戰城南** 贈陳將軍也。將軍同予破賊于城南，擬樂府以贈之。 吴國倫

鼓振振，風翹翹，高凉城南殺氣驕。太守行營面漲海，將軍擁纛干青霄。援兵不向秦庭乞，死士先從越嶲招。白羽初開魚麗陣，全軍赴敵如争梟。裸彝豕突鋒正鋭，重圍已合前山腰。登壇目中無片甲，大呼一戰收群妖。前旌競獻番王首，餘醜雜沓成穿雕。千家拭淚聽鳴凱，三山瞬息陰氛消。將軍鐵面萬人敵，臨戎叱吒迴長飈。迴長飈，激洪潮，金虎爲符冠紫貂。呼醪滿引車渠椀，與君萬里看銅標。

**里蘇行**

日出之國東南彝，裸身被毳雕其題。白雉不貢火珠匿，聖朝干羽曾羈縻。飛艘萬里破潮汐，鼓刀入

郡都瘡痍。高凉山城大如斗，比屋常攖豺虎口。年來一旅拒三關，捲甲擐戈僅相守。妖氛昨夜撓欃槍，驚我耄倪半奔走。吁嗟此孽從何來？長鯨巨鱷排風雷。九首天吴豈助逆，六鰲無力三山摧。若道孤城垂纍卵，高凉太守安在哉。輕裘緩帶五花馬，親提義卒屯中野。千人殊守奮登陴，將軍却是從天下。前驅漂疾如縱鷹，群鳥紛紛毛血灑。僕姑射火光照天，陰風十里吹腥羶。群奴面縛成魚貫，酋首分馳太白懸。殺聲未已歡聲振，轅門奏鼓何填填。椎牛饗士解戎衣，一騎浮雲露布飛。白猿黄石非吾略，赤心視死真如歸。萬姓安危在反掌，書生豈敢攘天威。

**喜雨**　林春澤

六月悽悽憂思深，邇來雲漢更關心。青天欲洗四郊壘，滄海翻傾三日霖。遠喜瘴鄉生瑞氣，却看赤地散妖祲。漫携如意登樓舞，日暮風生萬壑林。

**署高凉歲餘還肇慶留别父老**

曉雲擁騎出高凉，始信并州是故鄉。心苦一年悲戰伐，路迷何處問行藏。山中已掃豺狼穴，海上争看日月光。忍别關門三老去，喜渠安穩事耕桑。

**發高州留别鄉大夫**　吴國倫

群盗初平淚未收，除書遠作夜郎游。無能未附循良傳，欲去仍含喪亂憂。戰後郊村餘古木，尊前風景似并州。他時父老應相憶，萬里雲山望海樓。

別諸生

荒村古堞三橋西，新鬼夜號猿晝啼。楚客長征日黯黯，蠻兵乍解天凄凄。頻年化俗半章甫，萬里傷心多鼓鼙。門下諸生總鸞鶴，何人先擇瓊枝棲。

別范將軍楊別駕

海城亂後天昏昏，客子未別先銷魂。霾霧暗驅千蜃過，怒潮横擊三山奔。將軍解贈蒯緱劍，别駕重携癭木樽。中路躊躇日已暮，那能執手排天閽。

送吴明卿自邵武移守高州　觀察　李攀龍　山東人

先朝五子結交情，一日青雲滿鳳城。漢主憐才金作署，楚臣能賦玉爲名。已應龍自延津起，那更珠還合浦生。直置壯游消不得，纔兼遷客重縱横。

中原五馬日騑騑，嶺外翻傳俗吏稀。逐客也須常作好，使君安見遠游非。庶無疾病堪乘興，况有登臨可當歸。飄泊秋風同一葉，幾時還向帝城飛。

寄李于鱗　吴國倫

千里思君又歲寒，病來真自厭彈冠。藏書未遂名山去，混迹其如末路難。卧治白雲生郡閣，酣歌明月滿長安。塵中車馬紛相索，那得逢人青眼看。

寄贈吴明卿自高凉遷貴竹　王世貞　太倉人，大司寇。

今皇禹貢古山川，似託圖經亥步傳。露冕再窮諸粤地，談經仍向百蠻天。無論張楚名空大，即使居彝道亦全。寄語雍容臺省客，幾人曾共伏滿年。

**答王元美**　吴國倫

辛苦雙魚寄遠游，此身天地一虚舟。越南未必窮遷客，海外猶聞有九州。兵火復驚降漢壘，雲霞偏擁望京樓。何時共醉金昌月，夢裏逢君淚亦收。

**寄吴明卿**　郎中　歐大任　順德人

別矣金陵歲兩徂，懷人落日在江湖。游曾太室周封史，賦似湘潭楚大夫。澹蕩容予間弄釣，峥嶸知爾老操觚。尺書遠寄衡陽雁，不道天南是海隅。

**答歐楨伯**　吴國倫

積雨南天瘴未開，鴻飛萬里一書來。懷人却問浮湘路，縱目應登望漢臺。江介秋風高伏枕，海門潮色壯啣杯。兩都携手論文後，光景其如短鬢催。

**寄沈比部純甫謫戍高凉**　員外　黎民表　南海人

石室經奇久未回，因思許靖向南來。刺桐花擁蠻姬醉，白芷歌傳逐客哀。瀧水半黄遥入海，楚山將暮一登臺。羊何舊好雖能賦，不共流霞竹下杯。

**前題四首**　主事　曾士鑑　順德人

道值投荒日，恩深報國年。餘生辭檇李，垂死到炎天。去住君親擊，安危宰相懸。亦知魑魅喜，敢望聖明憐。

巫咸不可問，獨醒近何如？五岳圖空負，三湘涕未疏。名收黨人籍，章入史臣書。客莫歌哀郢，猩猩傍謫居。

金鷄何日赦，丘壑夢常依。絳相憐何罪，蒼生望早歸。傳經資旅食，裂黻製戎衣。目斷南來雁，逢春又北飛。

削迹歸何晚，排閶死不辭。卧苦黄閣日，疏草白雲司。戍遠身仍錮，天高哭豈知。世人那免忌，吾道轉堪疑。

**送郭别駕遷靖江左相**　蔣希禹

征帆遥指嶺西頭，唱盡驪歌不可留。水瀨風和青雀穩，邊城春老杜鵑愁。山標獨秀孤城迥，江入相思兩派流。後乘西園應載筆，枚生詞賦自千秋。

**送蕭司理二首**

南風吹柳拂沙堤，折盡令人怨解携。直道不妨三黜後，行程更出五陵西。傷心岐路鳴班馬，極目家山是碧鷄。到日定應秋欲老，相思無數塞鴻啼。

宦海追游意獨親，拂衣自愛遠風塵。蛾眉傾國難銷妒，鶴性昂霄未易馴。長路幾驚時鳥變，遠峰多似夏雲新。征車行渡江潭水，作賦何須弔逐臣。

**送别駕黄穎芳之高州**

汪汪千頃舊知名，軒策新看對聖明。隨牒夏辭雙鳳闕，掛帆秋過五羊城。鏡承雀尾溪霞起，珠吐魮胎海月生。聞道東山丹井在，題輿早已到蓬瀛。

**送黄别駕歸吴中**　曹志遇

翩翩聲價口吹噓，怪爾王門亦曳裾。雲伴三山迎杖履，烟横一水足蓴魚。主恩非薄江都相，吾道由來羊子書。世態好憑尊酒問，升沉滿眼竟何如。

**答同寅王汝存别駕**　曹志遇

弱冠才名已不群，久憐白髮老劉蕡。蕭蕭薄宦仍南徼，惟有詞盟獨屬君。

漢時人物晋風流，百代菁華腹笥收。吏隱頗饒山水癖，揮毫漫興自千秋。

當朝誰似仲宣才，炎徼文明賴爾開。漫説甑甀吴季子，可知今日和歌來。

**射圃亭觀諸生習射**　魏浣初

車書久矣越裳同，聖訓重申到澤宫。武備本兼文事習，今人真見古儒風。雙雕直迸雲霄外，三爵還陶揖讓中。射策也懸正鵠在，莫將小技謾誇雄。

其二

賢哉太守漢循良，筆架山前起射堂。孑孑干旄言采藻，青青子佩學穿楊。人如鄒魯弦歌暇，地似幽并廬舍荒。弧矢生來丈夫事，會須一箭落天狼。

**高凉八景**　郡守　蔣應泰　古燕人

一鑑窺寒碧，光芒薄素秋。沙痕侵古岸，塔影砥中流。出没魚龍伴，孤明河漢浮。每因天籟寂，獨

涌大江頭。鑑江秋月

俯見群山拱，搜奇興不禁。風高梳積翠，日煖散松陰。謾咏清新句，彌增太古心。扶笻時少憩，長嘯碧山岑。茂嶺晴嵐

閒亭徙傍望，恍若一舟横。蕩漾波難撼，陸沉風自鳴。四時蒼蘚合，五夜白雲生。欲訪蓬壺勝，凌空載鶴行。石船蒼蘚

插漢數峰奇，文光信陸離。曉烟疑染翰，夜雨欲題詩。蘸海龍蛇動，書空星斗移。軒開長對此，朵朵列罘罳。筆架青峰

尋僊無蜕骨，問竈有遺丹。雲母光堪挹，霞脂釀不乾。静思隨採藥，閒擬學驂鸞。一片坡平敞，千年尚指潘。潘坡丹竈

舊是昇真處，真堪汗漫游。不知爐火滅，猶有井泉留。玉檻天光映，銀藏雲氣流。飲來輕兩腋，極目眇神州。觀山玉井

往往空山裡，吹來樵採聲。無憂徐度曲，高隱不知名。好鳥頻相和，群猿總不驚。重崗迴複處，裊裊過雲輕。東山樵唱

一水分雙曲，陶然見古漁。清歌忘旦暮，歡飲對妻孥。紅蓼灘頭月，青苔石畔鳧。都堪爲伴侶，不管世榮枯。雙渚漁歌

**戊申午日同元戎張荆山泛舟兼登山** 蔣應泰

風飄細柳出江關，贏得天中半日閒。試放蘭舟斜渡水，更移蒲酒上觀山。牙旗動處歌方起，畫角吹來暮始還。若使屈原今尚在，應教長笑碧波間。

**觀山懷潘仙舊迹** 蔣應泰

江城驅馬過西郡，潤雨松風喜尚存。山上仙翁閒白晝，井邊秋草冷黄昏。寒爐此日尋烟縷，活水何年煮月痕。前度孔鏞今復到，可能招手出雲門。

**游復龍**

高興剖竹逸情多，南郭看山獨放歌。花市人烟喧柳店，上方鐘鼓隔松蘿。政閒暫作溪雲主，心定聊尋水石窩。借問復龍庵裏月，西來消息近如何？

**秋日五里亭送客**

一笛寒烟吹木落，雁堂松菊每相親。烟迷五里亭前柳，酒中三秋馬上人。莫向水雲嗟驛路，好從猿鶴問花津。丈夫湖海原無淚，心近天涯亦比鄰。

**奉酬蔣侯招游觀山** 廉鎮 張偉 山東人

晴原草色映江關，載得春光解笑顔。喜有勝游消白日，可無佳句入青山。敢追張旭思狂飲，好向潘仙問大還。烽火已銷風鶴靖，徜徉長得此身閒。

**五里留别** 潘拱宸 古燕人

朝擁旌旗出柳陰，幾年白髮倚廬吟。暫將萊子三春夢，少慰都門五夜心。到處水雲空看劍，何人驛路共彈琴。簡書不敢爲君醉，命下還來此地尋。

**登塔**

一塔高撑古寺前，短笻收盡鑑江烟。眼空緑樹春千里，身近紅雲尺五天。笑我振衣山水外，幾人倚劍斗牛邊。城頭吹角寒潮晚，且下浮圖問釣船。

**題大陵驛** 魏浣初

是官皆是驛，斯地有斯丞。鎖鑰孤城抱，炊烟百室蒸。皇華停短馭，青樾蔓長藤。風雨逢迎少，聽更獨上燈。

**高凉郡自祖逆變，邨落丘墟，桑麻與荆棘相半，嗟哀鴻之尚未全歸也，城西有觀山焉，偶爾登眺，賦此志感** 兩粤制軍 吴興祚 古越人

秋深聊縱目，落日獨徘徊。海闊人初散，天高風自來。川原無起色，荆棘有餘哀。慚愧君恩久，嗟非濟世才。

**登觀山寺** 郡守 王際有 丹徒人

祇園曲折上層巔，面繞長城萬井烟。海闊浮雲騰舞鶴，山空古木亂啼鵑。文峰傍寺花生筆，鑑水臨亭石作船。把酒縱橫歸已晚，一江返照有餘妍。

**上宫灣** 茂名令 王原 青浦人

夭矯游龍水，鼃鼉窟宅尊。高丘平似掌，谺石豁成門。雲白傍城市，烟青隔岸村。臨風拄頤久，沙肋減潮痕。

**觀山**

西城衣帶水，對面小林丘。塵外此高寄，公餘得勝游。沙頭春市酒，烟際蜒人舟。最愛虛亭上，凭欄數去鷗。

**與諸生友度茂山書院故址，欲圖興復**

瀰望水浮村，行道多宿潦。蕩舟入魚塘，曲折愜幽討。書堂自晋代，故址委蔓草。諸生道余至，俯仰感懷抱。賢守關西裔，文教始麾纛。大啓鄒魯化，冠裳易蠻獠。我來千載後，弔古心慅慅。守土果伊何，興復苦不早。興復亦豈難，所貴長相保。規模稱文質，相度詢故老。我思此稅駕，頗愛軒窗好。但勿勞民力，審計成亟考。

**高凉八景** 茂名令 錢以塏 嘉善人

潦水歸潭盡，湍流似掌平。蟾光一線吐，夜氣十分明。逝者原無意，悠然別有情。静中消息好，萬籟不聞聲。鑑江秋月

山勢行來緩，迴來險亦夷。朝嵐轉點黛，春樹裊多姿。若箇將風候，非關欲雨時。阿誰穿嶺去，扶杖欲相隨。茂嶺晴嵐

片石孤舟樣，神仙變化成。廢興滄海换，風雨碧苔生。桂楫能摇易，蒲帆欲掛輕。如何不坐此，渺渺擊空明。石船蒼蘚

百尺高難並，三台峻與齊。窗開陪硯石，神助叶詩題。燕墨雲留黑，揮毫氣吐霓。謂天高亦甚，有級可攀躋。筆架青峰

往事由來幻，傳聞未足誇。是山皆勝境，無處不仙家。荒土埋丹竈，餘光剩紫霞。我懷潘令好，猶有佛桑花。潘波丹竈

水從山上出，掘井最高峰。甘與瓊漿比，源曾瀚海通。一丸鎔藥就，九軔惜塵封。能使枯泉活，還丹自有功。觀山玉井

城東山在眼，曠遠一坪開。裹飯樵相約，腰鐮雨亦來。分頭尋草木，隨意坐蒼苔。聽唱風前曲，穿雲到水隈。東山樵唱

把竿人在畫，無定此漁舟。侵曉東西岸，黄昏遠近洲。忘筌因對酒，擊楫便爲謳。若起南臺頌，慚稱百里侯。雙渚漁歌

## 石船歌

金玉二井井泉潔，仙人乘船愛游歷。白石丹砂煉大還，雁行蛇竇傳真訣。入水不能濡，入火不能爇。行如御輕風，顔如點絳雪。遥指蓬萊有路通，遂脱塵凡入仙列。留得扁舟藥鼎傍，化爲片石稱奇絶。君不見金鳳銜珠夢可據，並携鷄犬雲深處。我欲招手空中與爾語，何不擊楫揚帆上天去。

**丹竈** 廖燕 曲江人

仙人已去竈無烟，冷落空山玉井泉。我欲尋踪何處是，淡風凉月碧霞天。

**游觀山** 郡守 鄭梁 寧波人

仙掌高伸佛手垂，嶺南花果足稀奇。誰知還有菠蘿蜜，挂出僧頭在樹皮。

**游觀山** 茂名令 史隨 溧陽人

波蘿蜜熟木綿開，到此今經兩度來。欲叩參同契中訣，玉泉無水没蒼苔。

**偶葺書室，圍以竹欄，蓄一墨池，漫賦二首** 郡守 張兆鳳 嚴陵人

偶葺澄心處，何須木石爲。柯亭原是竹，滌硯便成池。樸陋還仍舊，風流應在兹。前賢尋樂地，未易許人知。

將縈濠濮想，不爲利名牽。食罷即趺坐，公餘且卸肩。詩□消白晝，鶴自唳青天。更有忘機侶，金鱗躍藻邊。

**前題次韻二首** 茂名令 虞金銘 金匱人

領得閒中趣，買山亦何爲。庭空調野鶴，風細俯清池。幽興原無極，盟心正在兹。玲瓏青玉繞，憑遍意誰知。

游絲雖百丈，魚藻可能牽。物妙閑凝目，詩成欲聳肩。半弓新鑿地，一鑑静涵天。清境誰人到，欣隨小沼邊。

## 高凉八景　舉人　黃大鵬　茂名人

晴川如匹練，秋月帶霜明。上下雙懸鏡，乾坤一太清。閒鷗分岸影，孤鶴掠舟聲。霞落烟波靜，魚龍夜不驚。鑑江秋月

一片平林翠，天風散彩霞。輕籠樵子路，淡抹野人家。縹緲雲歸岫，參滲氣奪花。無邊詩思好，登眺夕陽斜。茂嶺晴嵐

片石遺仙迹，悠然濟物心。帆飛江海闊，櫂歇莓苔深。雨露和春夏，風霜耐古今。津梁如可問，擊楫願相尋。石船蒼蘚

台鼎當陽列，三峰類削成。硯洲供細點，筆塔賴高擎。黛重雲初散，烟深墨更明。巍巍凌漠表，長對案中横。筆架青峰

信是神仙窟，登臨動所思。鑑江朝洗朮，東嶺暮烹芝。黃鶴何時去，丹爐此日遺。烟消火冷後，騷客幾題詩。潘坡丹竈

峭壁山臨水，荒凉井在巔。冰壺晴映日，玉鏡晚含烟。清液惟仙汲，幽林任客穿。雲封勝迹後，空有碧苔蘚。觀山玉井

日色纔臨樹，樵夫入薜蘿。影横黃葉逕，聲出白雲窩。俗語偏成調，土音即是歌。負薪歸欲晚，款款度山阿。東山樵唱

雙渚分江水，孤舟放晚烟。長竿風木畔，細網荻花邊。美酒將魚換，高歌對婦眠。每逢灘月好，停

棹夜敲舷。雙滘漁歌

**耕耤二首**　張兆鳳

聖朝崇稼穡，率土祀先農。三獻爐烟嫋，四郊瑞靄濃。鋤雲新霽色，種玉遍花封。秉耒頻推畢，謳歌處處逢。

繡陌繞行旌，兒童帶笑迎。一犁春雨足，萬户歲功成。農事豳風譜，里謡擊壤賡。高凉閒歲月，對此不勝情。

**前題和韻**　别駕　陳樹芝　長沙人

聖心思粒我，展祀拜先農。節届條風暢，春深澍雨濃。致齋同夕祭，備禮陋東封。五馬追隨日，争誇景運逢。

太守建干旄，千村竹馬迎。扶犁知歲穩，播種兆秋成。田叟旗頻拂，歌兒曲細賡。不妨書大有，先慰九重情。

**自省旋郡浴熱水賦感**　張兆鳳

不耐炎威粤海濱，偏從熱水浴精神。摩挲鐵骨難諧俗，滌蕩冰心自可人。天道無私宏化育，川源有脚發陽春。平生足迹半天下，老我風塵豈問津？

**觀山**　潘士毅　北直人

相傳仙子已成丹，留得佳名山可觀。不欲點金寧竈冷，爲難澆俗故泉乾。自乘黄鶴歸瑶圃，剩有青松老石壇。幾度登臨多熟識，人疑我是昔年潘。

**和韻** 昔有潘茂名煉丹於此山，成仙去，遂以名名縣，今石船玉井現存。 張兆鳳

此地仙翁曾煉丹，殘山剩水亦奇觀。船因石重風難挽，井爲爐荒液自乾。鸞駕蓬萊花作縣，鶴歸華表草生壇。既留姓氏人間耳，何著茂名不著潘？

**前題和韻** 陳樹芝

丹竈空聞久轉丹，芳郊雲樹剩奇觀。金中見月何須補，火裏生蓮本未乾。誰問黄芽誰得藥，更無白足與登壇。只今牧竪閒憑弔，記取當年人姓潘。

**癸丑春從新闢山路回郡志感** 張兆鳳

跼蹐泥途似履冰，往來此路更堪憎。逢山開道非靈運，遇水尋花是武陵。鷄犬稀聞知市遠，黍苗滿目卜年登。歸思且待蓴鱸美，世態如脂愧不能。

**潘仙採藥歌** 舉人 余麟傑 茂名人

邑有仙人名茂名，丹丘訪道悟棋枰。蛇竇雁行通易理，丹砂白石恣煎烹。別有大還成九轉，出郭悠然任意行。挺身曳杖山椒去，排葛捫蘿介路成。心茅芟盡仙葩艷，九節菖蒲恰寸莖。千歲蟠桃熟頃刻，交梨火棗盡滋榮。取携自我歡盈載，一肩擔去共誰争。世人孟浪尋仙迹，舉趾面牆歧路横。眼前仙藥迷不識，踏破天涯採蔓荊。君不見秦皇倩取千人力，兒童海上日紛營。三山奇藥不可得，舟行風引望峥嶸。又不見少翁欒大蒙漢武，祠神未集鬼傖儜。輸卻金枝玉葉主，朱英瑤草遠蓬瀛。

**游靈湫巖贈石和尚** 進士縣尹 梁聯德 茂名人

幻著袈裟倚碧峒，未離色相禪心通。全憑山骨參差出，半在水痕明滅中。鷲嶺已難尋鶴夢，荻花何必問西風。洞門參得真如偈，始信乾坤一太空。

**登電白望海樓** 僉事 黄澄

山城陟遍此爲奇，地迥樓高夕照時。蠻壑蜿蜒龍去遠，海天空闊鳥飛遲。籌邊政暇宜延賞，破虜功成好賦詩。惆悵老兵歸去久，夜來猶聽角聲悲。

**題望海樓** 尚書 王宏誨 定安人

萬頃蒼波檻外明，三山巨浸接盃平。扶桑日抱黿鼉穩，若水雲連島嶼輕。池湏樓臺含蜃氣，天空雷雨送潮聲。風流仙令憐方朔，欲賦元空愧未成。

**電白縣行臺和王高二道長** 御史 熊蘭

海波浩渺接城門，海氣連天白晝昏。牢落版圖頻度嶺，稀疏茅屋歲成村。地磽稼穡輕租稅，水聚魚鹽富子孫。可怪吾民忘止足，自甘弗靖負君恩。

**題茶亭八首** 憨山道人 德清

萬里投荒日，時方大火流。經年頻望雨，三歲不登秋。蔽野驚人骨，悲風動地愁。天高難以問，心折此淹留。

焚澤非炎徼，行人獨愧醒。瘴烟千嶂黑，草木四時青。颶觸秋濤怒，人蘄厲鬼靈。從來皆浪迹，今日更漂萍。

火宅誰堪避，清涼自可求。天低偏近日，樹老不知秋。海月心何寂，空雲思欲浮。卻憐無住客，終許寄滄州。

舊説雷陽道，今過電白西。萬山嵐氣合，一錫瘴烟迷。末路隨蓬累，殘生信馬蹄。那堪深樹裡，處處鷓鴣啼。

遠道經行地，孤雲獨可憑。有家俱是客，無累卻爲僧。毒霧熏心醉，炎風透骨蒸。翻思高臥處，儼若履層冰。

行腳元吾事，擔簦故所能。心懸萬里月，肩荷一枝藤。旅食愁蠻語，安禪喜俗僧。降魔空説劍，今日始先登。

出世還行役，誰悲道路難。長戈聊當錫，短髮不勝冠。沆瀣餘三島，炎蒸厲百蠻。天南回首處，落日是長安。

皇天無不覆，豈獨外遐荒。曲折吾生短，馳驅世路長。但知心似雪，不覺鬢如霜。隨地堪埋骨，君恩詎可忘。

**題電白八景**　孔鏞

孤城負崇岡，碧障高千尺。藉此作金湯，永固同磐石。莊山碧障

白雲飛淨處，天際一峰青。眺望臨殘照，相看對畫屏。蓮嶺青屏

昨夜春雷動，幽潛起蟄蟠。驪龍忽飛去，潭浸頷珠寒。龍潭映日

何人乘騄駬，印踏在山骨。春風長緑苔，蔓布不復識。馬踏生風

怪石肖神龜，何時在深壑。伏氣自長年，誰見啖稻穲。石龜伏壑

孤嶼柱中流，湍浪激巨石。曾聞泛海航，放鷄祈神翼。放鷄回瀾

地竅想通海，此泉出陽谷。涵雲暖似湯，我來試春浴。温泉春浴

鹹池波不興，風静魚龍息。魚歌月滿舟，海天秋寂寂。鹹水晴魚

**觀海樓咏**　御史　姚虞

天涯歲暮獨登樓，海日冥冥暗水洲。鰲島蛟龍渾不擾，蠻山瘴厲静無浮。百年貢賦通南極，千里旌旄獨上游。近日珠涯開破敵，爲傳青海奏皇州。

**前題**　德清

**浮山寺五首**　御史　涂相

予巡歷高州等府，事畢回省。自古潘驛至那夏驛，漫成紀行詩五章。有司請刻之，蓋竊取昌黎所過處，鐫銘記日也，非以詩。

漠漠古潘路，炎炎那夏途。拂雲無石燕，驅瘴有金鳧。興逸奇峰對，心清正沼俱。酷陽須雨澤，涸轍有魚枯。

樹靜曉風微，林花帶露垂。行人知遠避，琴鶴解相隨。揮汗疑成雨，凝雲似促詩。飛禽亦斂翮，深樹擇棲枝。

路遥浮山嶺，清風拂袖來。鶯聲藏暗柳，鳥迹印深苔。歲月催絲鬢，乾坤自玉臺。商霖雖有志，經濟愧非才。

巡方南欲盡，日酷覺天低。荒野無人到，空林鳥白啼。遠花紅半露，深樹緑初齊。舉目堪流淚，鄉關萬里迷。

暝色入山菁，輕雲斂石屏。明生廣寒月，光動太微星。旅夢勤家國，年華老驛亭。丈夫經世志，不爲逐浮名。

**提兵征黎寓察院二首** 大司馬 蔡半洲

連朝秋雨溟山城，似瀉天河洗甲兵。八井亦知憐赤子，倒懸何以解蒼生。宣威定擬軍麾捷，昭德還看海島清。自古萬全爲上策，肯將戈盾博虚名。

桓桓戎馬赴邊城，蕞爾潢池敢弄兵。多算共占全取勝，設心猶欲爲全生。樓船駕海鯨波静，鼓角鳴秋嶂霧清。諸將雲屯垂遠略，試看買犢卻垂名。

**和蔡半洲征南韻** 參議 汪大受

攬轡回看百粤城，秋高絶域此觀兵。氣蒸虎帳山雲擁，光射霓旌海日生。千古群蠻威震讋，少年一室志澄清。伏波勳業浮烟裡，父老何須更問名。

滄溟繚繞此孤城，野曠雲屯百萬兵。買劍本期追渤海，封侯何意並班生。四郊氣静秋雲暖，五嶺烟消夜月清。刊壁沉碑翻自笑，古今豪傑幾浮名。

**游霞垌村陪郡守石簡行紀述** 祭酒 程文德

凌晨出東郭，駕言霞垌尋。元雲歲已晏，摇蕩如秋陰。郡侯導朱蓋，遷客隨青衿。匪也事盤游，建邦古所欽。行邁遵新陸，睹矚意彌歆。路轉紆平原，寒田緑草深。村童時聚觀，未識官府臨。鳴騶指射牛，午餉歸豐林。池竹映蓬茅，忽感幽居心。前旌憇荒堡，更薦何生鬻。巍峰訂絶奇，雲即霞山岑。迤邐循其麓，倏然日西沉。驀帷見新月，欣然動微吟。入竹舍崔氏，月落星轉參。山靈若有相，天宇散雰霪。朝日蕩春和，周原復陟嶔。辨方爰正位，山川若帶衿。形勝肇開闢，城郭乃自今。岡頭久延停，感嘆思不禁。願言司牧者，作則貽徽音。

**又北上過電白**

凉初正喜南樓會，秋盡忽驚西陌分。萬里萍逢真浪迹，百年道義重離群。携琴夜過湖山月，走馬朝隨電海雲。知爾情深三日淚，相期莫負昔時聞。

**弔李烈婦** 吴國倫

黄鵠雙飛振北林，雌雄相失晝陰森。一時雨暗崩城淚，千古霜寒匪石心。宰木似龍交繐帳，重泉猶自合箸簪。生芻想像人如玉，問俗停車感慨深。

**烈婦行**　教授　王士龍

公無渡河！圻南岸北皆風波。夫君胡爲急梭梭，沉舟滅頂將奈何。于歸感君情義多，捐生從君殯山河，綱常千載山嵯峨。妾心鐵石應不磨，毋死涕淚空滂沱。

**鄭氏殉夫**

芳名天地老，烈行古今悲。義重于歸日，心安殉葬時。雙魂知有合，一死竟何辭。百歲墳頭樹，應生連理枝。

**題熱水**　金鋐

萬里蕭蕭信馬蹄，桃花驛路傍前溪。孤樓丹嶂雲中並，熱水蒼苔檻外低。滿目香烟懸使節，八春寒雨濕征鼙。暫逢僧話占風俗，爲指歸鴻海曲齊。

經過亭子碧山陲，景物悠鮮春日遲。花藹隔崖巢翡翠，水還曲檻鑿玻璃。身隨道路牽車輦，興到河山問酒卮。載筆承恩聖澤久，南巴清夢轉差池。

**浮山**　何仞樓

問道當年決漢時，孤峰飄泊到江湄。青山亦肯隨流水，緑草於今卧斷碑。沙淺暮烟生瓦寺，夜深明月照棠梨。三橋雨歇鐘聲落，側聽溪人唱竹枝。

**小瀛洲**　程文德

暮出城南門，江渚繫蘭舟。悠然會我心，來登小瀛洲。凉風動茂樹，明月瀉千流。宇宙稱奇勝，兹島獨兼收。俯仰窮睇眄，况復臨中秋。寄言同調者，莫道登瀛游。

前題　黄會圖

伊余慕奇勝，遥遥滯天末。悠然動清興，城南駕言發。問渡古瀛洲，臨風停我策。隔水望孤嶼，石筍嵯峨拔。垂蘿掛烟嵐，飛磴阻履屐。褰裳涉潆洄，倏忽已飛越。微風吹水面，湍流洗仙骨。娟娟翠竹媚，湛湛清泉戛。縱横自可盤，上下都奇絶。朝看嶺上霞，夕弄松間月。長嘯滌塵襟，狂歌濯短髪。鼓棹潛蛟躍，垂釣游魚没。願得翔天路，化爲濟川檝。珍重砥中流，毋令芳烈歇。

前題　户部主事　李麟祥　信宜人

瀛洲一块水鏡開，别是蓬壺圻泐來。東鞭西弭懸日月，青天白晝吼風雷。齊諧弔詭志不得，或涙或没水長嚙。如獅如象如虯形，倏忽鬼神潛出入。自然媧氏百鍊成，派分龍門禹穴名。秋深歲月蛟龍長，茫茫海島四無垠。最恨祖龍慕著鞭，永棄江岸幾千年。鮫人娶婦渾不管，蒸雲吐霧帶花眠。説伍牢騷松谿子，顧我謔浪情不已。留此瀛洲作話傳，一咏一觴振如此。邇後雜遝罕逢迎，長松落日枕孤城。明月在天還自照，野花流水逐春生。至今説與浪游人，浮雲蒼狗君勿論。但使長江片石在，恣君泮涣老乾坤。

奉和星巖侍御九日登翔鳳臺　李麟祥

荒臺百丈掛藤蘿，駐馬登游載酒過。日色濛溶天淡抹，風聲嘹嚎雨斜拖。憂時蒿目心同遠，戀闕幽懷賦更多。借問當年程太史，金商瑟瑟奈秋何。

## 李侍御新建東山文昌閣落成　李麟祥

文昌新閣嶂東川，古木清幽不記年。城郭萬家烟火合，宮牆千丈彩雲連。龍山風雨天同潤，鳳嶺圭璋日共纏。報道竇陽欣御李，幾人瀛水並登仙。

## 小瀛洲　合浦教諭　李東紹　信宜人

我本雲海客，好爲海外游。奇峰天際向天横，自古談瀛洲。波濤浩渺兮烟雲茫茫，金闕銀臺兮葦難航，安得靈藥兮達上方。駟玉虯以遨游兮，駕鸞車而翱翔。浩浩東溪水，青青南嶺雲。怪石嵯峨龍虎踞，孤嶼突兀四無垠。松竹迷曲徑，清流落夕曛。四郊鷄犬聲，渾如空中聞。倚石迷花興未闌，月皎皎兮出東山。林巒凝華兮庭積素，千山萬山骨刻露。風泠泠兮披我襟，露零零兮如珠。出没兮游魚，水湛湛兮如虚。足躡白石磴，身登青雲梯。碧空四望水光遠，杳藹直與仙宫齊。一片豪情嘆未遂，閒心聊借此間棲。

## 信宜八景　邑令　徐鳴珮

軒翥疑從洛上來，晴空入望送春回。書啣漢外晴雲合，翅插天中曉日開。兩岸烟輕花是錦，千山嵐蓋雨相催。碧梧止應朝陽瑞，吩咐流鶯且莫猜。鳳岡春曉

雄峙分明長四靈，窖涵風雨近天庭。層崖峭泐雲如蓋，亂瀑斜飛石自扃。爪現大華峯九似，腰迴群嶽折三停。應知掣電轟雷起，尺木空中獨送青。龍窖晴烟

何代仙人煮玉漿，江心火井鬬汪洋。風吹亂拂琳琅屑，日照長煎琬琰肋。一點氤氲凝紫氣，半天星

斗浴砂床。魚龍波底應燒尾，放出元珠萬丈光。温泉濆玉

晶簾百丈水飛花，選勝因知龐瀑佳。巖洞何年開玉宇，風雲連日護洪崖。龍歸古洞藏春雨，馬落前邨啄晚霞。天暮省耕回馬首，夫人祠畔日西斜。龐瀑飛珠

卻憶東山對趙山，馳驅驛路幾時還。欲尋絶頂看雲起，且向靈源吸霧鬟。嵐外風清森畫戟，州前漢緑瀉湲潺。紛紛好雨盈堦下，遮莫隨車透隴間。趙山聳翠

天馬行空雨未收，雲衢千仞志昂頭。驕嘶幾庶凌風舉，汗血經年御日游。踏破紅塵眠草色，俯低山月飲江流。看來伯樂真知己，徹夜精光遍寶州。馬嶺超驤

澗水遥從天上來，溪雲簇簇覆荒苔。中峰石静蟠龍吼，百道泉流過雁迴。旱魃無愁逢澤國，豐年有象到春臺。憮憮每把憂民病，憩此軒渠笑口開。高凉雲澗

欲覓仙迹何處逢，側聞巖畔有遺踪。石床斷蘚經年鎖，丹竈間雲盡日封。古洞溪聲疑笑籟，樵童牧豎見儀容。幾時鐵笛邀明月，踏上名山第一峰。石峒仙迹

**黄坡嶺寺**　新安訓導　李季臨　信宜人

經年不到黄坡嶺，此日登臨古寺栖。冷落鐘聲千嶂寂，高懸刹影萬山低。仙人雲外乘鸞嘯，游客天邊勒馬嘶。洞口深深知幾許，欲從山下問桃溪。

**信宜道中**　高廉觀察　黄岳牧

信義當年舊得名，鳳岡烟繞寳江清。群山南北齊趨海，二水東西合抱城。遍閲田疇春稻早，每逢村

落翠陰生。留連人在斜陽裡，歸騎何妨緩緩行。

**題韋烈婦節孝坊**　教諭　龐良驥　南海人

紅雨飄零二月天，萼花相繼恨能填。來時已作雙飛鶴，去日寧非並蒂蓮。素練影寒情尚繫，畫梁春寂義猶懸。埋香自愛追千古，不爲人間賣可憐。

**八景吟**　李東紹

在昔有仙人，寄迹石洞間。石洞深且窈，白雲時往還。雲氣充積滿，飛揚遍空山。有山號雲岫，萬丈不可攀。上飛百道泉，下流千尋澗。澗泉縈烟雲，仙人常駐顏。三昧有真火，以煉九還丹。丹成火未熄，水底沸波瀾。臨河競濯纓，春冬不知寒。四靈應瑞至，山水多奇觀。彩鳳垂雙翼，左右繞激湍。玉龍蟠兩窖，風雨起林巒。神物工變化，種種足盤桓。趙山聳蒼翠，龐瀑飛琅玕。仙人駐世久，駕駟白雲端。天馬行空去，下留一馬鞍。鞍具奔騰勢，似復聞蟬蟬。勝迹不肯泯，遺與後人看。嗟予無世情，長此以圖驢。揮策青崖上，漸覺天地寬。

**清白亭**　宋　胡寅

聞話羅城刺史尊，關西夫子是師門。太清不取班超論，堅白寧同惠子言。琴几蕭然心似寄，銀鈎精甚勢如騫。政成歸報蘧廬兆，常使甘棠蔭本根。

**觀風樓**　僉事　呂沆

龍山鳳井兩争雄，百尺危樓俯碧空。三日一墟人不斷，雙流繞郭海相通。楓林樹色依天外，茅屋鷄聲隔水東。臯府公餘登覽處，大書樓上號觀風。

**柳公橋** 元 林海

名郡引甌越，亨衢履泰莊。柳公字宏偉，觀前有虹梁。穹然跨碧澗，影落寒長江。天津與駟馬，氣勢遥相望。聞鵲與題柱，古意猶存芳。矧兹利濟涉，日登宣化堂。堂深書帙静，郡牧最忠良。吾民永爲好，千載安且康。

**題范公墓** 吴國倫

出郭平堤曉霧重，停車宿莽吊遺踪。林間斷碣題金馬，冢上孤魂卧石龍。彤管細書今尚在，青蒲直諫古難容。炎荒寸土千秋骨，誰擬行藏似蔡邕。

**平寇宿四賢書院** 吴國倫

陵水郡前陵水環，氣蒸青瘴出烏蠻。鷓鴣啼老桄榔樹，猶有南征客未還。

**游昌化寺** 王宏誨

化國景舒長，明昌移佛日。川擁恒河沙，殿耀金天質。忍草布祇林，曇花函貝帙。應鉢石龍吟，焚身香象軼。經過初地變，徙倚上方密。傳經待海童，聽法環鮫室。仙路十洲通，人寰三島寂。居士誰開山，太守昆邪匹。萬口協謳歌，四郊戴寧一。指揮若響應，勸募争輸集。經營歡子來，變幻疑神弼。雲巖映綺櫳，鰲岫攢幽潔。遂令寶嶺隈，倏爾琳宫別。僕本江海人，紅塵厭氛涅。堂希緑野開，恩許鑑湖佚。平生好游觀，到處耽禪悦。山水發清機，風泉暢澄徹。遐覽意何深，冥搜念未折。空門如可逃，請訂無生訣。

**游那陽山**　布政　陳珪　化州人

山川自昔因人重，此地惟今我始游。愈上高峰愈奇勝，不登絶頂不教休。雲浮陰洞疑無際，人倚青天欲盡頭。獨上蒼茫看元化，遥瞻北極是神洲。

**那陽山**　庶吉士　姚岳祥　化州人

翠微直上共游翱，萬里寒光拂佩刀。象馬參差懸古石，龍蛇結窟下奔濤。浮雲不斷峰陰合，旭日相將海氣高。回首蠻荒天地老，獨憐銅柱古今毫。

**化州八景**　知州　沈水

案山近接主山連，鬱鬱青葱人眼前。須信侯封三寶重，休誇明月燦珠躔。寶山積翠

羅山夕照半江明，江上驚濤夜不生。鼓枻中流飛若駛，望中指點越王城。鑑水飛帆

嵯峨片石出芙蓉，獨峙中流百尺峰。雲霧一朝江上起，恍開頭角奮蛟龍。立石中流

閒向峰頭一振衣，千秋夜月望霏微。須臾月出滿天淨，指點長江涌碧輝。千秋夜月

野色團團飛翠來，登高一眺十洲開。重陽寧少登臨興，饒有山花映酒杯。登高野色

青山面面翠微連，臺向奔流障百川。一顆驪珠翻白浪，應知雷動起龍眠。驪珠波光

烟雲静捲翠重重，指點羅陽第一峰。春雨海濱奮首去，方知此地有人龍。龍岡盤石

飛鳳山泉名鳳井，鳳泉應不是貪泉。于今一鑑清如許，萬石蠻荒滌瘴烟。鳳井名泉

**石龍** 提學 章拯

繡嶺驅行役，羅江喜客心。真游化人國，試聽石龍吟。靈物何時躍，斯文豈陸沉。春雷奮頭角，好去作甘霖。

**范公墓** 學使 歐陽鐸

斷瓦缺趺記昔時，寒烟欲淨見新祠。一封疏撼朝陽殿，三府名書黨錮碑。洛下書生朝野恨，江南冠履鬼神知。奸諛謾説權生死，鐵漢還從嶺外歸。

**高材山** 陳珪

暫輟清朝鵷鷺班，稍分微禄買青山。非因猿鶴多情思，難得漁樵識面顔。遶峒浮雲春靄靄，灌田流水夜潺潺。謝安寧爲蒼生起，囑咐浮雲好閉關。

**六王山** 陳珪

第一峰頭縱大觀，千巖萬壑品題間。卜居擬入烟霞洞，設險還依虎豹關。未暇羅浮尋石室，不須勾漏覓金丹。何年整頓乾坤了，決計携家入此山。

**沈太守邀飲驪臺口占紀勝二絶** 王宏誨

兩川襟合翠微重，覽勝高臺對秀峰。碧浸黿洲浮彩鷁，光含鮫浦戲驪龍。

大陵春滿河陽色，刺史名高漢吏封。望入瓊臺堪徙倚，興來剡棹慰過從。

**驪珠臺觀競渡和沈太守** 御史 樊玉衡

潺湲百尺涌層臺，龍母佉珠赤水開。天入滄浪垂釣去，月明星斗泛槎來。畫橈吊古千年事，彩筆題詩一代才。最是東陽賢太守，樓間八咏自新裁。

**珠臺二首** 張兆鳳

二水中分白玉堆，江心涌出一珠臺。川輝澤媚垂儀象，不是驪龍頷下來。

川城斗大水瀠洄，鶴鹿隨車步此臺。欲鎮山門無玉帶，江神應笑我徒來。

**珠臺和韻** 知州 孔傳祖

璀璨圓明水面堆，波光瀲艷繞高臺。山輝川媚鍾靈異，卻似珠還太守來。

波心迴出水瀠洄，因以珠名建此臺。名勝品題留好句，淵源詩學曲江來。

**極浦亭** 宋丞相 陳宜中

顛風急雨過吴川，極浦亭前望遠天。有路可通環嶼外，無山堪並首陽巔。嶺雲起處潮初長，海月高時人未眠。異日北歸須記取，平蕪盡處一峰圓。

**望海** 學士 解縉 吉安人

吴川望海水溟溟，萬斛龍驤一羽輕。沙磧煮鹽凝皓月，潮痕遺貝麗繁星。硇州夜露金銀氣，神電晴嵐鸛鶴鳴。玉節南來入北極，安邊歸頌海波平。

**題特呈山温通閣** 解縉

峰濯滄浪應斗魁，波瀾繞翠浪頭排。火烟光起鹽田熟，海月初升漁艇回。風送潮聲平落去，雨將山色特呈來。地靈福氣生天外，自有高人出世才。

**寄奉陳白沙先生** 同知 林廷瓛 吴川人

經年不見先生面，此日誰開後學茅。久欲傳詩無淨稿，更從何處解新嘲。畫師縱得青山妙，一幅難量萬仞高。會了方圓同學意，千年終有一人豪。

**贈南峰林廷瓛** 檢討 陳獻章 新會人

黄甲科名重一時，病夫何早閉齋居。洪鈞賦子一如是，問我去來都不知。人畏丹青應自試，道能舒卷更何疑。天機莫道難尋處，山峙水流盡我師。

**贈林南峰之永嘉** 大學士 李東陽

楚客曾經粤地游，每從杭士説温州。城因海近魚頻入，山爲霜繁稻更稠。民力固知非往歲，甲科今已得名流。登臨不與承宣事，肯教功名過黑頭。

**題節婦李氏烈女林玉愛詩四律** 吴國倫

羨爾孱然質，堅於百鍊鋼。自看身是寶，豈顧刃如霜。雪裏挺松柏，禽中見鳳凰。世人皆有死，誰似汝名香。

深閨蠅不到，殘賊夜知尋。便下殺人手，難移烈女心。半生無寸累，一死重千金。只恐芳名泯，含愁爲苦吟。

聞而遭賊死，鎮日爲含愁。血盡神彌壯，喉穿罵不休。精金石烈火，砥柱矻中流。寄語諸良史，芳名爲早收。

恨彼豺狼輩，横行不畏天。但知人可殺，豈識烈女仙。頭斷須臾事，名傳萬億年。聖朝求節義，首見下吴川。

**硇州弔古二首**　吴國倫

一旅南巡瘴海邊，孤舟叢樾繫流船。從容卷土天難定，急難防元地屢遷。丹鳳未傳行在所，黄龍虚兆改初年。當時血戰潮痕在，長使英雄淚黯然。

海門鯨浪吸硇州，諸將當年扈蹕游。赤岸至今迷御輦，蒼梧何處望珠丘。行朝草樹三千舍，故國烽烟百二州。争死崖山無寸補，獨餘肝膽壯東流。

**舟次吴川督餉**　曹志遇

卧閣暫抛琴鶴侣，輕舠旋覓水雲居。只緣海上傳烽警，且學關中督輓輸。路哭幾人憐馭馬，機忘有客欲知魚。諸艘鱗次需颷發，未許珠崖上罷書。

**吴川觀海歌**　姚岳祥

海水清，涵天浴日無垢冥。海水廣，吞河汲川有消長。海水深，蛟龍蟠伏杳難尋。海水闊，歸空浩蕩竟達洞。我欲溯流窮其源，頗奈汪洋不可前，誰窺浴日與涵天。我欲控瀾揚其波，力不從心可奈何，誰側吸川與吞河。我欲浮舟問其津，百怪紛紛復芸芸，誰辨蛟龍之神。我欲横磯濯吾足，萬濤奔逐復奔逐，誰擣歸虚之谷。時維四月暫成隙，偶携故人共登劇。憑高縱眺滄溟寬，依稀欲遇乘槎客。燭籠蒸鬱海若驕，白浪茫茫山欲摇。惡風晝起鳴蹊馬，瘴霧昏籠噴怒潮。驚使更番縮不住，蜃樓出没近猶饒。張帆怯見紅旗動，鼓鼙疑將赤岸飄。更有潢池弄兵者，連艘撾鼓西南下。揚戈頓使洪濤腥，一炬堪憐萬家赭。白骨漂流葬魚腹，夜夜水濱新鬼哭。馬上將軍知不知，猶向華筵厭粱肉。萬里堯天覆幬均，海隅渺渺念吾民。寄語將軍須努力，好教一戰淨妖氛。

**吴川八景**　舉人　凌霞　吴川人

躍耀朝陽出海東，浮光翠色聳文翁。限門浪蹙輸飛雪，通駟波涵映碧虹。樵唱麗山烟景外，漁歸極浦夕陽中。等閒一覽憑高久，月滿延華淡靄籠。

**特呈山**　舉人　陳景廉　吴川人

地極東南水拍天，層波還擁翠峰連。星懸北閣承朝露，影到前村起暮烟。颯颯潮風嵐氣靖，崚崚石徑浪花圓。巨靈惟恐狂瀾倒，特敕崇巒障百川。

**題特思山**　林廷巘

嶺海撑持有此山，孤高形著兩儀間。烟霞淨盡人争見，風月晴和我正攀。青則芙蓉天不改，員于車蓋世應難。特思時渴雲霓望，便作滂沱雨一番。

**限門** 吴川令 **盛熙祚** 秀水人

南溟潮頭如雪山，鵬摶鯤運摧人寰。何時巨靈沉積鐵，兩崖盤互波灣環。艨艟巨艦不得渡，儼若海底鎖重關。當年草竊偶闌入，峰屯豕突須臾間。嚴城百雉屹砥柱，從容裘帶障狂瀾。指揮偏裨殲此賊，霜鋋照日雕弧彎。平沙莽莽横殺氣，落日慘淡朱旗殷。戈船激電掃殘孽，寧遺一舸令生還。星羅置戍壘棋布，籌邊樓上風雲間。海山如黛波如鏡，功在汗簡疇能删。聖朝尚德天廣大，九譯通道來八蠻。

**秋八月重過吴川與諸生小集吴氏廬賦詩寫懷** 明益工子 **朱慈燭**

吴水吴山畫不如，重過先問故人居。林間野色秋心冷，海水風帆客興疏。寄傲無非千日酒，停雲未荷半行書。相看共結天涯社，遮莫閒愁一笑餘。

**林廷巘贊** 解元進士 **倫以諒** 南海人

星輝王良，海渺蘅芳。繡虎言就，剸犀擅長。郎星移度，佐我黄堂。功成熊襜，帝錫鸞章。厥父厥母，實惟顯揚。嗣有二秉，武紹書香。兆珍其間，居國之光。百千萬祀，斯宦斯鄉。

**寓石城寄懷郡公** **王湛**

刺桐花繞瘴江濆，花裏銜杯忽憶君。鑑水往時同泛月，石城今日獨看雲。風回漲海飛濤壯，霞捲層巖遠翠分。徙倚空堂倍岑寂，四愁歌罷又斜曛。

藹藹堂陰匝郡城，懸蒲長日訟庭清。賜金已動朝端色，賦雪兼高郢上名。

剖竹南游漲海濱，循聲籍籍九重聞。喧傳昨有徵黄詔，彩鳳銜來與使君。

郡閣頻年卧理清，問奇時復進諸生。坐令嶺表家絃誦，不減文翁化蜀名。

觀山晴翠接雲浮，鑑水烟波繞郡流。多暇不妨偕佐吏，雨中雙屐月中舟。

**送鄒翰林汝愚以抗疏謫石城吏目** 祭酒 蔡清

識君未三月，别君遽萬里。自疑非丈夫，淚落不能止。

識君未三月，别君遽萬里。應思生才難，莫負乾坤意。

慷慨出門去，默與千秋期。飽喫石城飯，莫和淵明詩。

**前題** 陳獻章

笛聲且莫哀，逐客過江隈。還到海邊去，卻因何事來。著書多在篋，遇酒輒啣盃。謾言生意盡，寒雨濕核荄。

**次鄒汝愚陽江道中見寄**

落花遥對石城春，半篋殘書一病身。茶筅粟瓶供客盡，不妨人笑長官貧。

**贈鄒汝愚**

傾蓋投緘不自輕，人間造次幾辰星。天涯放逐渾閑事，消得金剛一部經。

**寄汝愚居謫仙亭**

仙客一亭眠海濱，當時誰號謫仙人。花汀柳市無疆界，别是乾坤一樣春。

## 弔鄒汝愚

少年爲意盡峥嶸，謫死天涯二十零。舊雨不留花縣榻，秋風還閃石城旌。兒啼母絶家何處，水宿山居路幾程。人事每將天不定，文章何用博虚名。

### 其二

江水無光江水寒，角聲杳杳夜漫漫。孤兒歲月初離乳，夫子風流盡蓋棺。身後豈知名可貴，世間長苦路行難。鴟夷不亂當年計，還得雲門枕上看。

### 其三

弱女孤兒哭作團，歸槎渺渺倩誰看。乾坤敬士此邦伯，生死交情非長官。遠陌不堪窮眼望，寸腸何直百憂端。欲陳薄奠無由致，園橘山蔬傾一盤。

### 其四

修短榮枯分各該，荒江落日爲誰哀。詞林當日人如夢，唐肆今朝馬又來。功利紛紛難入手，乾坤滚滚負多才。若將禍福論天道，顛沛如公豈理哉。

## 題鄒汝愚祠 大參　王儼　武昌人

報國丹心一紙書，投荒萬里海濱居。孤忠夢寐猶金闕，羈旅凄凉隔石渠。阿世靦顔人已朽，幾時流涕計非疏。清風百代興頑懦，富貴浮雲任卷舒。

**次前韻** 吴國倫

梁嶽鄒陽解上書，一官流傍海雲居。虚傳彩筆干霄漢，無復青藜照石渠。賦鵩湘南年並少，頌鱣門下客全疏。荒祠斷碣蠻烟裏，日落楓林黯不舒。

**松明火詩** 蘇軾

歲暮風雨交，客舍凄凉寒。夜燒松明火，照室紅龍鸞。影焰初煌煌，碧烟稍團團。幽人忽富貴，蕙帳芬椒蘭。珠煤綴屋角，香𣸣流銅槃。生看十八公，俯仰灰燼殘。齊奴朝爨蠟，萊公夜長嘆。海康無此物，燭盡更未闌。

**除夕詩** 庶吉士 鄒智

病客居窮海，今年是兩年。高堂當此夕，相對又潸然。

**鄒汝愚書至有感作** 陳獻章

天涯仙客病渾家，開過東風幾樣花。容易江山得重九，問君何地落烏紗。

**歸山詩** 編修 楊欽 石城人

曾沐殊恩入翰林，翰林風月未關心。瀛洲影射孤鴻渺，鰲禁難拘野鶴臨。烟雨一簑流舜澤，風花兩味壯陶襟。茅簷高出千峰首，凡鳥歸來没處尋。

**適志詩**

問寢茅簷下，鷄鳴露未晞。髡彼兩髦者，怡然下庭幃。菽水甘澹薄，黎鶉禦寒饑。斑衣初罷舞，紅日上來遲。六藝課諸子，五穀勤四肢。使君問來路，童子云不知。峰頭探月窟，山腰繫虹霓。塵埃飛不到，天命樂奚疑。

**晋陽道中** 御史 黃充 石城人

馳驅驛路漫停鞍，父老凝眸認豸冠。澤底哀鴻驚暫息，車前猛虎氣偏寒。平陽草碧帝城古，晋趙山青霸業殘。此日採風空叱馭，陳詩何以濟時艱。

**石城八景** 中書 高魁 石城人

山似雲屯水似雷，奔流至此欲東回。雙雙地軸鰲擊出，磊磊星橋鵲駕來。積石恍經河曲繞，天門疑對楚江開。從教海若憑陵甚，卻望重關祇自摧。崎嶺重關

南北周遭繞素流，元龍雙戲海門秋。波澄漢日銅爲柱，浪穩虞淵蜃作樓。花石遂看魚變化，松明無復蚌沉浮。鮫人淚盡風濤裏，怪底明珠不忍投。雙溪拖練

路接西陲入望賒，紫霞縹緲傍仙家。炎吹野霧銷冬雪，氣吐晴嵐罩物華。煉石烹雲丹鼎舊，蒸風拂雨篆烟斜。長流似引驪山脉，晝夜源源漾落花。三合温泉

翩翩鳳翥萬山群，草木都成五色文。人譽曾誇班馬上，天章况是斗牛分。嶄然秀鬱遥冲漠，倬彼鋒鋩欲繪雲。吾道祇今麟未絶，石函應有舊三墳。文峰聳翠

碧洞巉巖斵鬼工，誰教處士闢鴻蒙。月從穿處嘗生白，雲便封時不礙空。猿鶴幾疑通少室，烟霞殊覺破樊籠。丹梯雪竇幽芳迥，索價山人敢借叢。石室堆瓊

悠悠城郭是何年，恰似巢湖地變遷。犀捲劫灰留異迹，龍翻法物出重淵。漫傳雲雨能蘇旱，卻怪滄桑欲問天。世態浮沉俱往事，興懷今古幾流連。龍湖古州

謫客尋幽到海瀛，寒泉因此卻留名。泉深石罅潮難染，脉漱滄州味獨清。玉乳浮香涵露色，松風拂翠度詩聲。淡然會得眉山意，肯信隨波混俗情。松明石井

**買山志喜** 郎中 龍大維 石城人

卜築青山愜隱心，到來泉石倍蕭森。力田八畝聊生計，種藥千峰足卧臨。自放巢由甘鹿豕，喜逢堯舜愧纓簪。一蓑竟去渾無礙，閒看白雲幻古今。

**游建山**

扶杖登高睇望開，屐沾餘雨印蒼苔。琪花綴露穿巖出，瑶草披雲傍谷隈。峰插碧霄孤鶩落，溪拖練色斷霞來。採芝卧石飧仙句，坐看雲中駕鶴迴。

**雙溪拖練**

溪連襟帶繞雙流，萬壑同歸一派秋。色訝楚江披組甲，波騰海市吐烟樓。濂川匯合銀河繞，羅水回拖壁影浮。解道澄江隨處淨，綸竿須向月明投。

**石屋堆瓊** 明經 高式震 石城人

巧鑿靈巖出化工，天然虚白破屯蒙。玲瓏玉筍穿雲表，錯落瓊樓架碧空。薜荔垂簾新月掛，青葱排闥暮烟籠。幽深自足堪招隱，不羡淮南桂樹叢。

**熱水**

怪石聳山岡，澗流熱水淥。炎蒸薰我心，肯向此中浴。

**其二**

風塵思滌濯，玆水無能勝。浴罷趨凉郡，冷然心自冰。

**丹竈**

棄竈飛昇去，金丹訣自操。仙翁今不遇，玉粒且貪饕。

**玉井**

玉井在山巔，一泓噴坎底。酌之可潤腸，清澈無泥滓。

**石船**

仙船化爲石，鼓棹何所施。舉步凌雲去，十洲到不遲。

**觀山**

仙在此山駐，山因仙迹揚。翠微留萬古，此地一文章。

**鑑水**

山觀水又鑑，知我衷懷不？動静在其間，構亭學省咎。

**省亭觀水**

獨立亭中望，嘉禾穗並垂。農夫聲噪噪，有米供新炊。

**題熱水** 高州知府 陳淮 商丘人

嶺海宅離明，炎蒸沸地軸。兹山穴靈源，一水孕奇燠。質陰而氣陽，既濟妙含蓄。或疑燒丹鉛，土脉流殘馥。或疑火龍蟠，噴珠濺石腹。至理杳莫窺，臨流足無濯。熱既不因人，清亦任其獨。炊烟澗底生，浮香漱暖玉。浴德嘆未能，留詩題麓屋。

**觀山**

洞門清淨絶塵埃，石磴春深長緑苔。繞郭江光斜照外，隔林僧語白雲堆。圍棋零落仙人戲，霸壘銷沉冼氏才。遺迹千年頻悵望，登臨空見野棠開。

**題冼廟**

雄名嶺表著勳猷，臣事三朝寵賚優。卸甲争歸陳武帝，揮戈潛襲李高州。孤忠涕泣迎新詔，百戰軍威决勝籌。英魄千年還廟祀，靈旗風捲海雲秋。

**題石龍池二首用前太守吴川樓韻**

一脉寒流石罅穿，癡龍千載尚酣眠。靈潭夜夜風雷起，不是尋常洗耳泉。

清池静對每忘歸，石翠紛紛野鷺飛。滌盡塵襟幽思逼，古祠叢木黯斜暉。

**高凉八景**

**鑑江秋月**

亭皋露氣淨，野樹吟微風。寒月清如鏡，澄江秋影空。

**茂嶺晴嵐**

嶺頭一雨霽，晚望青霏微。晴嵐半明滅，西麓漏斜暉。

**石船蒼蘚**

仙津不可渡，艤棹此山間。雲深歲月古，石繡苔花斑。

**筆架青峰**

硯山青不了，一一吐蒼烟。仙人邀我住，覓句高松巔。

**潘坡丹竈**

昔人煉藥去，靈迹遺丹丘。神砂不可覓，山月年年秋。

**觀山玉井**

山頂月初霽，天壇夜氣清。玉勾古井在，秋水澄空明。

**東山樵唱**

樵唱暮争發，秋山響晚風。日斜林影亂，鳥語來青空。

**雙渚漁歌**

維舟楊柳岸，橫笛吹江風。漁歌來款乃，隔浦桃花紅。

**抵郡日得雨志喜** 高州太守 張若熩 桐城人

一麾剛抵郡，膏雨遍山城。烟樹江邊合，溪雲嶺上生。三農沾渥澤，千畝樂深耕。同此倉箱慶，謳歌祝太平。

**郡署餘亭題壁**

新葺茅亭四壁虚，多鋤春雨種芙蕖。願將此日閒風景，長與農家樂有餘。

**其二**

朝來爽氣挹西山，坐看烟巒擁翠鬟。半日身心無障礙，可能容易得餘閒。

**九日偕諸友觀山登高**

萬木叢中一徑彎，携笻著屐扣松關。雲封古井日沉閣，人醉空亭秋滿山。積雨驟添新漲闊，穿林遥見落帆閒。萸囊菊盞酬佳節，悵望仙踪未許攀。

**發祥寺**

蘭若層層叠嶂邊，孤標一塔寺門前。鐘聲夜落龍池雨，幢影晴招筆架烟。最愛空明臨鑑水，不憂傾圮供山田。余斷還寺内田租八十石，爲修葺寺宇並渡船之費。隔江駐馬頻回首，殘照西風咽暮蟬。

**颶風賦**　蘇軾

仲秋之夕，客有扣門指雲物而告予曰：『海氣甚惡，非祲非祥。斷霓飲海而北指，赤雲夾日而南翔。此颶之漸也，子盍備之。』語未卒，庭户肅然，槁葉蔌蔌。驚鳥疾呼，怖獸辟易。忽野馬之决驟，矯退飛之六鷁；襲土囊而暴怒，掠衆竅之叱吸。余乃入屋而坐，斂衽變色。客曰：『未也，此颶之先驅爾。』少焉，排户破牖，捐瓦辟屋。礧擊巨石，揉拔喬木。勢翻渤澥，響振坤軸。疑屏翳之赫怒，執陽侯而將戮。

鼓千户之清瀾，翻百仞之陵谷。吞泥沙於一卷，落崩岸於再觸。列萬馬而並騖，潰千軍而争逐。虎豹讋駭，鯨鯢犇蹙。類鉅鹿之戰，殺聲呼而動地；似昆陽之役，舉百萬於一覆。余亦爲之股慄毛聳，索氣側足。夜拊榻而九徙，晝命龜而三卜。蓋三日而後息也。父老來唁，酒漿羅列，勞來僮僕，懼定而説。理草木之既偃，輯軒檻之已折。補茅屋之罅漏，塞牆垣之隤缺。已而山林寂然，海波不興，動者自止，鳴者自停。湛天宇之蒼蒼，流孤月之熒熒。忽悟且嘆，莫知所營。嗚呼。大小出於相形，憂喜因於所遇。昔之飄然者，若爲巨耶。吹萬不同，果足怖耶。蟻之緣也吹則墜，蚋之集也呵則舉。夫嘘呵曾不能以振物，而施之二蟲則甚懼。鵬水擊而三千，摶扶摇而九萬。彼視吾之惴慄，亦爾汝之相莞。均大塊之噫氣，奚巨細之足辨。陋耳目之不廣，爲外物之所變。且夫萬象起滅，衆怪輝眩，求髣髴於過耳，視空中之飛電。則向之所謂可懼者，實耶虚耶，惜吾知之晚也。

**郡治後龍池賦**　陳儀

駕坤靈之元秘，闢洞壑之幽奇。穴匪引而逶迤，石匪築而嶔崎。下坎窞而泓畜，上片團而砥彝。穿一竇於地肺，透曲脉於海湄。沉圓珠而星聚，蘊緑玉而虹垂。空濛合而精氣結，窈窕開而靈砂移。峙府署之西偏，久蹲蟠于嶠泥。實天造之地設，或相詫曰『龍池』。且有古荔垂陰，積雲蔽睼。有根横石，無葉凝烟。苔莓食而節老，霜露瀼而枝妍。蕉亂幹而叠翠，竹偃筵而成編。交影灩澦，翔陽弄涓。龍眠已去，迹停何年。動詞人之臨咏，堆墨花于遠篇。予慚續其貂尾，乘公暇之蹁躚。折瓊柯以繼佩，步霞圃以飛僊。嘆光陰之過客，遡見田於中天。坐樹陰而箕踞，樂夫清泉以盤旋。

## 小函谷關賦

李元暢

關爲前守吴公國倫所築，蓋重地也，題咏者備矣。而賦獨闕，李子補焉。詞曰：

歲在重光協洽，蚩尤氏爲祟，乃迫上帝下欃槍、降獝狂。鍾爲妖虜，來自東方，虎視我高郡，鯨吞我電陽，蠶食我鄰宇，鏖奔我疆埸。鬼燐青，野骨白；陣雲黑，戰日黄。時則有太守如羊開府其人者，輕裘緩帶，一鼓殲之，而累卵之城，固若金湯。太守曰：『未吾聞劍踰蜀破，崤入秦亡。重關之設，有土者可廢而不講乎？』於是曫城以北，得天險巖巖類函谷者，雖小而足以守國。乃召虞人庀材，公倕削墨；許少施巧，秦成效力；跨峻坂以啓扉，因斷碧而衡閾；一丸可封，萬夫莫敵。前抱啼猿之峭壁，石路線牽；綴以卧龍之奥宅，盤嵑谷旋。既臨深而履險，懼身墜而目眩。魂黯銷以失度，足趦趄而不前。山河争百二之雄壯，門户總四八之喉咽。當其空山叫狐，深莽匿貙，司疆舉燧，猛將彎弧。則斯地也，貔貅屯而霧暗，鼙鼓急而風鳴，悲笳咽而月落，高壘出而烟孤。田文不能以宵遁，郭丹奚自而買符。若乃運際熙平，嶺海澄清，旌旗晝卷，刁斗夜停。則斯地也，可以命東山之屐，可以賭別墅之枰，可以泊赤壁之棹，可以奏流水之聲，可以張筆陣列酒兵。嗟乎！世不常治，險不在地。有德則依，無德則棄。獨不觀於函谷之故事乎？以贙[illegible]而踣秦鹿，以衮博而興漢龍。信地利之易失，而人和爲難攻。是故善守者，壯干城於仁義，坐樽俎而折衝；不鎖鑰而固，不保障而雄。客有度關而惕於衷者，歌曰：『洪濤激兮古木重，雲霞深兮瘴癘空。安得泰寧兮齊昊穹，西出兮豈無老氏，東還兮誰識終童。』

**文筆山賦**有序　李元暢

高郡之南，三峰壁立，出紫霄外，其岑並秀而鋭，而中峰獨魁岸端重，若有以俯其傍之二峰，二峰者亦莊栗峭拔，凛然翼之亭亭，若三巨筆焉。高郡志所稱筆架山者即此，然非其肖也。余以兩學宫據此山之勝，故僭易之曰『文筆山』，因賦以見志云。詞曰：

有峰岩崿類文筆者，插於杏壇槐市之前。拔坤維而千仞，法乾象以三連。大地束毛而吐穎，化工運巧以成尖。羽客燒丹而鏤管，巨靈伸臂以寫天。於是塊五岳以爲硯，栝溟渤以爲泉，潑烟雲以爲墨，布宇宙以爲箋。爾乃文章炳乎日星，圖畫列乎山川；一氣包乎混沌，八體備乎方圓。蛟龍效其變化，神鬼泣其鑽研。霞錦乍凝，駭生花而蔚若；雷鼓初動，訝投地而轟然。可以沛甘霖，潤六合，張奇陣，蔽八埏。凌霜而草木蕭疏，疑繇刪削；向曙而河漢低接，似欲滌湔。囊豹霧以半圍，俄驚穎脱；避兔輪於中夜，應讓毫堅。此蓋匣之以璇霄玉軸，架之以斗極奎躔，曝之以沆碭晶曄，涣之以風水漪漣。不翡翠犀珠而飾，不琉璃象齒而妍；不托董依吴而直，不封侯拜刺而權。又奚羨夫呵凍於唐殿，而入夢於晉椽。若夫文通之五色，少瑜之一束，湘東之三品，智永之十甕，又豈不渺乎偏焉。是故其爲器也重，雖握於拔山之力而難舉；其爲鋒也鋭，雖挫以書空之勢而常銛。倘愚公可移，請起草於金門石閣；若五丁復出，願耕鑿于禹穴堯田。信天啓東南之文運，特壯此筆以開先。

**限門賦**有序　李元暢

吴川濵海而縣，其南三十里有限門焉。納鑑江、零洞、潭峨之水於海門，廣盈丈，夾磧對峙如虎牙錯。淺流中逶迤蜿蜒而入，即瞿塘、灧澦之險不能過。每風濤搏激，雪浪山立，其響如輕雷，聞百里。是門也，北達燕齊，旁通閩廣，西南走諸島彝，瓊、雷、硇州僅隔衣帶水，風勁可一瞬航之。海上多故，此門設半旅，可當劍閣一夫也。商舶至，非購篙師定檣，鳥不敢入。稍失道，觸淺流，中夾磧，舟立瓜碎。蓋亦海濵之雄鎮也。余賦之，俾履險者慎焉。其詞曰：

登文翁之崔嵬，望南溟其一杯。疑巨靈之擘石，豁重門而洞開。納三川之積水，轟萬古之奔雷。挺螺峰以成戟，斷鰲極以爲棖。限天險以南北，通潮汐而往來。故能咽喉水府，闔闢乾坤。陽侯抱關而擊柝，馮夷效職以守閽。長鯨透而恍呈魚鑰，濃烟合而俄列藩垣。呀百越而呷七閩，總舸艦出入之户；控牂牁而引碣石，立華彝保障之根。其爲狀也，斷磧横絶，如環半缺，對錯猛牙，雙沉積鐵，含形内虚，盤紆曲折。陰雲結駟而長驅，高浪翻車而無轍。或命火鰌而建羽旗，或吐晴虹而安棹楔。其爲怪也，大塊噫氣，海怒波揚；飛濤起沫，雪照炎鄉；響振地軸，勢動天閶。類鉅鹿之戰，人馬咆哮而落魄；似漁陽之役，鼓鼙嗚咽而斷腸。當其金樞吐月，扶桑出日，風静蜃樓，浪恬鮫室，群靈雜遝而曳裾，層波澎湃而鼓瑟。指安期於蓬萊，恨登龍之無術；憶博望之仙槎，觸支機而蕩潏。及其出斯門也，貢琛甘泉，輸粟幽燕，巨艦連屋，危檣棘天，候風掛席，占星涉川。迅若鵾鵬之展翮，疾如騏驥之加鞭。一息千里，所屆不待於經年。若乃雕題鑿齒，寇我門庭；青天黯淡，白日沉冥；龍争虎鬬，山摇海傾；血流百穀，燧暗千城。樊噲荷戈以排闥，終軍無路而請纓。故治不可以忘亂，而國惟在於足兵。至如商檝當門，津迷水涸；天道妒盈，風濤交惡；暗石穿舟，利同干鏌；貨隕深淵，人填巨壑。骨纏恨而難銷，魂依貪而靡泊。故宗元有招賈之文，而蔡襄戒弄潮之樂。

亂曰：閫不在高，所重禦戎；閫不在深，所貴能容。蜀閣高矣，揖盜而入；龍門深矣，掃軌而急。惟茲限也，通一箭也；藏污滓也，鎖宇縣也。閉而席，毋折而屐，敢告執戟；寂如水，毋囂如市，敢告行李。

## 孔雀賦　余麟傑

玉嶺之西有孔雀焉。其爲物也，身披貝錦，體列星躔，黄裳斜襯，緑氅褊襹。分丹山之彩色，集翠鳥之碧鮮。雁賓讓步，閒客隨肩。夫且擇地棲遲，顧後瞻前。仰高山以托足，防遠弋於幾先。守身如玉，對影生憐。誰濡厥尾，嗟陰雨之霪延；自惜其毛，歡麗日之高懸。爾乃聲敲金石，歌雜管弦；美人在望，嘉賓御筵。式嘉燕兮行止止，將翺翔兮舞仙仙。绣屏開而金晶奪目，羽扇舉而雲漢昭天。凡皆斯鳥，被服之美，審幾之明，與其性情好樂之無容强然者也。若夫載育載生，變化難名。徘徊唱和，都護交聲。或從音孕，或度影精；或自風傳，或威雷驚。亦既抱子，雄雉迭更。鷇雛方長，調護靡寧。餔螘子於饔飧，珍蜈脯爲參苓。此又其降生之異，而翎翮所由以養成者也。彼其奴白鵠、婢黄鸝，僚佐鳲鳩，銜官鵕鸃，天然錦製，盛世羽儀，胡不親雲路、奮天池、舞虞廷、鳴周岐？又何不集朝陽桐、宿上林枝、黼黻王朝，翼明旹？胡爲乎光韜炎徼，雌伏南陲？

於是有搏鷹焉，有擊鷙焉，群相逐而呰之曰：噫嘻！子母以子自具鸞鳳之資，會有物色之期，而不知時乎不再，勢莫可恃。縱令子欲搏扶摇、覽德輝，誰與汝撥霾霧、睹晴曦？又令子寄食籬籠，振羽罘罳；日供清賞，時慰調饑。而無如羈棲豈所，樂飲啄難自怡。倘一旦綵毫澌凋，金翮暫痿，空受鷄群之侮，漫蒙鶂伴之欺。孰知予饑則依人，飽即高飛。膏粱任所適，文繡竟奚爲。

孔雀於是忻然而笑，悄然而悲曰：噫嘻！信如若言。殆所見夏螻蛄而朝菌蕤者也。方其縱左肩而側右翅，穿灌木以迫翩佳。奮揚可畏，健喙空施；倏羅繒繳，共甘朵頤；悟之已晚，悔聿云遲。若終未喻乎。予志尚戢翼，而聆我歌。詞曰：鵬飛九萬兮，風高力支；鶴鳴九臯兮，實至名垂。吾出則侶鵷班兮，攀鸞鳳而陪侍。予處則長鷗社兮，羞鷹鷙以爲兒。白雉堪貢，偶莫予知。陸鴻非遥，素心可期。身無鼎鑊之足憂，遇安義命夫何疑。此又斯鳥之任，窮通於一，致歷顯晦而不移者也。亂曰：越裳三客，孔雀首稱。文明之象，離火之精。雖然天下之珍禽夥矣，翳孔雀者實繁有徒。昔産於茂，今也則無。毋天地英華之氣，不泄於物，而鍾於人矣乎。

## 龍龕石峒賦　劉斯組　西寧令

有若溟海之濱，萬嶺攢簇，糾紛交錯，聯綿纚屬。盪天地之秀奇，聚扶輿之靈淑。炳容狀以裔偉，族名勝其繁縟。谿重谷叠，巒層障複。巃嵸嶙嶙，峨峨矗矗。憑幽據險，不可悉録爾。乃界鄰西廣，治分羅定。岃㸌嶔崟，縝緣纏絙。回盩厔起伏轉應，尊卑給扶，大小維穿。欻驚而趨，兀停而凝。退遜式弱，威獰用勁。崴嵬其斜，敦龐其正，纍纍貫珠，歷歷星併。極數百里以衡從，積千萬象之克盛。於是厜㕒拔翠，爰有龍龕。危磴婉僤，喬木藍鬖。浮烟蒸靄，激翠騰嵐。品彙囊括，庶類淵涵。時運以四儀配，厥三千青雲兮硉矹，俯幽澗兮谺谽。有贔其形布，爪甲之磅礴。有蘢其脊奮，鬐鬣之嶈嵠。乃其衍派分支，張門列户。靈陽羅渾，犇崩佐輔。岡阜參差，丘陵旁午。如筐、如筥、如甑、如甒、如翰、如屏、如墉、如宇。或迎而拜，或從而舞，或盱而昂，或侍而傴，莫不總總林林，班班部部。識地軸之有專尊，凛天倫之於鼻祖。至若巖豁聞怪石，碪砢高下，䶃巇左右，傘躩賓虚，無殷廖廓，走羆虎、冲鸞鶴、天吳尊、土伯約。憑杳渺以周顧，接混茫而回薄。則又鋭而爲峰，穴而爲岫，層而爲隒，深而爲竇。仰既苦於攀躋，俯更難於測究。弟弟盤盤，呀然而就。而其轉文幹理，争蒼競秀；礅硌鱗次，磳碐骨湊；節巀苔蘚，差池結構；襞積縈迴，周規縠縐。寒光雍而氣清，秋星羅而芒瘦。且復穿冥透邃，閟密空同；巧斲天斤，靈運神工；黔嬴啓鑰，元宰㝔穼；精華虚噏，陰陽交通；合膚而雲，噫氣而風。滴清流之淅瀝，交翠乳之玲瓏。引照日月，涵光幽蒙，圠窐宏而寣寎，閲閬閬以宎宎。或謂神物，潛藏乎其内；或謂羽客，偃息乎其中。實造化之秘奥，非聞見所能窮。然則嘉名肇畀，奚屬奚據；誰昔迄今，輿紀用署。厥有虬龍伏兹未馭，困於堪巖，蟠於泥淤，樵者往還，咸知其處。慨夫龍之爲功也，蚴蟉變化，興雲吐霧；列缺環翼，飛廉肅護；驤騶紫虚，飛騰天路；澤潤萬國，滂沛甘樹；振祐起瘠，品物咸飫。胡爲乎遯迹山龕，潛迹塗亜。豈所居之位下，蟠屈俟時，抑所值之數奇，文明莫睹。乃其於山峒也則有餘慶。垂令聞之靡涯，播休聲之無方。雄一隅以獨鎮，永千劫而彌光；若草廬之尚在，憶諸葛於南陽。是以學士爲之徘徊，賢者爲之翱翔。覽形勝之猶舊，而慨想乎龍藏。此亦山靈之善識其類，跨諸嶺以留芳者也。

# 卷之十六

## 雜録志

禹鼎有圖，山海有經，商羊萍實，大聖不遺焉。兹雜録前志，及近今佚聞，非以侈聞見、骸耳目，踵張茂先作《博物志》也。警祲思譽，竊有望於後人云。志雜録。

吴赤烏間，九真夷賊及高凉渠黨煽亂。有趙嫗者，年長不嫁，入山聚衆爲盗，攻劫郡邑，勇悍善戰，常著金蹋，戰退，輒張帷幕，勇悍少年數十侍側，無能制之者。及陸允爲安南校尉，以恩信招納之，趙嫗與群盗始平。

祖逆之變，僞授閩人陳烱宏爲糧捕通判，催督夫役銀米。有力疲而不足於供者，宏謂其敲樸無益也，截竹爲筒，舂艾於内，置尻尾骨燒之，痛苦難堪。時呼『艾火陳』。

漢時，交趾有犀，奔至高凉，人以黑牛視之，識者曰：『此玄犀也。』楊孚《異物志》贊曰：『繄惟玄犀，處自林麓。食惟棘刺，體兼五肉。或有神異，表靈以角。含精吐烈，望若華燭。置之荒野，禽獸莫觸。』

茂名縣大窩村石盤銅龍有五。相傳永樂間，潘公守郡，沙公領邑，相得甚歡。潘公解組歸，買金蝦五條，封寄沙公，則五龍也。倏去之龍山田之深潭，或隱或現，可見不可捉。近山居民多啾唧，疑其爲祟，立廟以祀。三月十五，日見銅龍五，聽人取之，移貯石盤。注水，而潭水忽乾，遂以是日爲五龍誕，祈雨立應，此神物也。沙公愛之，私以贋易真。去之日，携至中途，飛回者三。今石窩廟祀五龍，並祀潘真人、沙舍人。考永樂間並無潘公、沙公者，然禱雨無不靈驗，爲附載之。

電白縣舊址中，有夫人城。其城磚小，而光澤如硯石，相傳爲冼譙國顯聖所築，一夜而成。又土人掘地，往往得窖，窖中有米，米堅如石，煎湯服之，可已瘟疫。傳爲冼太陳倉米。

茂名歐太宜人，冏鄉李邦直母也。少失贈君，家貧，子在襁褓，上有高、曾、祖、考四代七柩未葬。宜人旦夕抱孤哀號其傍。一夕，風雨大作，忽失柩所在。詰朝奔索，則已半瘞於梅菉之金盤山，尚有半柩在土外可識。七柩次第不亂。因畚土封之，遂成名墓云，形家艷述，號爲『金盤堆果山』。

信宜水西有老嫗者，偕其婦孀居。婦往汲，常遇一男子自河中出，與之合。後間饋魚以食其姑。已而婦有孕，姑詰之，婦以前事對。久之，産二子，俱入水中。婦卒而葬，風雨大作，河水泛濫，將婦柩摧去，易大石棺。而葬于東灣，今之龍灣是也。或謂其棺尚在，石孔水没而不可見云。

合歡，一名青囊，食之蠲忿無憂。其樹枝葉若擘，互相交結，每遇風來，輒自分解，不相牽綴。《本草》謂其味甘平，安五臟，和心志者，此也。高凉太守楊方詩云：『南鄰有奇樹，承春挺素華。豐翹被長條，緑葉蔽朱柯。因風吐微音，芳氣入紫霞。我心羨此木，願徙著余家。夕得游其下，朝得弄其葩。爾根深且固，余家淺且洿。移植良無期，嘆息將如何？』

高廉諸郡，大蚺蛇食人、鹿、牛，皆通體吞之，不咀嚼，塞於膈臆，即入水浸兩三日，則肉糜於腹腸矣。或遇大角雙，格吻傍不能入，則鹿死而蛇困。如遇蛇囓，急拔去己頂心上髮，搯破頭頂皮，毒水出，即愈。出《歷代小史》。

羅州山中多孔雀，雌者尾短，無金翠，雄者有之。春生夏凋，與華萼俱盛衰。自喜其尾而甚妒。欲棲，必先擇有置尾之地，捕者乘雨往擒之。尾沾雨重，不能高翔也。雖馴養日久，見美婦、男子好衣服者，必逐而啄之。芳時媚景，聞管弦笙歌，則張翅舒尾，眄睞而舞，若有意焉。山谷愚民烹而食之，味如鵝，解百毒。食其肉者，飲藥無效，其血與首解大毒。南人得其卵，使鷄抱之即成，而腳稍屈，其鳴曰『都護都護』。欲取其尾者，持刀隱蔽於叢篁幽僻之處，伺過，隱斷之，否則回首一顧，金翠無復光彩矣。

龐瀑，在信宜西北五十五里，高三十餘丈，周圍二十餘里，頂心洪厓陡壁中有石室，可坐數十人。水從厓出，上有龐氏夫人祠，遇旱禱雨輒應，今東坑是也。

海中有文魮，鳥頭尾，鳴似磬而生玉。又有朱鼈，收如肺，四眼六腳而吐海，在鑑江之南。出《南越志》。

平定縣東海中，有騂馬，似馬，牛尾，一角。又有水犀，似牛，其出入有光，水爲之開。縣即今吳川也。出《南越志》。

高力士嘗過峽山寺，見一猿慧黠，以綵帛易之，獻元宗，馴養上陽宫内。安史之亂，不知所之。至廣德中，有孫恪者，下第，游洛陽，途見新宅，扣扉而入，有女艷麗驚人，問青衣曰：『此誰氏之子？』曰：『故袁長官女也，少孤未嫁，與妾輩處此耳。』恪媒而納之爲室，十年生二子。後恪薄游端州，袁氏曰：『此地有峽山寺，曷往游之？』恪曰：『然。』及抵寺，袁氏携子緩步，若熟其逕者，且持碧玉環，獻僧曰：『此寺舊物也。』已而，有猿數十，連臂下于高松，悲嘯騰躍。袁氏惻然題詩：『剛被恩情役此心，無端變化幾湮沉。不如逐伴歸山去，長嘯一聲烟霧深。』撫二子而泣，語恪曰：『好往好往，吾當永訣矣！』遂化爲猿，躍樹而逝。恪詢老僧，僧始悟袁氏即向者力士所易之猿，而環即猿頸所繫之物也。恪惆悵携子而去。

放鷄山，在電白縣南天海中，蓮頭寨港口。世傳唐衛國公李德裕貶崖州司户，時舟次於此，口占云：『崖州在何處，生度鬼門關。』既而舟溺，常顯於此。附近博賀堡居民立祠祀之，凡航海者，放鷄以祀。盜船若見此山，無不破壞，海寇不能入電，賴有此云。

房融，河南人，聰慧好佛。武后時，以正諫大夫同平章事長安，未嘗，知南銓，在廣州。時值天竺僧般刺密諦三藏持《楞嚴經》梵本，浮南海而至。融就光孝寺譯出而筆授之。今寺中有筆授軒云：『神龍元年五月，經成入奏，適武后崩，融長流欽州，徙高州，死。後僧神秀入道場，見所奏經本，録傳於世。

房千里，博士，初上第，游嶺徼，留别趙氏詩序云：有進士韋滂者，自南海邀趙氏而來爲余妾，西上京都，調於天官，乃與趙別，約中秋爲會期。趙極悵戀，予乃抒詩寄情曰：『鸞鳳分飛海樹秋，忍聽鐘鼓越王樓。只應霜月明君意，綏撫瑶琴送我愁。山遠莫教雙淚盡，雁來空寄八行幽。相如若返臨邛市，畫舸朱軒萬里游。』萬里，謂蜀州橋也。房至襄川，逢許渾侍御赴弘農蕃陽之命，乃以恩情相托許。到府邸，遣人訪之，則趙氏已從韋矣。許寄房詩曰：『春風白馬紫絲韁，正值蠶眠未採桑。五夜有心隨暮雨，百年無節待秋霜。重尋繡帶朱藤合，却認羅裙碧草長。爲報西游減離恨，阮郎纔去嫁劉郎。』後千里貶端州。李群玉《留别》詩云：『倶來海上嘆烟波，君佩銀魚我觸羅。經國才微甘放蕩，專成年少豈蹉跎。應憐旅夢千重思，共愴離心一曲歌。惟有管弦知客意，分明吹出感恩多。』千里終高州刺史。出《唐詩紀事》。

梁天監中，武帝建同泰寺，募夜明珠以飾金像，寶志與滟公曰：『此獨可使人牒龍宮取之。』聞石龍有陳氏，家傳有制龍石。每石龍動，陳氏以石鎮之，輒止。召陳氏齎石至，視之，志公曰：『此可以制山龍，而不可制水龍。』乃命其齎還，鎮於龍穴中。别遣人多裹練葉，以五色練爲擊龍緣，齎燒燕及分水犀，竟入龍宮。龍畏練葉色線，而嗜燒燕，見輒以燒燕投之，龍皆伏不動，果得夜明珠以歸。後陳氏以石鎮於龍穴，兄弟五人皆化爲龍。

紹興初，黨禍起，劉安世尤爲章惇、蔡卞所忌，遠謫高梅。盛夏，奉老母以行，人皆憐之。一日，行山中，扶其母籃舁憇樹下，有大蛇冉冉而至，草木皆披靡，擔夫驚走，安世不動也，蛇若相向者久之，乃去。村民羅拜曰：『公異人也，蛇乃此山之神，見公喜相迎耳。』

范祖禹自賓州移化州，朝旨嚴峻，郡官不敢相聞。既至城外，父老居民皆出迎。或持金帛來獻，祖禹謝遣之，一無所受，皆感泣而去。化州城外，寺僧一夕見大星殞門外，是夜公薨，殯於寺中。賓州人李寶善地理，指寺北山一穴，謂祖禹子冲曰：『此可殯，不惟安穩，歲餘必得歸。』遂卜之，改殯。是年颶風作，民屋皆飛，大木盡拔，獨此山殯所不動。次年歸葬，如其言。

王健，汀州人，少時薄游江右，夜宿逆旅，遇道士授以黄白之術，戒之曰：『非遇人，君慎勿輕述。』健後改名中正，因中貴劉承珪，得見真宗，授神武將軍，遷高州刺史，前後貢藥金銀累巨萬，輝彩絶異，不類世寶。天慶觀金寶牌，即其金所鑄也。然中正亦不敢妄費，唯周濟貧乏，崇祀仙釋。今汀州開元寺，乃健所建也。卒，贈嶺南節度使，其遷刺高州，蓋遥嶺之。出《萬花谷》。

化州城上有春風臺，宋天曆間，僉憲吕沈改爲觀風樓，題詩曰：『龍山鳳井兩争雄，突兀層霄倚碧空。三日一墟人不斷，雙流繞郭海相通。風林樹色依天外，茅屋鷄聲隔水東。臬府公餘登覽處，大書樓上號觀風。』後一日，忽見樓版上書李仙和詩云：『鳳舞龍盤勢兩雄，箇中樓閣接晴空。朝飛畫棟雲初起，暮捲珠簾月自通。排闥四時山鎖翠，繞城千古水流東。不須更問民淳僞，好惡同歸草偃風。』再往視之，字忽不見。

梁燾之貶化州也，分其子孫一半在鄆州。時幼子八歲，孫二歲。至潭州，爲知州俞陟所逼，家人數日環聚泣别，燾奮然擲其子於地，其孫挽衣不肯去，燾掣其手而行雨中，徒步以出，道路爲之泣下。

高凉郡以高凉山得名，而晋時潘茂名於此賓仙，遂以名。縣雷白者，以其地近靈湫，禱雨而雷電隨之也。信宜者，以近信、招義二山，名也。宋時，避諱改『義』爲『宜』。化州有龍首、龍尾之石，而龍有變化之象，遂以名州。或曰堯時平秩南訛，實在化州。『化』者，訛字之訛也。其南七十里，有吴家地，納三川之水，故曰『吴川』。其西百有餘里，地磽奇石，四面環繞如城，故曰『石城』。

茂名高田村，萬曆三十二年，溪水衝出銅鼓，形如腰鼓，平面，空中，無底，徑三尺許，高二尺有奇。面列蛙蛤形者六，遍體細篆文，積翠數點，有硃砂斑，蝸蝕之孔已十餘矣。其聲鏜鏜然，或以革掩其底，或積水甕中，蓋而擊之，遠聞十餘里。而永樂間，萬州土官王惠於溪水中得一銅鼓，長三尺，面闊五尺，凹二寸許，沿邊有蝌蚪名，啣線抵臍，束腰爹尾。擊之，聲如鵝鸛，與此所獲相類然。漢馬援征交趾，歐陽顧在嶺南，皆以銅鼓進於朝。唐高州林靄，因里中兒聞鳴蛙之聲，遂於蠻酋冢内得銅鼓，以獻鄭絪，而不言其形，或皆此類矣。雍正五年四月，鶴垌水衝出銅鼓一，高二尺許，徑三尺，鼓面中擊處微突，面列蛙形者，大蝕，二小孔，旁有兩大紐以懸者，有珠斑可玩，聲聞數里。初置城隍廟，今移關帝廟。

劉海者，石首人，知高州。時值廣西猺賊入境，民携家避賊者，海皆閉門不納。城外積屍數里，犬食皆肥腯，海乃烹犬食之。時有『城裏人食狗，城外狗食人』之謠。出《皇明典故·記聞》。

信宜鳳凰岡有林夫人亭，在徐氏墓側。氏閩人林芝妻也，隨芝司訓信宜，卒葬於此。時子廷玉尚襁褓，後登進士，提學廣東。詣墓所，焚黄，有詩云：『一生母子原無分，兩世高凉似有緣。』信志李麟祥曰：『子家於閩，母葬於廣，孤冢無依，麥飯誰薦？竊怪當時何不携其骨而歸也。』

電白嘉靖三十六年有妖物，倏忽若一星之火，飛入人家，多侵婦人，中之者輒昏迷仆地。急以青竹鞭之，良久乃甦。亦有至死者，其妖或化爲鳥雀蝙蝠，或變爲人，著儒生衣巾，又或爲狐、爲犬，侵迷不測。每夜城中鳴鑼鼓，環守婦人，乃免。此名黑青，而《南海續志》以爲猿精云。

茂名李都諫學曾爲諸生時，嘗出游，夜歸，有美婦邀於路曰：『妾迷路岐，願附君子驥尾。』公諧之，遂坐於身後，婉戀依依，若將親狎者。公密以汗帨束之，急著而抵家。婦求下甚切，曰：『妾實非人，聊以試君耳。幸釋妾，别作生涯。君異日當入諫垣，名聞宇内，毋忘妾今夕之言也。』語未竟，家人持火出迎，則背負一片爛板耳，斧之，有血。後公貴如其言。

吴武陵，澧州人，爲韶州刺史，以墨敗，貶死潘州。其咏小松詩云：『拂檻愛負容，移根自遠峰。已曾經草没，終不任苔封。葉少初凌雪，鱗生欲化龍。乘春濯雨露，得地近垣墉。逐吹香微動，含烟色漸濃。時回日月照，爲謝小山松。』

茂名鐵爐山，雍正二年六月，多虎，傷往來行人及羊牛。知縣吴睿英親往驅之，虎益横，一月内殺附近居民男女三十七口。至八月，鄉民極力捕之，始息。